AF324218

Die Schule in Berlin ist eine Stadt in der Stadt. Ihre
Straßen münden in Plätze, und die Plätze werden zu
Innenhöfen. Die Mauern des Schulgebäudes beherber-
gen die Schule, aber gleichzeitig schaffen sie Gehwege,
Verbindungen und Sackgassen. Die Außenseite der
Schule ist zugleich die Innenseite der Stadt, denn die
Schule ist die Stadt.

Zvi Hecker

The school in Berlin is a city within a city. Its streets
meet at squares and the squares become courtyards.
The walls of the school house the school, but they also
build walkways, passages and culdesacs. The outside of
the school is also the inside of the city, because the
school is the city.

Zvi Hecker

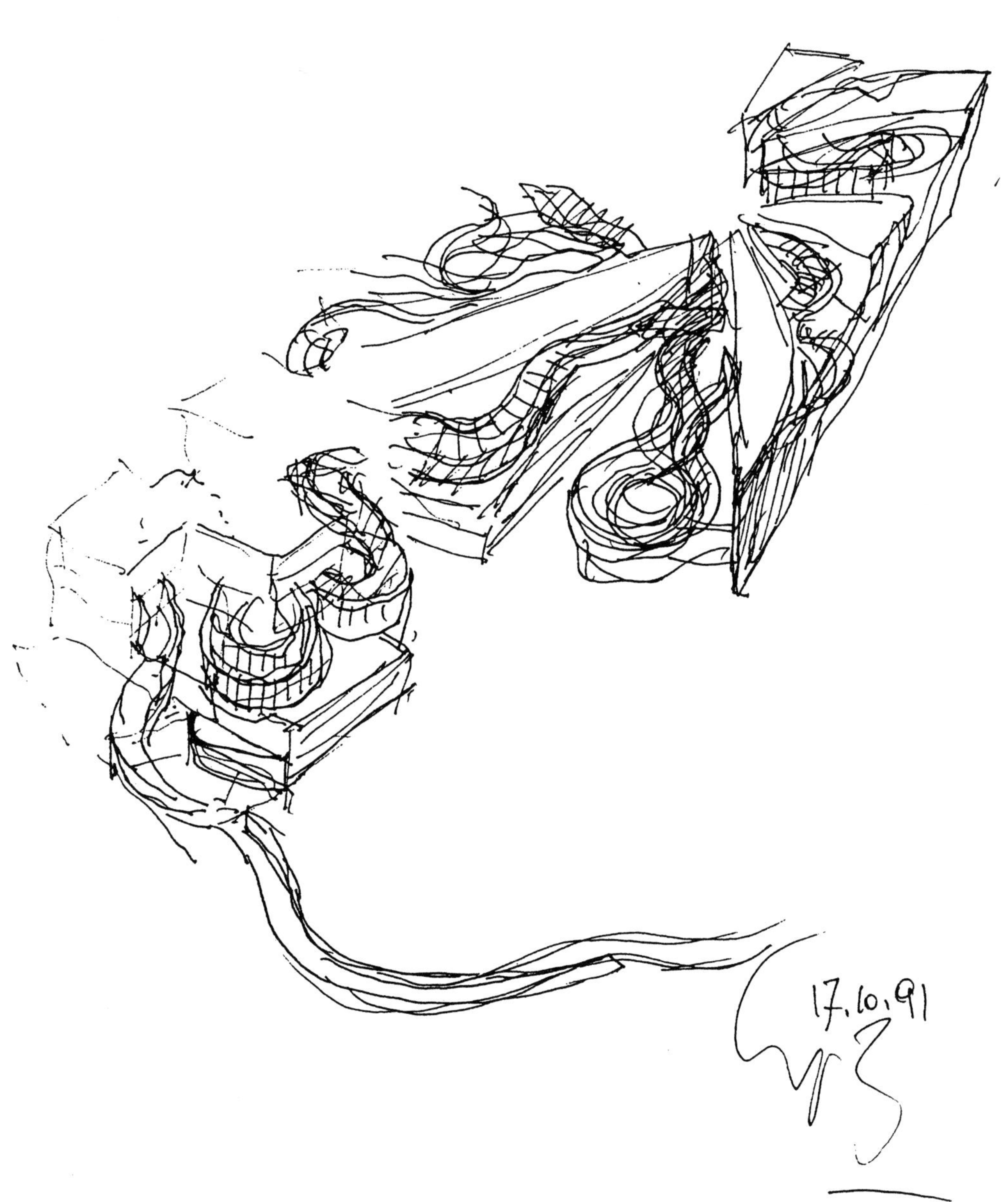

17.10.91

ZVI HECKER

Die Heinz-Galinski-Schule in Berlin. The Heinz-Galinski-School in Berlin

Herausgeberin. Editor: Kristin Feireiss

Fotografie. Photographs:
Hans Jürgen Commerell

WASMUTH

Übersetzung ins Englische. Translation into English:
Hans H. Harbort
Übersetzung ins Hebräische. Translation into Hebrew:
Igal Avidan

Layout/Herstellung. Design/Production:
Sophie Bleifuß, Berlin
Satz/Typesetting:
Marly Riemer, Berlin
Reproduktionen. Reproductions:
NovaConcept, Berlin; Reprowerkstatt Rink, Berlin
Druck/Bindung. Printed by/Binding:
Passavia Druckerei GmbH, Passau
Printed in Germany

© Ernst Wasmuth Verlag GmbH & Co., Tübingen/Berlin
ISBN 3 8030 2503 6

Inhaltsverzeichnis. Contents

Geleitworte — Forewords 8

Grußworte — Words of Greeting 14

Mit den eigenen Ideen im Dialog — In Dialogue with one's own Ideas 18
Kristin Feireiss im Gespräch mit Zvi Hecker — Kristin Feireiss speaks to Zvi Hecker

Peter Cook
Zvi Hecker – A View — Zvi Hecker – A View 38
Die Jüdische Grundschule in Berlin – — The Jewish School for Berlin – A Site Visit 44
Eindrücke einer Begehung

Amnon Barzel
Häuser bauen für Menschen — A House for Human Beings 46

Rudolf Stegers
Schulbauplatz: Die Entdeckung eines Gebäudes — Exploring the School Site:
oder Die Architektur von Zvi Hecker — The Architecture of Zvi Hecker 48

Die Entwürfe — The Architectural Design 64

Norma Drimmer
Die Heinz-Galinski-Grundschule — The Heinz-Galinski-School
in Berlin und jüdische Erziehung — and Jewish Education in Berlin 100

Der fertige Bau — The Completed Building 108

Anhang — Appendix 145

Hebräischer Textteil — Hebrew texts 149

Fünfzig Jahre nach Ende des Zweiten Weltkriegs und fünf Jahre nach dem Fall der Mauer kehrt zunehmend mehr Normalität in das Leben Berlins zurück. 1993 schlossen das Land Berlin und die Jüdische Gemeinde zu Berlin einen Staatsvertrag, der den jüdischen Bürgern Freiheit und Unabhängigkeit in der Gestaltung ihres religiösen und kulturellen Lebens in Berlin sichert. Jüdische Einrichtungen wurden wieder aktiv: das Jüdische Gymnasium in der Großen Hamburger Straße oder die Jüdische Volkshochschule in der Oranienburger Straße. Zwei Jahre nach Abschluß des Vertrags weihen wir das Centrum Judaicum und das Jüdische Museum im Berlin-Museum ein.

Die Neue Synagoge in der Oranienburger Straße hat im Mai 1995 ihre Pforten geöffnet. Und zum Schuljahr 1995/96, mehr als fünfzig Jahre nach Schließung aller jüdischen Schulen in Berlin, wird der erste Neubau einer jüdischen Berliner Schule seiner Bestimmung übergeben.

Die Identität einer Nation definiert sich aus ihrer Kultur, aus ihrer Tradition und ihren Religionen. Die jüdische Kultur und das jüdische Leben sind ein elementarer Bestandteil der Geschichte und der Identität unserer Stadt. Zu ihr gehören Daniel Friedländer und Isaak Daniel Itzig. Zu ihr gehören die von Jüdinnen initiierten Berliner Salons des 19. Jahrhunderts, die Zentren des intellektuellen und gesellschaftlichen Lebens waren. Zu ihr gehören Namen wie Albert Einstein, Alfred Döblin, Otto Klemperer, Samuel Fischer, Max Reinhardt, Kurt Tucholsky, Erich Mendelsohn und Max Liebermann. Und zu ihr gehören die Jahre des Nationalsozialismus. Berlin verlor in dieser Zeit unermeßlich viel – fast alle Bürger jüdischen Glaubens und jüdischer Herkunft und einen erheblichen Teil seiner Kultur.

Die Identifikation mit einer Nation erfordert eine Auseinandersetzung mit ihren geschichtlichen und kulturellen Höhen und Tiefen. Sie erfordert die bewußte Auseinandersetzung mit der ganzen Vergangenheit, damit in dem Wissen um die Vergangenheit die Zukunft gestaltet werden kann – im Geist von Freiheit, Toleranz und Demokratie.

»Berlin«, sagte Heinz Galinski im Mai 1992, »kann als historisches Beispiel extremer Toleranz wie auch extremer Intoleranz nun zu einem Beispiel neuer Weltoffenheit werden.« Es liegt an unserer Jugend, die Hoffnung Heinz Galinskis auf Berlin als Beispiel neuer Toleranz zu erfüllen. Ich wünsche den Schülern der Heinz-Galinski-Schule, daß sie zu selbstbewußten Berlinern heranwachsen, die die jüdische Kultur als eine Selbstverständlichkeit in Berlin verstehen und leben.

Eberhard Diepgen,
Regierender Bürgermeister von Berlin

Fifty years after the end of the Second World War and five years after the opening of the Wall, life in Berlin is increasingly returning to normal. In 1993 the Land Berlin and the Jewish Community signed a »state agreement« restoring the freedom and independence of Jewish citizens to pursue their religious and cultural activities. Jewish institutions were revived, among them the Jewish High School at Große Hamburger Straße and the Jewish Adult Education classes at Oranienburger Straße. Two years later we are inaugurating the new Centrum Judaicum and the Jewish Museum which is part of the Berlin-Museum. The »Foundation New Synagogue« at Oranienburger Straße opened its gates in May 1995, and with the beginning of the 1995/96 school year, more than fifty years after closing all Jewish schools in Berlin, the first new Jewish school in Berlin will be opened.

The identity of a nation is expressed in its culture, its traditions and its religions. Jewish culture and Jewish life are a fundamental part of the history and identity of our city. Daniel Friedländer and Isaak Daniel Itzig were a part of this culture, as were the Berlin »salons« of the nineteenth century, established by Jewish women, which became centers of intellectual and social life. As were such noble men as Albert Einstein, Alfred Döblin, Otto Klemperer, Samuel Fischer, Max Reinhardt, Kurt Tucholsky, Erich Mendelsohn and Max Liebermann. It was also represented by the years of Nazi rule during which Berlin lost so much – almost all citizens of Jewish faith and Jewish background and a substantial part of its culture.

To identify with a nation requires accepting both the high and low points of its history and culture.

It requires the conscious evaluation of the past as a whole in order to be able to shape the future on the basis of this knowledge of the past – in the spirit of freedom, tolerance and democracy.

»Berlin,« as Heinz Galinski said in May of 1992, »once was a historical example of extreme tolerance as well as extreme intolerance and can now become an example of a new openness to the world.« It is up to our young people to fulfill Heinz Galinski's hopes and turn Berlin into an example of new tolerance. For the students of the Heinz-Galinski-Schule I wish that they may grow up to become proud Berliners who will understand, and live, Jewish culture in Berlin as a natural part of our city.

Eberhard Diepgen
Governing Mayor of Berlin

Der erste Neubau einer jüdischen Schule in Berlin seit mehr als sechzig Jahren läßt sicher viele Menschen in unserer Stadt fragen: Warum erst jetzt? Warum nicht in den ersten Jahren nach dem Krieg, wo so vieles wieder aufgebaut und neu errichtet wurde? Die in zwei Worten mögliche Antwort: »Für wen?« zwingt uns, nach dem Verbleib der jüdischen Kinder zu fragen, und konfrontiert uns mit den dunklen und beschämenden Seiten unserer Geschichte.

Hier in unserer Stadt hatten jüdische Familien an eine Zukunft geglaubt. Hier hatten sie sich zu Hause gefühlt. Ihrem Wirken verdankt Berlin viel. Sie, die Träger einer der ältesten Kulturen, deren Religion die Wiege vieler Weltreligionen war, wurden zu aktiven, kreativen und richtungweisenden Mitschöpfern deutscher und insbesondere auch Berliner Geschichte. Hier in Berlin schien möglich, wovon Generationen von jüdischen Familien immer geträumt hatten: ein ruhiges bürgerliches Leben, nicht mehr nur geduldet, sondern respektiert. Hier war man Mitbürger, Nachbar, Kollege. Hier glaubte man an eine sichere Zukunft der Kinder.

Angekommen, aufgenommen, integriert, respektiert, bis im Januar 1933 die Nazis an die Macht kamen. Über Nacht? Hatte es nicht weithin sichtbare Anzeichen gegeben, genug Stimmen, die mahnten: »Wehret den Anfängen!«? Hatte man gehofft, es würde wieder vorbeigehen? Hoffte man selbst noch nach der Machtergreifung der Nazis, es werde schon nicht so schlimm kommen?

Bereits die ersten von den Nazis erlassenen Anordnungen, Verordnungen und Gesetze stellten die Weichen zum Genozid – scheinbar legal, mitten in der Banalität des Alltags. Was mit dem systematischen Ausschalten der jüdischen Mitbürger aus bestimmten Berufsgruppen begann, fand seinen perversen Höhepunkt in den sogenannten »Nürnberger Gesetzen« von 1935. Die jüdischen Mitbürger, Nachbarn, Kollegen von einst wurden nun hinterhältig kalkuliert aus der Gemeinschaft der deutschen Bürger ausgegrenzt, systematisch verbannt und skrupellos ihrer Bürgerrechte beraubt.

Wie aber erklärte man den Kindern, was doch nicht erklärbar war? Woher kam dieser Haß? Warum wandten sich die einstigen Freunde und Spielgefährten von ihnen ab? Existenzangst und Furcht vor Schikanen über-

schatteten von nun an das tägliche Leben der jüdischen Kinder in unserer Stadt. Stück für Stück wurde ihre Kindheit zerstört. Eine erdrückende Verordnung nach der anderen ließ das Leben in Deutschland zu einem scheinbar endlosen Martyrium werden. Und selbst dann, als alle Juden den gelben Stern tragen mußten, fand sich noch eine Gemeinheit: Ab dem 15. Mai 1942 durften Juden keine Haustiere, Hunde, Katzen, Vögel mehr halten. Aber da waren schon alle jüdischen Schulen verboten worden, und wer es nur irgendwie geschafft hatte, war fortgegangen aus diesem schrecklichen Land. Da waren die Deportationen schon an der Tagesordnung, da war die Verschleppung von jüdischen Frauen, Kindern und Männern in die Vernichtungslager zum grausigen Alltag geworden.

Es mögen auch viele Deutsche die gewaltsame Entfernung und Vernichtung ihrer jüdischen Mitbürger nicht befürwortet haben – entscheidend aber ist, daß es kaum Widerstand gab. Es ist eine bittere und schmerzliche Wahrheit, daß all diese menschenverachtenden Maßnahmen zur sozialen und physischen Ausgrenzung, an deren Ende die Vernichtung der jüdischen Bevölkerung stand, nur durchsetzbar waren, weil sie sich auf einen breiten gesellschaftlichen Konsens stützen konnten.

Möge dieser erste Schulneubau für die nach den Schrecken der nationalsozialistischen Gewaltherrschaft und des Holocaust erfreulicherweise wieder anwachsende Jüdische Gemeinde uns allen Mut machen. Mut zur Auseinandersetzung, Mut zur Scham, Mut zum Zorn und vor allen Dingen Mut zum NEIN-Sagen.

Nein zu Intoleranz, Nein zu Haß und Gewalt, Nein zu denen, die schon wieder Gewalt säen, Nein zu jeder Form von Ausländerfeindlichkeit, Nein zur schon wieder möglichen Ausgrenzung von Menschen, die einer angeblichen Randgruppe angehören.

Mögen sich in diesem eine Sonnenblume symbolisierenden Schulneubau – nach einem preisgekrönten Entwurf des israelischen Architekten Zvi Hecker – viele Träume und Wünsche der Kinder verwirklichen. Möge ihnen die helle und freundliche Atmosphäre das Lernen erleichtern.

Wolfgang Nagel
Senator für Bau- und Wohnungswesen

The first new Jewish school to be built in Berlin in more than sixty years – an event that will prompt many people in Berlin to ask: Why did it take so long? Why wasn't this school built in the first years after the War when so much was reconstructed and rebuilt in this city? The answer can be given in two simple words: »For whom?« An answer which, of course, compels us to ask what has become of the Jewish children.

An answer which confronts us once again with the dark and shameful side of our history.

Here in our city there had been Jewish families who believed in the future. Here they felt at home. Berlin owes much to what they did for the city. These proponents of one of the oldest civilizations on Earth, whose religion was the fertile bed from which so many other religious beliefs sprang, became active, creative and influential agents who helped shape German history in general and Berlin history in particular. Here in Berlin, there seemed to be an opportunity to achieve what generations of Jewish families had always been dreaming of: to live a peaceful civic life and be not just tolerated but well respected. Here they could be citizens among others, neighbors, colleagues. Here they believed that their children would enjoy a safe future.

So they arrived and were welcomed, integrated, respected. Until that day in January 1933 when the Nazis came to power. But did that happen over night? Had there not been clearly visible hints and premonitions? Had there not been numerous voices calling for a struggle to stop it while there was still time? Had one hoped – even after the Nazi's rise to power – that things wouldn't be so bad after all, that they would soon be over? From the very beginning, the Nazis passed countless decrees, ordinances and laws which paved the way for the impending genocide – seemingly legal, as part of the banalities of everyday life.

What began with the systematic exclusion of Jewish citizens from certain jobs and professions eventually culminated in the perversities of the so-called »Nuremberg Laws« of 1935. Formerly fellow citizens, neighbors and colleagues, the Jewish people were now expelled in treacherous and calculated ways from the community of German citizens, systematically driven out of the country and robbed of their civil rights. But how to explain to the children what could not be explained in the first place? Whence came this hatred? Why did their former friends and playmates suddenly turn away from them? Fear of persecution and death began to overshadow the everyday life of Jewish children in our city. Their childhood was destroyed step by cruel step. One strangling ordinance after another turned life in Germany into seemingly endless martyrdom. And even after all Jews were required to wear the yellow star, there were ever new restrictions such as a ban passed on 15 May, 1942 prohibiting Jews from keeping small pets, dogs, cats or birds. At that time, all the Jewish schools had long been closed, and whoever had the chance had left this horrible country. Deportations had become a common every day event, and every day Jewish women, children and men were being herded off to the annihilation camps.

Although there may have been many Germans who did not endorse the forceful removal and destruction of their Jewish fellow citizens, the sad fact is that there was very little resistance. The bitter and painful truth is that all these inhuman measures of social and physical persecution, which eventually culminated in the annihilation of the Jewish community, turned out to be so cruelly effective because they rested on a widespread general consensus in German society. May this first new school to be built in Berlin for the Jewish community, which is slowly beginning to grow again after the horrors of Nazi rule and the holocaust, foster hope and courage in us all. May it give us the strength to feel shame, to feel anger, and – most of all – to say NO.

No to intolerance. No to hatred and violence. No to those who once again try to sow the seeds of violence. No to any kind of hostility to foreigners. No to the resurging attempts of excluding and persecuting human beings who are seen as standing on the margins of society. May this new school symbolizing a sunflower – built to a premiated design by Israeli architect Zvi Hecker – contribute to making the dreams and wishes of the children come true. May the cheerful and friendly atmosphere in this school make the task of learning easier for them.

Wolfgang Nagel
Berlin Senator for Construction and Housing

Fünfzig Jahre nach der Befreiung vom Nationalsozialismus spüren wir in Berlin schmerzlich, welchen unersetzlichen Verlust Kunst und Kultur, Wirtschaft und gesellschaftliches Leben unserer Stadt durch Vertreibung und Vernichtung jüdischer Menschen erlitten hat. Mehr als fünfzig Jahre nach der Schließung aller jüdischen Schulen wird mit Beginn des Schuljahres 1995/96 die Heinz-Galinski-Schule eröffnet. Welches Ereignis könnte die tatsächliche Entwicklung und das erfolgreiche Wirken der Jüdischen Gemeinde in Berlin besser vor Augen führen als dieses?

Mit dem Namen des großen Mahners und Versöhners Heinz Galinski ist ein Bauwerk verbunden, das für die gesicherte Zukunft der Jüdischen Gemeinde und Berlins steht. Dieser nicht nur zweckmäßige, sondern auch architektonisch richtungweisende Bau, in dem 400 Schüler unterrichtet werden können, ist für mich ein Gegenentwurf zu Antisemitismus und Ausländerfeindlichkeit. Er dokumentiert das sichtbare Zusammenleben in der neuen deutschen Hauptstadt. Ich wünsche mir, daß der Aufbau der früheren Bereiche jüdischen Gemeindelebens im Herzen der Stadt weiter voranschreitet. So wie das Gewicht der Gemeinde in Berlin wächst, muß auch unsere Toleranz gegenüber Intoleranten wehrhafter werden, muß allen noch so kleinen Symptomen von nationaler Überhebung und schleichendem Rassismus wirksam widerstanden werden. Lassen wir nicht zu, daß die Opfer der unglaublichen Verbrechen vergessen werden!

Diese Schule ist eine wunderbare Erinnerung und Ehrung für Heinz Galinski, der sich unermüdlich und mit großem Erfolg für Verständnis und vertrauensvolles Miteinander zwischen Deutschen und Juden eingesetzt hat. Er verlor nie seinen Glauben an das bessere Deutschland. In seinem Sinne sollten wir daran weiterbauen!

Ulrich Roloff-Momin
Senator für Kulturelle Angelegenheiten

Today. more than fifty years after the liberation from Nazi rule, Berlin is acutely aware of the irretrievable losses which cultural life and the arts, social life and the economy, have suffered with the expulsion and annihilation of Jewish people. More than fifty years after the closing of all Jewish schools, the first students will begin to attend the Heinz-Galinski-School in the academic year of 1995/96. What other event might better document the successful developments and activities of the Jewish Community in Berlin?

Bearing the name of the late great Heinz Galinski, who never ceased to raise his warning voice and to foster reconciliation, the new school stands for a safe future of the Jewish Community and the City of Berlin. Setting new stands in terms of both functionality and design, the new building will accommodate four hundred students. For me it represents a viable alternative to antisemitism and hostility towards other nationals. It is a visible manifestation of the fact that we have found a new way of living together in the new German capital. It is my hope that the efforts at rebuilding the activities of Jewish community life in the heart of the city will continue to be successful. As the weight of the Jewish Community in Berlin is growing, so our tolerance toward those who are intolerant must also grow and reassert itself, effectively combatting even the smallest symptoms of national arrogance and covert racism. We must not allow the victims of those horrible crimes to be forgotten!

This school is a fitting memorial and tribute to Heinz Galinski who struggled tirelessly and with great success to foster understanding and mutual respect between Germans and Jews. He never lost faith in building a better Germany. It is in his spirit that we should continue to do the same.

Ulrich Roloff-Momin
Berlin Senator for Cultural Affairs

Wenn im Herbst 1995 das neu errichtete Gebäude der Heinz-Galinski-Schule seinem Zweck als Grundschule der Jüdischen Gemeinde zu Berlin übergeben wird, so handelt es sich um einen Akt mit mehrfach symbolischer Bedeutung.

Als vor fünfzig Jahren, im Mai 1945, die Alliierten-Armeen Berlin befreiten, verstanden sich die wenigen jüdischen Überlebenden in der Stadt wie auf dem gesamten deutschen Territorium als Liquidatoren der kläglichen Reste des jüdischen Lebens. Es war der langjährige Vorsitzende unserer Gemeinde Heinz Galinski s.A., welcher – der realen Not der in Deutschland lebenden jüdischen Menschen Rechnung tragend – als einer der ersten die Konzeption der Aufbaugemeinden jener der sogenannten »Liquidationsgemeinden« entgegenstellte und somit die Grundlagen für die dauerhafte Erneuerung einer jüdischen Zukunft in Deutschland legte. Jüdische Zukunft – das heißt indessen vor allem jüdische Erziehung und Bildung für Kinder und Jugendliche, eine Erziehung und Bildung, die den jungen Menschen helfen kann, eine ungebrochene und organisch gewachsene jüdische Identität aufzubauen.

Es erforderte allerdings noch Jahrzehnte systematischer und engagierter Arbeit, bis es sinnvoll erschien, in Berlin die erste jüdische Grundschule zu errichten. Seit der Gründung wuchs das Interesse für diese Gemeindeeinrichtung jedoch so dynamisch, daß nach kurzer Zeit umfangreiche Umbau- und Erweiterungsarbeiten an dem uns seitens des Senats und des Bezirks Charlottenburg zur Verfügung gestellten Gebäudes in der Bleibtreustraße nötig wurden; bald mußte ein Teil des Schulbetriebs in die Große Hamburger Straße 27 in Berlin-Mitte ausgelagert werden. Angesichts dieses erfreulichen Wachstums begriff die Gemeindeleitung, daß das Projekt der Jüdischen Grundschule einer großzügigen definitiven Lösung bedurfte. Der Berliner Senat steuerte die erforderlichen Mittel bei, das Bezirksamt Charlottenburg stellte das Grundstück zur Verfügung und die Senatsverwaltung für Bau- und Wohnungswesen übernahm die Realisierung des Unterfangens, dessen erfolgreichen Abschluß die Einweihung der Heinz-Galinski-Schule darstellt.

Mit dem Schuljahr 1995/96 erhält die jüdische Jugend in Berlin ein Haus, das in einem eigens dafür ausgeschriebenen architektonischen Wettbewerb genau für seinen künftigen Zweck entworfen und ausgestattet wurde, ein Haus, das zum Rahmen für Bildung und Identitätsfindung ganzer jüdischer Generationen werden kann. Besondere Bedeutung kommt einer solchen Grundschule angesichts der Herausforderung zu, mit der unsere Gemeinde bei der Integration unserer Zuwanderer aus den Ländern der ehemaligen UdSSR fertigwerden will. An dieser Stelle möchte ich betonen, daß auch Schüler anderer Konfessionen die Heinz-Galinski-Schule besuchen werden und daß es als ein wichtiger Schwerpunkt zur Konzeption der Schule gehört, zur Toleranz und zur Verständigung zu erziehen.

Mein Dank gilt an dieser Stelle allen Menschen und Behörden, die mit vorbildlichem Engagement dabei halfen, das Projekt zu realisieren.

Meine besten Wünsche begleiten die Heinz-Galinski-Schule bei der verdienst- und verantwortungsvollen Aufgabe, die auf sie wartet.

Jerzy Kanal
Vorsitzender der Jüdischen Gemeinde zu Berlin

When the new building of the Heinz-Galinski-School, the Jewish Primary School, will open its gates in the fall of 1995, it will be a highly symbolic event in more ways than one.

When the Allied Armies liberated Berlin fifty years ago in May of 1945, the few surviving Jewish citizens in Berlin and in Germany as a whole found themselves as liquidators of the sad remnants of Jewish life. Heinz Galinski, the long-time chairman of our community, was one of the first who responded to the valid needs of the Jewish people still living in Germany by taking a stand against these so-called »liquidation communities«, with an alternative conception of »restorative communities«, thus laying the foundations for rebuilding a Jewish future in Germany. The fundamental basis for this Jewish future would have to be a system of Jewish education for children and young people, an education that might enable them to build for themselves a consistent and organic Jewish identity.

It took long decades of systematic and dedicated efforts until it appeared feasible to make plans for the first Jewish Primary School in Berlin after the war. Interest in this institution grew so fast, however, that before long extensive conversions and alterations were required for the school building which the Berlin Senate and the Borough of Charlottenburg had provided at Bleibtreustraße. Still some of the classes had to be relocated to a building at Große Hamburger Straße in the Borough of Mitte. In view of this unexpected process of growth, the community realized that the project of the Jewish Primary School called for a generous and definitive solution. The Berlin Senate set aside the necessary funds, the Borough of Charlottenburg provided a suitable site, and the Senate Department of Building took responsibility for realization of the project which now finds its conclusion with the inauguration of the Heinz-Galinski-School.

Beginning with the academic year 1995/96, the young people of the Jewish community in Berlin will have a building specially designed for its specific purpose following an international competition and furnished to serve its needs – a building that is expected to provide a basis for the education of coming generations of Jewish students in Berlin. There is added significance in the fact that the community must face the challenges involving the integration of immigrants from the territory of the former Soviet Union. I should add here that students of other religious denominations will of course also be able to attend the Heinz-Galinski-School. One of the major points of emphasis of education will be to foster tolerance and understanding.

My thanks go to all individuals and institutions which have contributed to the realization of this project. May the Heinz Galinski School be successful in fulfilling its important and meritorious mission.

Jerzy Kanal
Chairman of the Jewish Community of Berlin

Jedes Jahr zu Beginn der Woche der Brüderlichkeit dachte ich: Wieso eigentlich nur eine Woche?

Wie selbstverständlich – oder eben nicht – ist uns die Brüderlichkeit über konfessionelle und weltanschauliche Festlegungen hinaus, daß wir ihr eine besondere Woche widmen?

Die Eröffnung der Jüdischen Grundschule im Bezirk Charlottenburg bot uns allen eine ermutigende Perspektive: Jedes Schuljahr in der Jüdischen Grundschule würde eine lange Kette von Wochen der Brüderlichkeit sein.

Die Selbstverständlichkeit der Präsenz der unterschiedlichen Farben unserer Kultur in Frage zu stellen, anzugreifen und zu zerstören, war und ist Ziel von Unbelehrbaren, von Rassisten und von Menschen, die totalitär denken oder sich totalitären Denkmustern willig unterwerfen.

Über die Präsenz unterschiedlicher Akzente der gemeinsamen Kultur hinaus ist es jene Selbstverständlichkeit, um die wir uns nun seit Jahrzehnten bemühen. Ein Widerspruch in sich? Richtig, denn erst wenn es keiner Mühe mehr bedarf, werden wir wissen, daß diese Selbstverständlichkeit erreicht ist. Bis dahin sollten wir stolz sein auf das, was an jüdischer Kultur in unserer Stadt nach dem Ende von Verfolgung und Krieg geschaffen wurde – und stolz, daß wir helfen durf-

ten und konnten, an eine Tradition jüdischen Lebens in Berlin anzuknüpfen. Bis heute bleibt unverständlich und unfaßbar, daß ein Volk, welches sich als Kulturnation versteht, auf einen wichtigen Teil seines kulturellen Reichtums nicht nur leichtfertig verzichtet, sondern diesen sogar bekämpft und schändet. Um so glücklicher dürfen wir sein, heute zu sehen, wie aus dem ersten zarten Pflänzchen des Neubeginns wieder ein Bäumchen mit vielen Zweigen geworden ist – unserer gemeinsamen Verantwortung, Pflege und Liebe ans Herz gelegt. Die Jüdische Grundschule ist ein schöner Zweig dieses Baumes.

Der Anlaß der Errichtung dieser Schule ist ein besonderer und deshalb feierlich. Etwas Wichtigeres und Schöneres aber ist eigentlich die Selbstverständlichkeit des Bestehens, wenn schon die Entstehung Hürden zu überwinden hatte. Bei allem Erfolg im schulischen Betrieb – etwas Wichtigeres als diese Selbstverständlichkeit des Miteinanders in Bezirk und Stadt wüßte ich Ihnen heute nicht zu wünschen.

Und dieser Wunsch kommt von Herzen und mit der Bitte für den etwas abgewandelten Gruß: »Nächstes Jahr in Charlottenburg …!«

Monika Wissel
Bürgermeisterin von Charlottenburg

Every year at the beginning of the Week of Brotherhood I keep asking myself: Why just a single week?

How self-evident – or rather not – is brotherhood across all barriers of creed, of confession or ideologies, that we must dedicate a special week to this noble ideal?

The inauguration of the Jewish Primary School in Berlin Charlottenburg presents all of us with an encouring perspective: Every academic year in the Jewish School will be a long series of weeks of brotherhood.

Questioning, attacking and destroying the presence of the multitude of colors that make up our culture has always been and continues to be the avowed purpose of those who are closed to all reason, of racists, and of all who advocate totalitarian thoughts or willingly succumb to such thoughts.

For decades now we have struggled to foster this acceptance of differences above and beyond the presence of different shades of a common culture shared by all as a self-evident. Does that sound like a contradiction in terms? It does indeed. For only if it no longer requires an effort shall we know that we have reached normality. Until such a time we should be proud of what Jewish culture has returned to our city after persecution and war ended. And proud that we were able to help in rebuilding the tradition of Jewish life in Berlin. It is still incomprehensible to this day how a people which sees itself as a civilized nation not only continues to sacrifice an important part of its cultural heritage but in fact tries to deface and destroy it.

All the more reason for us to be happy at seeing the first tender sprout of a new beginning grow into a small tree with many branches – entrusted to our care, responsibility and love. The Jewish Primary School is one of these wonderful branches.

It is a particularly festive occasion for us to celebrate the opening of this school. There is even more significance and beauty in the fact that this school will be accepted as a natural and integral part of our culture – even though many obstacles had to be overcome on the way. May the school be successful in what it is setting out to achieve, and may the integration of the school into the borough and the city as a whole be successful – that is what I hope and wish for most of all.

It is a wish that comes straight from the heart, along with another (slightly paraphrased):
»Next year in Charlottenburg …!«

Monika Wissel
Mayor of the Borough of Charlottenburg

Mit den eigenen Ideen im Dialog

Kristin Feireiss im Gespräch mit Zvi Hecker

Mit seinem jüngsten Projekt, der Jüdischen Grundschule in Berlin, hat Zvi Hecker endlich seine längst verdiente weltweite Anerkennung gefunden. Bis dahin war sein Name nur einer Handvoll Architektenkollegen außerhalb Israels ein Begriff, obwohl seine vorangegangenen Bauten immer wieder für Aufsehen und Kontroversen gesorgt haben. Einer dieser Architekten ist John Hejduk, langjähriger Dekan der Cooper Union in New York. Er schrieb Anfang 1993 nach seinem Besuch der Zvi-Hecker-Ausstellung in der Galerie Aedes: »Liebe Kristin, vielen Dank für den Zvi-Hecker-Katalog – ein wunderschönes Buch. Zvi ist einer der wenigen originellen Architekten in der heutigen Architekturszene. Seit langem bewundere ich seine Arbeiten und seinen unabhängigen Geist!!! Eine freie Seele!!! Alles Liebe, John.«

Kristin Feireiss: Würden Sie sich als »freie Seele«, als »unabhängigen Geist« bezeichnen?

Zvi Hecker: Selbstverständlich, wenn ein solches Lob von einer so noblen Persönlichkeit wie John Hejduk kommt. Aber natürlich ist das kein Dauerzustand, sondern immer nur eine vorübergehende Illusion.

Wann kam Ihnen zum erstenmal der Gedanke, Architekt zu werden?

Wie so oft im Leben stellt man rückblickend fest, daß man eigentlich nie eine andere Wahl hatte, als dem Fluß der Ereignisse zu folgen. Mein Vater wollte, daß ich Maler werde, aber meine Mutter hat nie daran gezweifelt, daß ich Architekt werden würde. Aber es war schließlich mein Zeichentalent, welches mir den eigentlichen Zugang zur Architektur öffnete. Als ich etwa dreizehn war – es war im Zweiten Weltkrieg –, wurde unsere Familie nach Samarkand in Usbekistan umgesiedelt. Mein Zeichenlehrer war Ignaz Palterer, der eigentlich Architekt werden wollte und ein großartiger Mann war. Nach dem Unterricht, wenn die Sonne tief

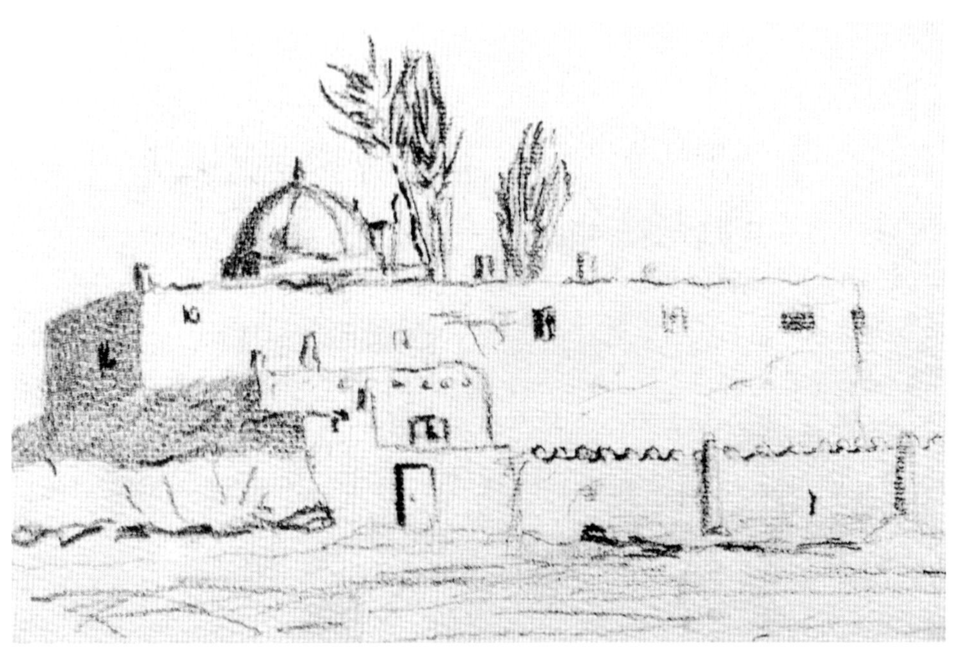

Zeichnung, Bleistift auf Papier. Drawing, pencil on paper.
Samarkand, Usbekistan 1945

In Dialogue with one's own Ideas

Kristin Feireiss speaks to Zvi Hecker

With his latest project, the Jewish Primary School – Heinz-Galinski-School in Berlin, Zvi Hecker has finally won worldwide recognition. Although his earlier buildings stirred interest and controversy, he continued to be primarily known in his own country. Only a handful of architects outside of Israel were interested in his work. John Hejduk, longtime Dean of the Cooper Union in New York, is one of them. In early 1993, following Zvi Hecker's exhibition at the Aedes Gallery, he wrote: »Dear Kristin: Thanks for the Zvi Hecker publication – a beautiful book. Zvi is one of the few original architects creating today. I have always admired his work and his independent spirit!!! A free soul!!! Our love to you, John.«

Kristin Feireiss: Do you feel a »free soul«, an »independent spirit«?
Zvi Hecker: Certainly, when such a praise comes from a noble soul like John Hejduk, but of course it is not a permanent condition but rather a temporary illusion.

When did it first occur to you that you wanted to become an architect?
As so often in life, looking back, one finds that there was actually no other choice but to follow the chain of events. My father wanted me to become a painter – perhaps just to irritate my mother who was a rather practical-minded woman and never had any doubt about my becoming an architect. It was, however, my skill in drawing that led me to discover architecture for myself. When I was about thirteen, during the Second World War, we were deported to Samarkand in Uzbekistan. There, in the local primary school, my teacher of drawing was Ignas Palterer, an architect by profession and a very fine man. After school hours, when the sun was low and the shadows were very long, I was proudly sitting by his side, drawing the ruins of great Moslem architecture. Later the study of architecture became only a natural extension of my youthful interests.

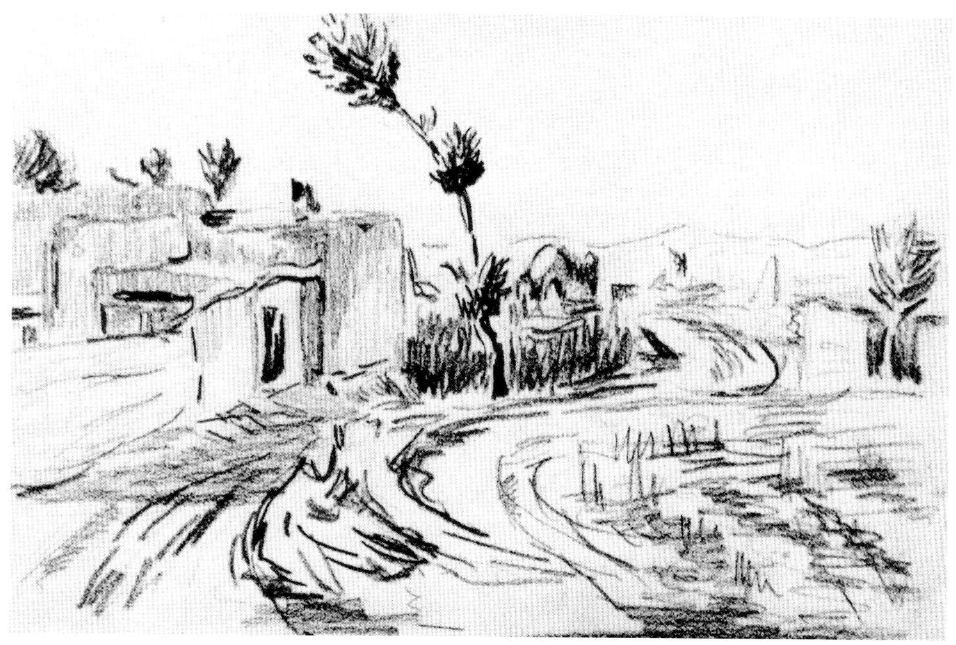

Zeichnung, Bleistift auf Papier. Drawing, pencil on paper.
Samarkand, Usbekistan 1945

am Himmel stand und die Schatten länger wurden, saß
ich oft stolz neben ihm und versuchte, die Ruinen der
wunderbaren alten islamischen Bauten zu zeichnen.
Das Architekturstudium war dann nur eine natürliche
Fortsetzung meiner jugendlichen Begeisterung.

Diese Hinwendung zur Tradition verdanke ich vor
allem Alfred Neumann, meinem Lehrer an der Archi-
tekturschule am Technion, dem Israel Institute of Technology in Haifa. Neumann hatte bei Peter Behrens stu-
diert und dann für Adolf Loos und für Auguste Perret
in Paris gearbeitet. Er war ein überaus origineller Den-
ker und als Lehrer ungeheuer inspirierend. Gemeinsam
mit Eldar Sharon gründeten wir übrigens später ein
eigenes Architekturbüro, und meine ersten Arbeiten
entstanden im Rahmen dieser Partnerschaft. Neumann
war mit Sicherheit derjenige, der mich in meiner Aus-
bildung am stärksten beeinflußt und vor allem mein
Bewußtsein für die Vergangenheit, für die Geschichte

geschärft hat. Er verstand die Tradition der Architektur
und der Kunst überhaupt als Akkumulation der Werke
und Leistungen kreativer Künstler. Man könnte sagen,
daß eine echte Tradition nur von wirklich revolutionären Künstlern geschaffen wird, während alle anderen nur Parasiten sind, die davon leben.

Ich persönlich verstehe mich als klassischen Architekten in dem Sinne, daß meine Architektur sich an die
elementaren Bedürfnisse und Probleme der Menschen
wendet, die heute noch die gleichen sind wie in der
Vergangenheit. Revolutionär war vielleicht eher die
Art wie ich versucht habe, meine Vorstellungen durch-
zusetzen. So habe ich, als am Technion-Gebäude gegen
meinen Willen andere Fenster eingebaut wurden, diese
eigenständig zerschlagen und mich dann der Polizei
gestellt. Aber diese Episode scheint weniger meinen
revolutionären Geist zu verraten als vielmehr die Ent-
schlossenheit, mit der ich meine Integrität zu wahren
versuchte.

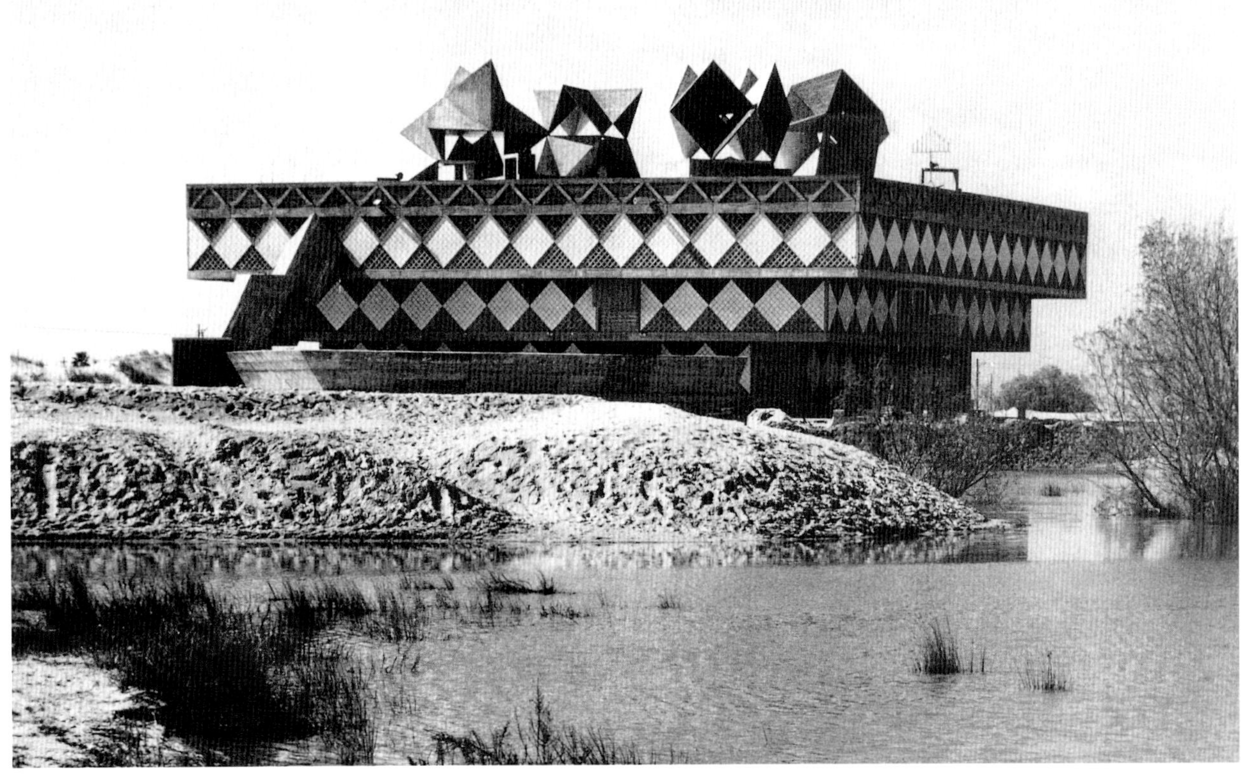

Who else has influenced your professional development and your architecture? After all, your work is not only original, but also deeply rooted in architectural tradition.

In this respect there is much I owe to Alfred Neumann, my professor at the School of Architecture at the Technion – the Israel Institute of Technology in Haifa. Neumann, who had studied under Peter Behrens and worked for Adolf Loos, and for Auguste Perret in Paris, was an exceptionally original mind and a most inspiring teacher. Later we established an architectural practice together with Eldar Sharon, and the early works were done by this partnership. There is no doubt that Neumann has been the strongest influence in my architectural education and in the development of my awareness of the past, of tradition. Neumann perceived the tradition of art and architecture as being built of consecutive layers of creative contributions by original artists. One can say that only revolutionaries create new tradition, while parasites just consume it.

Do you then consider yourself a revolutionary?
Personally, I would like to think of myself as a classical architect, in the sense that my architecture is addressed to the basic needs and problems of men and women, as valid today as it was in the past. It is true that already my first building provoked an emotional reaction and a lot of controversy, but this only hardened my stubbornness. In the Technion building, I smashed all the windows that had been installed against my will before turning myself in to the police. This incident illustrates, however, my determination to defend my integrity more than any revolutionary spirit.

Was the Technion building your very first project?
No, that was the Bat-Yam City Hall. Shortly after completing my studies of architecture and graduating from the Avni Academy of Art in Tel Aviv, I won, together with Eldar Sharon, the competition for the Bat-Yam City Hall for which we also received the commission to build.

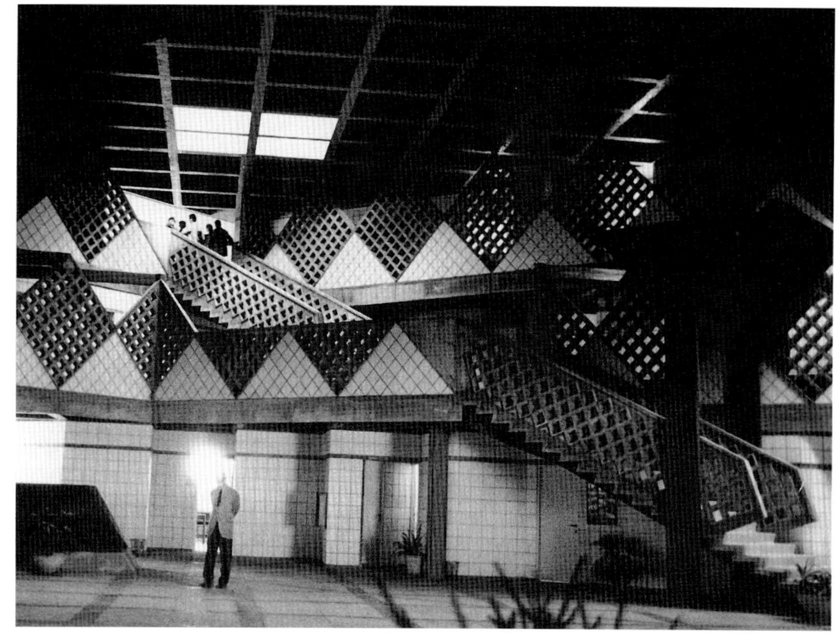

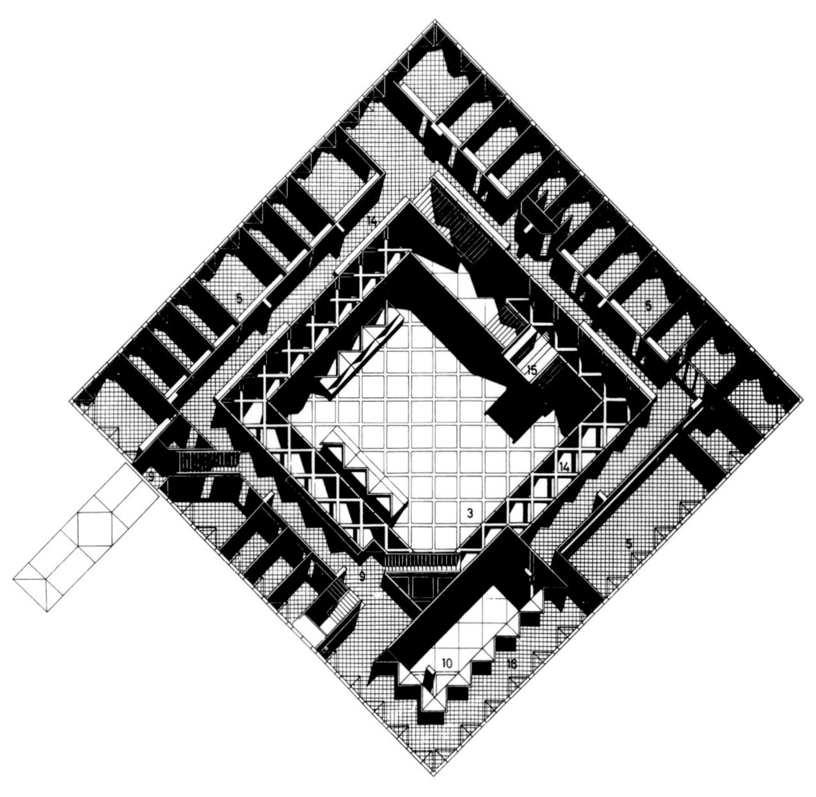

Seiten, pages 20/21: Rathaus. City Hall. Bat-Yam, Israel 1960-63

Blick in die Vorhalle. View of atrium.
Grundriß. Groundplan.

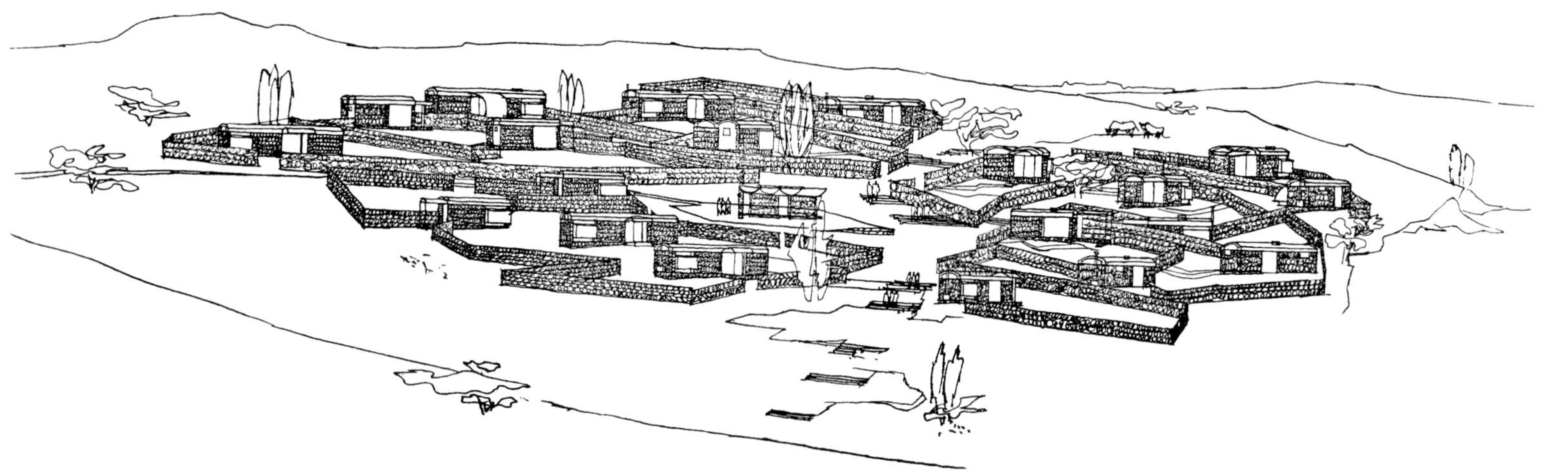

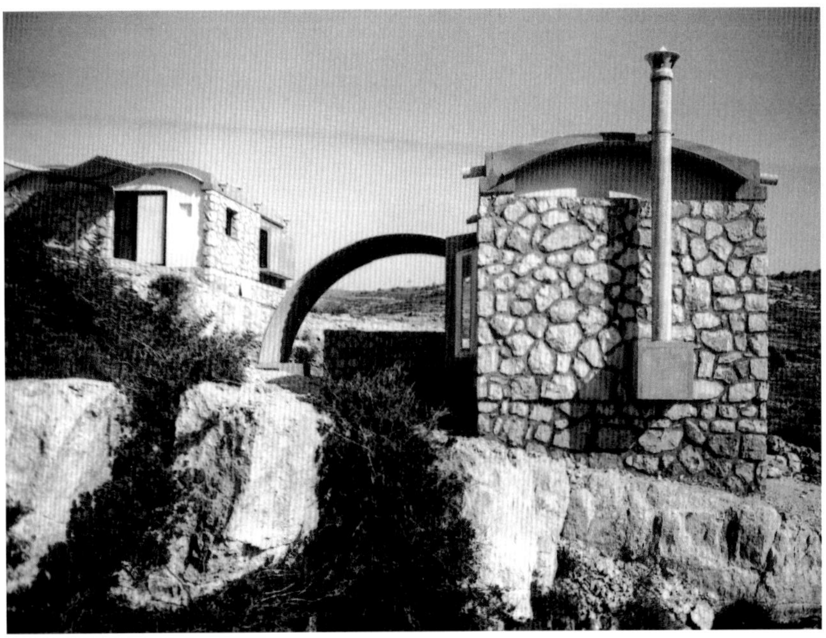

Seiten, pages 22/23: Das arabische Dorf Ein Raffa. The Arab village of Ein Raffa, 1960-62
Seite, page 22: Gesamtanlage des Dorfes. Perspective drawing of the village.
Zwei Raffa Häuser. Two adjacent houses.

Ein Raffa in der Nähe Jerusalems. Ein Raffa near Jerusalem.

War das Technion-Gebäude Ihr erstes Projekt?
Nein, das war das Rathaus von Bat-Yam. Kurz nach
Beendigung meines Architekturstudiums und dem Abschluß an der Avni Kunstakademie in Tel Aviv gewan-
nen Eldar Sharon und ich den Wettbewerb für das Rathaus von Bat-Yam und wurden auch mit der Realisierung beauftragt.

**Wenn Sie zurückblicken, würden Sie sagen, daß sich in
Ihrem ersten Projekt schon einige der Elemente finden
lassen, die Ihr Schaffen insgesamt charakterisieren?**
In dem Entwurf für das Rathaus von Bat-Yam steckten
sicherlich schon Keime dessen, was sich dann in meinen späteren Arbeiten weiter entwickelt hat. Ich glau-
be, meine Grundeinstellung zur Architektur hat sich
nur wenig geändert. Ich bin überzeugt, daß man, wenn
man sich der Vergangenheit bewußt ist, immer am
Anfang beginnen muß. Jede Generation findet ihren
eigenen Weg, um Liebe, Trauer, Elend und Hoffnung
auszudrücken. In den Händen heutiger Künstler werden
selbst tausend Jahre alte Ziegel und Steine unsere heutigen Erfahrungen spiegeln und zum Ausdruck bringen.
In diesem Sinne symbolisiert das Rathaus von Bat-Yam
mit seiner Form und seinem zentralen offenen Raum
eine öffentliche, demokratische Funktion. Es ist ein Gebäude für Menschen und nicht nur ein Verwaltungs-
gebäude. Dabei wurden ortstypische Materialien wie
Silikatziegel und Beton verwendet, um einen Raum zu
schaffen, der ähnliche klimatische Bedingungen erzeugt
wie die klassischen griechischen Tempelanlagen.

**Wenn man Ihre frühen Arbeiten betrachtet, stellt man
fest, daß sich gedankliche Ansätze im Laufe der Jahre
kaum verändert haben. Was sich verändert hat, ist
Ihre Formensprache. Ihre ersten Bauten erinnern stark
an Kristalle. Ist das auf den Einfluß Bruno Tauts zu-
rückzuführen?**

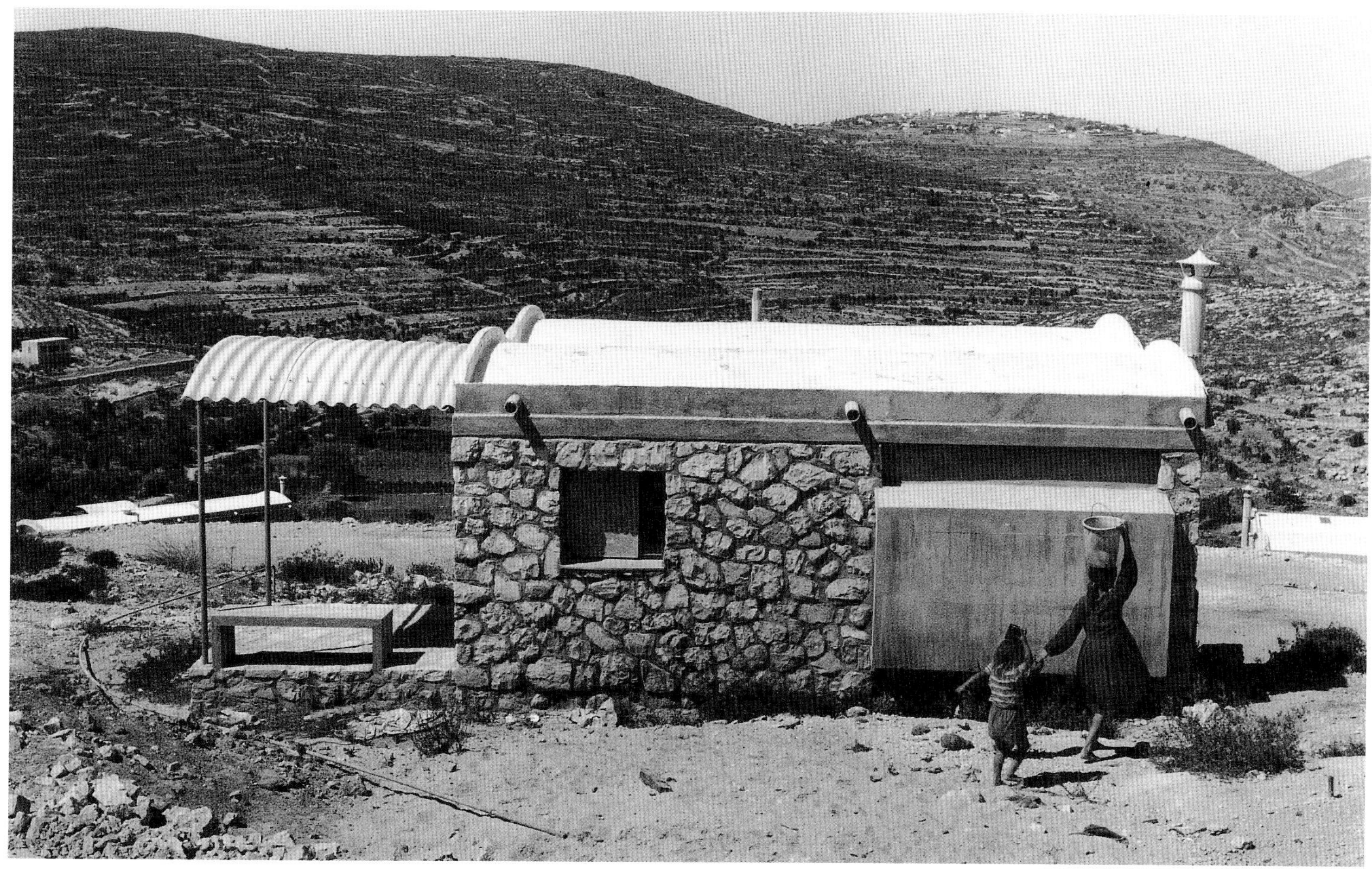

Do you think in retrospect that your first project already showed some of the elements which are characteristic of your work as a whole?
In the design of the Bat-Yam City Hall one can detect the seeds which unfolded in later works. It seems to me that my basic perception of architecture has changed very little. I do believe that being aware of the past, one still has to start from the very beginning. Each generation finds its particular way of expressing love, tragedy, misery and hope. The same thousand year old bricks and stones, when in the hands of contemporary artists, will express and reflect our contemporary experience. In this sense the Bat-Yam City Hall, by its form and by its central open space, symbolizes its public democratic function. It is a building for the people and not just an office space for bureaucrats. Local materials like silicate brick and concrete were used to create a form capable of bringing about climatic conditions parallel to the classic example of the Greek Temple.

Looking at your earlier work, it seems that your basic concepts have changed very little over the years. What has changed, however, are the architectural forms. Your very first buildings have a very charac-teristic form much resembling crystals. Does that go back to the influence of Bruno Taut?
That is a very interesting question. Obviously I was influenced by his crystal kind of architecture in my early works, but even my Sunflower was traced by Wolfgang Pehnt to Taut. Pehnt sent me a drawing of Taut's and noted that it was »the most sunflower-like postcard« he could find.

Let us return for a moment to the question of your formal vocabulary. Would you say that you have moved on from purely geometrical to more organic forms?
In some way my work has always maintained a close link with examples of structures found in nature, an

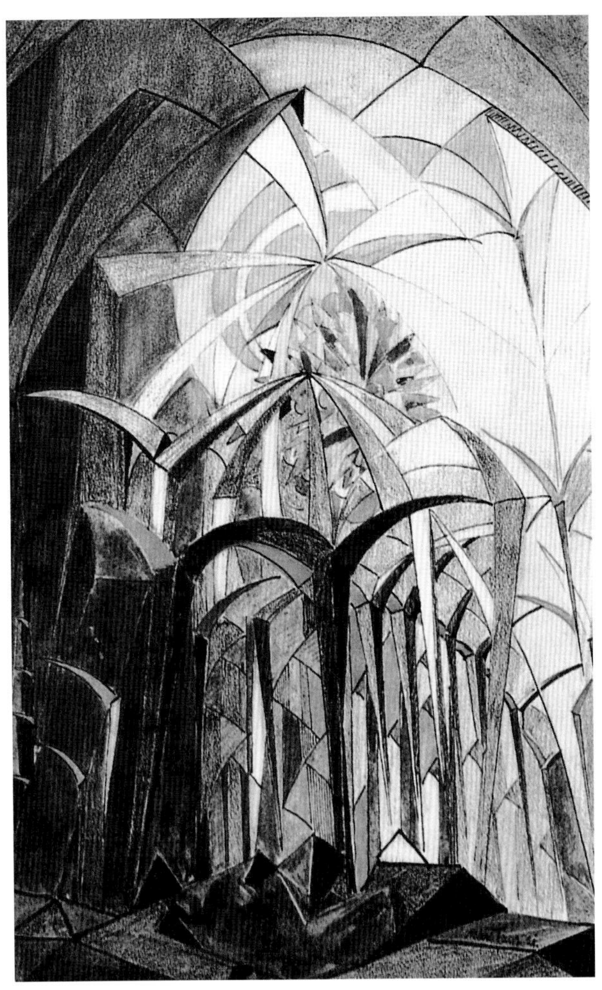

»Blütenhaus«, Zeichnung von Max Taut.
Drawing by Max Taut. 1921

Seite, page 25:
Die »Sonnenblume«, Wohn- und Geschäftszentrum.
The »sunflower«, Commercial and Residential Center.
Ramat Hasharon, Israel 1964-90
Modell. Model.

Das ist eine interessante Frage. Natürlich waren meine ersten Entwürfe stark von seiner kristallinen Architektur beeinflußt, aber auch mein Sonnenblumenmotiv der späteren Arbeiten geht zumindest nach Meinung von Wolfgang Pehnt auf Bruno Taut zurück. Pehnt hat mir dazu eine Reproduktion einer ungeheuer dynamischen, vorwiegend gelben Zeichnung von Taut geschickt – das sei die »sonnenblumigste Postkarte«, die er habe finden können.

Ist es so, daß Sie von rein geometrischen allmählich zu eher organischen Formen übergegangen sind?
Irgendwie gab es in meiner Arbeit immer einen engen Bezug zu Strukturen, wie sie in der Natur vorkommen – etwas, das ganz im Sinne Ruskins gewesen wäre. Meine frühen Arbeiten orientierten sich an anorganischen Formen wie Kristallen und Polyhedren. Anfangs war meine Phantasie von diesen Strukturen ganz und gar beherrscht, ehe sich mein Interesse auch auf die Komplexität organischer Formen wie der Sonnenblume und ihre gleichsam mathematische Konstruktion richtete. Ramat Hasharon war das erste Projekt mit dem Sonnenblumenmotiv, in dem diese Neuorientierung zum Ausdruck kam – gefolgt von dem Apartmenthaus, genannt »Spirale«. Was sich dabei aber nie geändert hat, ist mein Streben, die allen Formen zugrunde liegenden Prinzipien, ihre Logik und die in ihnen schlummernden Organisationsmöglichkeiten zu verstehen. Neue architektonische Ideen sind anfangs immer sehr zerbrechliche Gebilde und müssen sorgfältig gehegt und entwickelt werden – genau wie unsere Kinder. Nur auf diese Weise können wir hoffen, mit unseren eigenen Ideen in einen intelligenten Dialog einzutreten. Dabei lernen wir auch das einzigartige Potential verstehen, das in ihnen schlummert, so daß wir ihnen nicht mehr unsere eigenen Wünsche und Vorurteile aufzwingen.

Wenn man sieht, wie Sie ihre Ideen entwickeln und nie aufhören, sie zu hinterfragen, dann hat man den Eindruck, daß der Begriff des »Organischen« weit über die reine Form hinaus eher den Prozeß als die endgültige Gestalt meint.
Architektur wird nicht dadurch organisch, daß ihre Gestalt einem Käfer, einer Schnecke oder einer Schlange ähnelt.

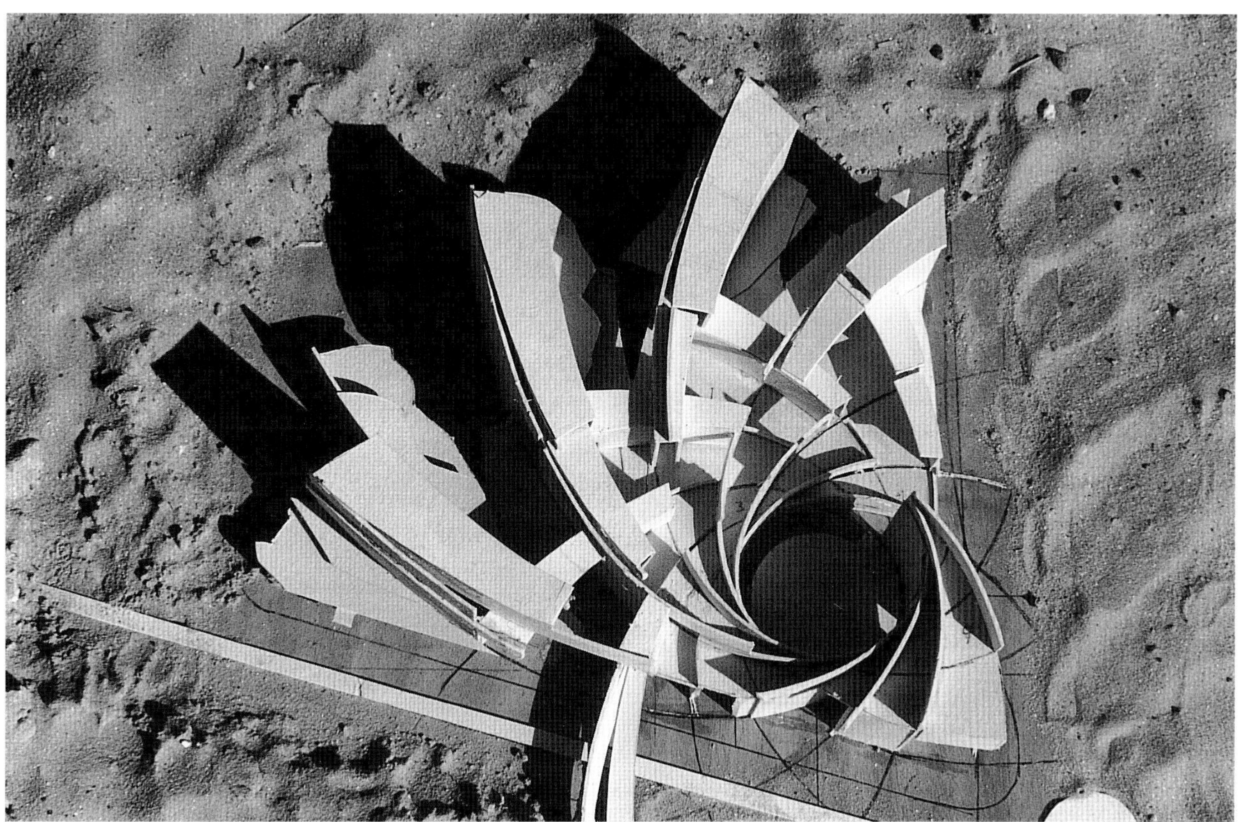

Ruskin would most probably have approved of. My early work was influenced by inorganic forms, the formations of crystals and polyhedra that completely conquered my imagination. Gradually I have become also interested in the complexity of organic forms like the sunflower and its mathematical construction, the spiral. The »Sunflower of Ramat Hasharon« is the first project reflecting clearly my changing interests – followed closely by the »Spiral Apartments«. However, what I really never abandoned is a constant pursuit in trying to understand the underlying principles of forms, their logic and their inherent organizational possibilities.

You are right. Architectural ideas are born fragile and have to be raised carefully and later educated, exactly like our own children. Only then can we hope for an intelligent dialogue with our own ideas. Gradually we will also come to understand their unique potential and therefore keep ourselves from imposing our wishes and prejudices.

Architecture doesn't become organic because it resembles a beetle, a slug or a snake. For me, the term organic implies the spirit of the work rather than its form. The Sunflower is only an idea that motivates the architecture – its defiance of fixed orientation and gravitational force. I am convinced there is an intimate relationship between the process of design and its results. A mechanical, tedious proces of design will certainly lead to an uneventful stereotype architecture.

The materials serve to elucidate the idea and accordingly vary from one building to another. After all, we all dress differently in summer and in winter and for various occasions. The materials used in my buildings reflect upon the nature of the place and the character and context of its surroundings. For the Club Mediterranée in Ahziv in the north of Israel, we chose panels

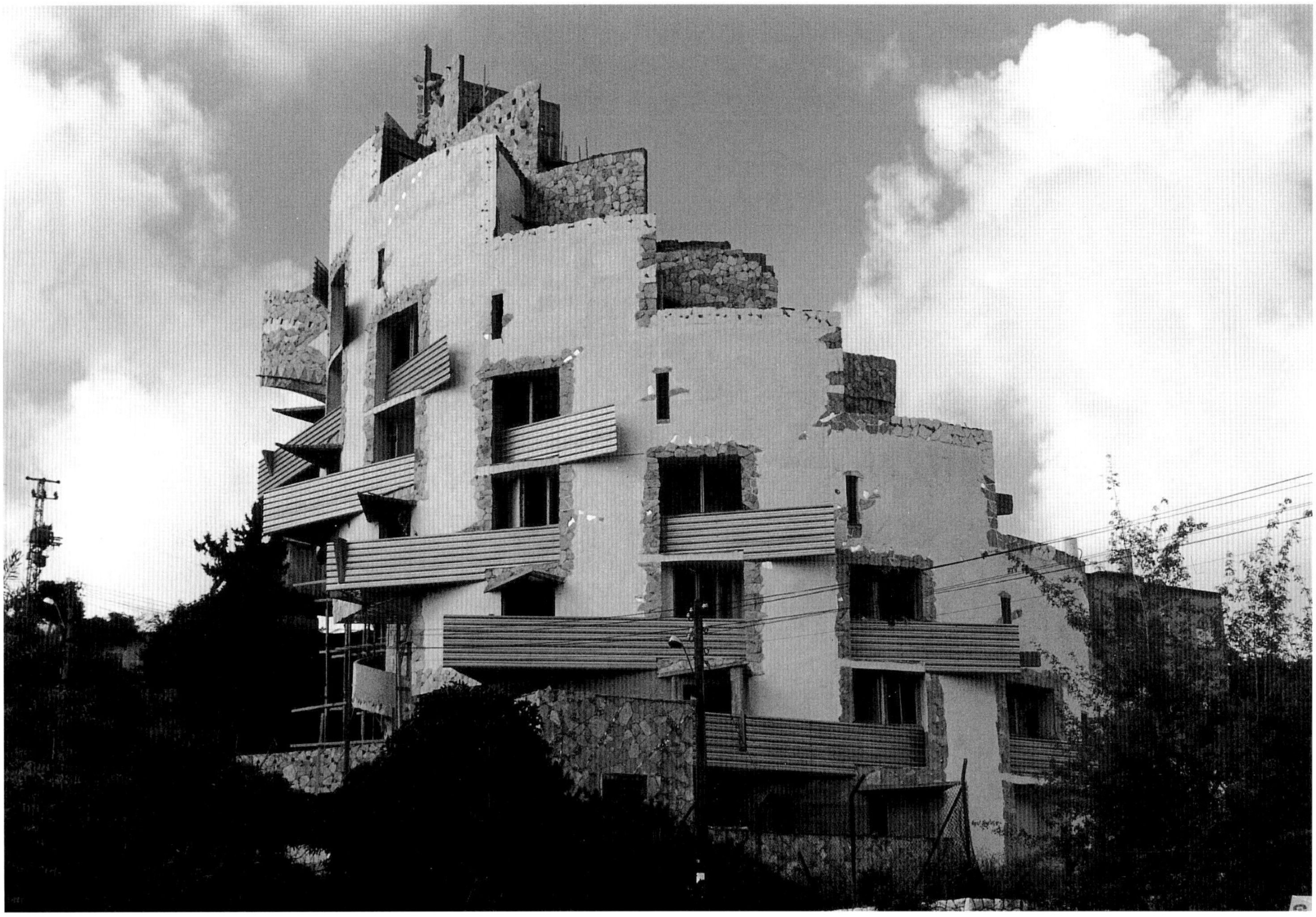

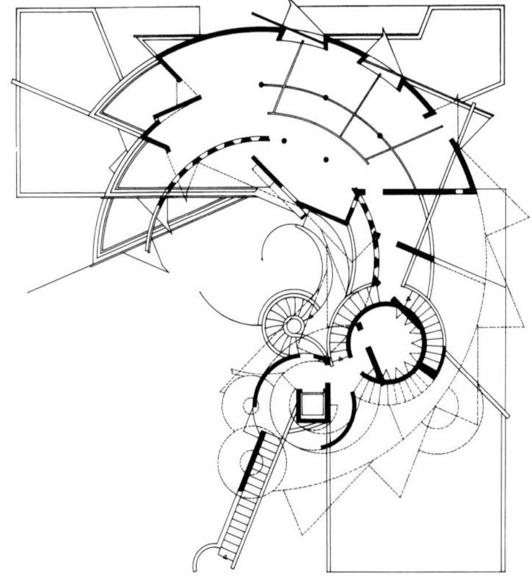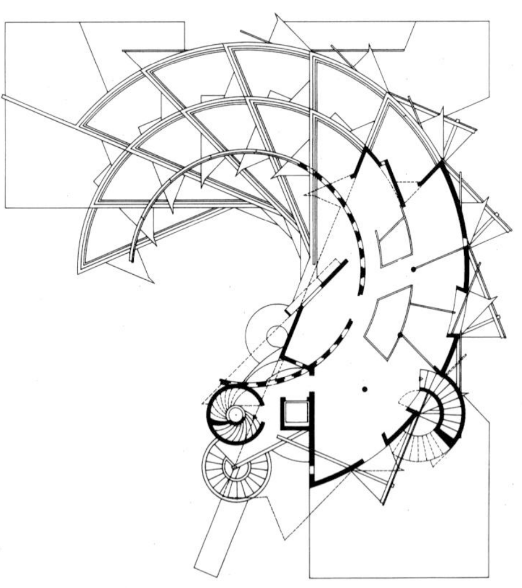

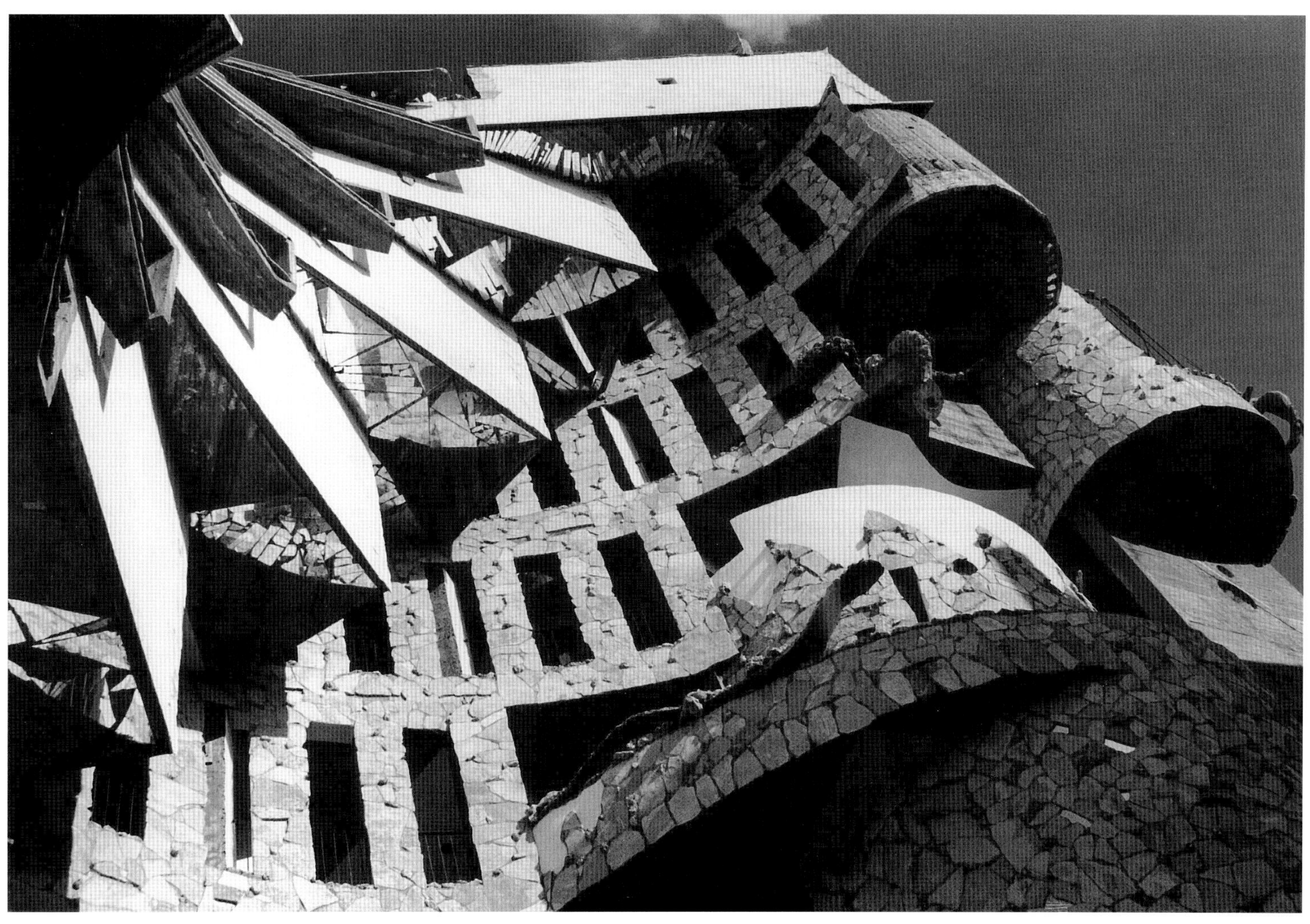

Seiten, pages 26/27:
Spirale, Apartmenthaus. Spiral Apartment building.
Ramat Gan, Israel 1986-1990
Blick von Norden. View from the North. Detail.

Hofansicht. Court yard view.
Grundriß 2. Obergeschoß. Second floor plan.
Grundriß 5. Obergeschoß. Fifth floor plan.

Für mich beinhaltet der Begriff »organisch« eher den geistigen Prozeß eines Werkes als seine Form. Die Sonnenblume ist nur eine Idee, welche die Architektur motiviert – sie steht für die Überwindung der Schwerkraft und einer festen Orientierung. Für mich besteht eine enge Beziehung zwischen dem Entwurfsprozeß und dem Ergebnis. Das Resultat eines mechanischen, langweiligen Entwurfsprozesses wird immer eine stereotype, langweilige Architektur sein.

Welche Rolle spielt die Wahl der Materialien bei Ihren Gebäuden?
Die Materialien dienen dazu, die jeweilige Idee zu verdeutlichen; entsprechend wechseln sie von einem Gebäude zum nächsten. Auch wir Menschen kleiden uns ja im Sommer anders als im Winter und tragen bei besonderen Anlässen eine besondere Kleidung. Die Materialien meiner Bauten gehen auf den spezifischen Charakter des Ortes und der Umgebung ein. Für den Club Mediterranée in Ahziv im Norden Israels entschieden wir uns für Bambusmatten als Baumaterial, beim Laborgebäude für das Technion dagegen für unbehandelten Beton, und die Synagoge in der Wüste Negev erhielt einen Anstrich in leuchtenden Farben, die mit der Eintönigkeit der Wüste kontrastieren, so daß hier die Farbe das eigentliche Material ist. Die »Spirale« dagegen gibt sich ganz leger und trägt eine Haut aus kostensparendem weißen Putz, Steinplatten und Wellblech. Der einzige Schmuck sind Spiegelscherben. Es gibt nichts Schlimmeres, als Sterilität durch teure Materialien und aufwendige Details zu verschleiern. Was mich interessiert, sind ausdrucksstarke Formen, die aus guten Ideen entspringen. Manchmal zeigen sie sich in einem Gewand aus bescheidenen Materialien, manchmal in großer Robe.

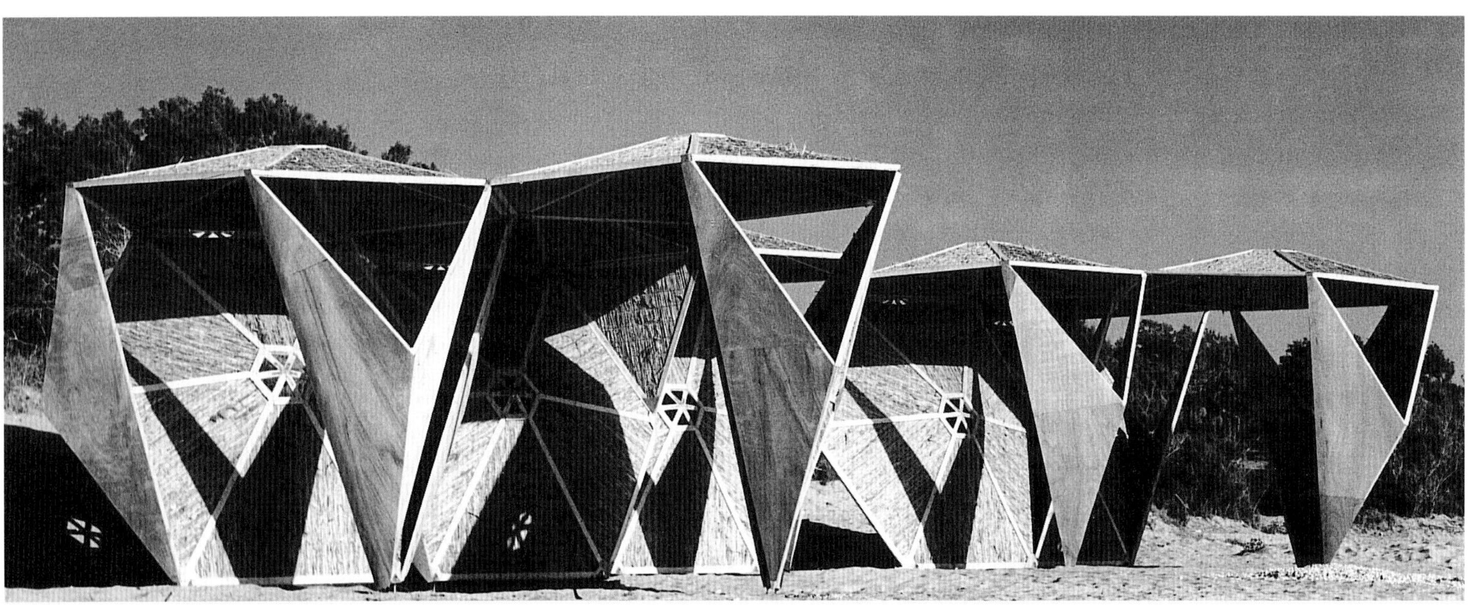

Seiten, pages 28/29: Club Mediterraneé-Ahziv, Israel 1961-1962
Die »Sonnenschirme« am Strand. The »parasols« on the beach.

of bamboo stalks as the building material, for the Laboratory Building at the Technion it was rough concrete, and the Synagogue in the Negev desert was paint-ed in primary colors contrasting with the monotonous desert, so actually paint became the material. The »Spiral« is dressed casually in inexpensive white plaster, slate stone and corrugated metal. As for jewelry, it wears broken mirrors only. There is nothing worse than sterility hiding behind expensive materials and sophisticated detail. I prefer expressive forms animated by fine ideas. I don't care if they are dressed in humble materials.

Would you say that your architecture is therefore experimental?
That depends on how you define the term. I do not experiment with people. My mind is the laboratory where all experiments both begin and end, and my architecture is the result of this process. My sketch books provide some insight into this process. The Ramot-Housing in Jerusalem build in five stages during fifteen years between 1971-1986, was certainly a kind of long term laboratory of housing.

What is the message you are trying to communicate, particularly when lecturing to architecture students?
I try to explain that the knowledge acquired at the universities is very important and very useful as long as it doesn't restrict our freedom to forget it. Forgetting and not knowing is not the same. A real artist does only what he really doesn't know, and that he is expected to do very precisely. I don't really think I sell insurance policies.

You have won the competition for the Jewish School in Berlin just at the end of the Gulf War – was it difficult to work during that war?
The Gulf War caught me in the middle of the competition's second stage. We had to be in the shelter much of the time as the Scud missiles fell not far from the Dubiner Apartment House where we lived. Many of my friends left Tel Aviv, but in my office everyone continued working. The situation reminded me of the Second World War experience. Designing a Jewish school for Berlin in a shelter was both ironic and symbolic.

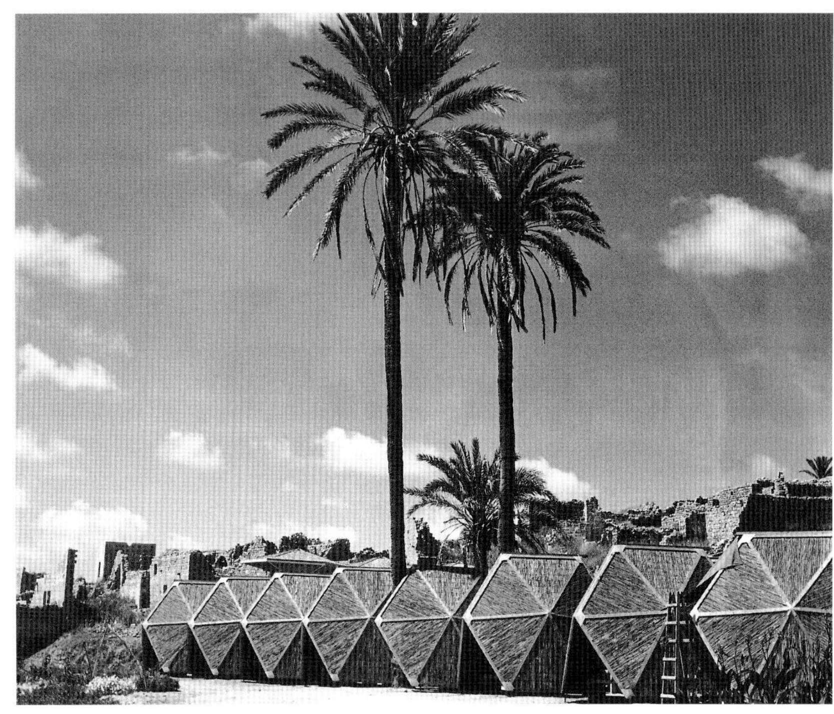

»Sonnenschirme« als halboffener Speisesaal.
»Parasols« as a semi-enclosed dining hall.

I remember that at the corner-stone-laying ceremony of your building you said that the Jewish School is the first stone in the new foundation for the renewal of the Jewish cultural contribution – what do you mean by that?
As Jews we claim that by the very fact that we survived, although not many of us, we defeated the Nazis. As an artist I would say that's not enough. We have to continue to be creative. Jews as a group were the most fertile contributors to German culture until the Second World War, so if today we only manage to survive, you could say the Nazis succeeded in castrating us. We have to be creative again. Survival is both physical and spiritual.

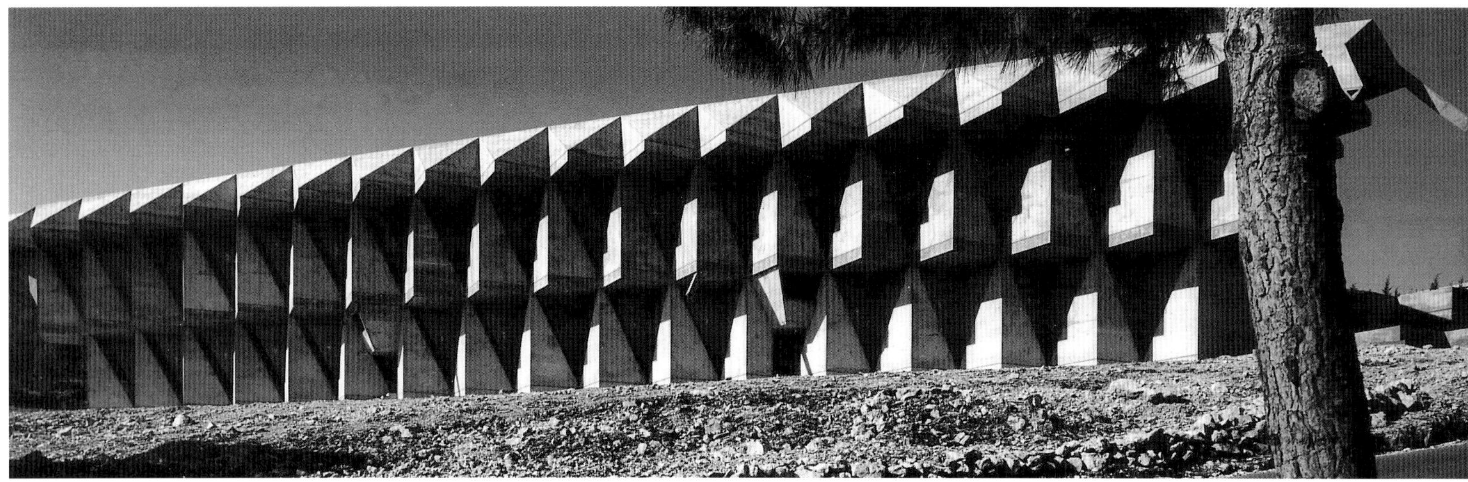

Das kommt darauf an, wie man diesen Begriff definiert. Ich experimentiere nicht mit Menschen. Der Ort, an dem alle meine Experimente beginnen und enden, ist mein Kopf, und meine Architektur ist das Ergebnis dieses Prozesses. Das kommt auch in meinen Skizzenbüchern anschaulich zum Ausdruck. Die Wohngebäude von Ramat Gan in Jerusalem, die in fünf Bauabschnitten von 1971 bis 1986 entstanden, waren sicherlich eine Art langfristiges Testlabor für den Wohnungsbau.

Ich bemühe mich, ihnen verständlich zu machen, daß das an der Universität erworbene Wissen sehr wichtig und nützlich ist, solange es uns die Freiheit läßt, dieses Wissen wieder zu vergessen, um etwas eigenes, originäres zu schaffen. Vergessen und Nichtwissen ist nicht dasselbe.

Der Golfkrieg überraschte mich mitten bei den Arbeiten für die zweite Stufe des Wettbewerbs. Wir mußten immer wieder in den Luftschutzkeller flüchten, weil die irakischen Scud-Raketen nicht weit vom Dubiner Apartmenthaus herunterkamen, in dem wir wohnten. Viele meiner Freunde haben damals Tel Aviv verlassen, aber meine Mitarbeiter blieben alle da und arbeiteten mit mir weiter. Die Situation erinnerte mich an das, was ich im Zweiten Weltkrieg erlebt habe. In diesem Sinne war die Arbeit am Entwurf für die Jüdische Schule in Berlin nicht nur von großer symbolischer Bedeutung – sie entbehrte nicht einer gewissen traurigen Ironie.

Wir Juden sagen uns immer, daß wir durch die Tatsache, daß wir überlebt haben – wenn auch nur wenige von uns –, die Nazis besiegt haben. Als Künstler würde ich sagen, das reicht nicht aus. Wir müssen auch weiterhin kreativ sein. Die Juden haben als Gruppe bis zum Zweiten Weltkrieg den wohl fruchtbarsten Beitrag zur deutschen Kultur geleistet, und wenn wir heute einfach nur überleben, dann ist das so, als hätten die Nazis uns vernichtet. Wir müssen wieder kreativ sein. Überleben ist nicht nur eine Sache des Körpers, sondern auch des Geistes.

Ich weiß heute, daß es unmöglich gewesen wäre, die Jüdische Schule zu bauen ohne meine Anwesenheit hier in dieser Stadt.

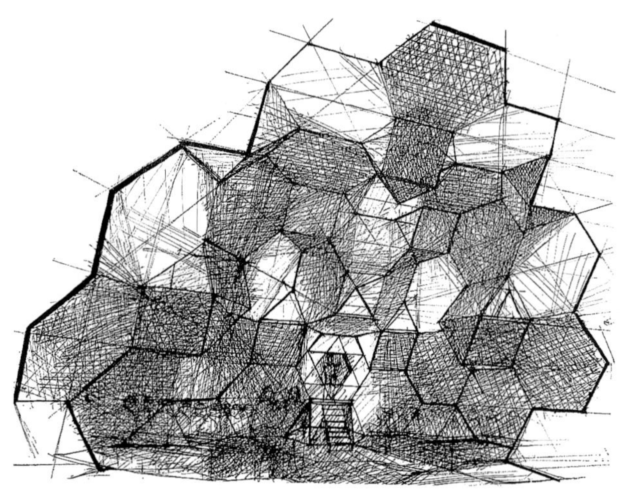

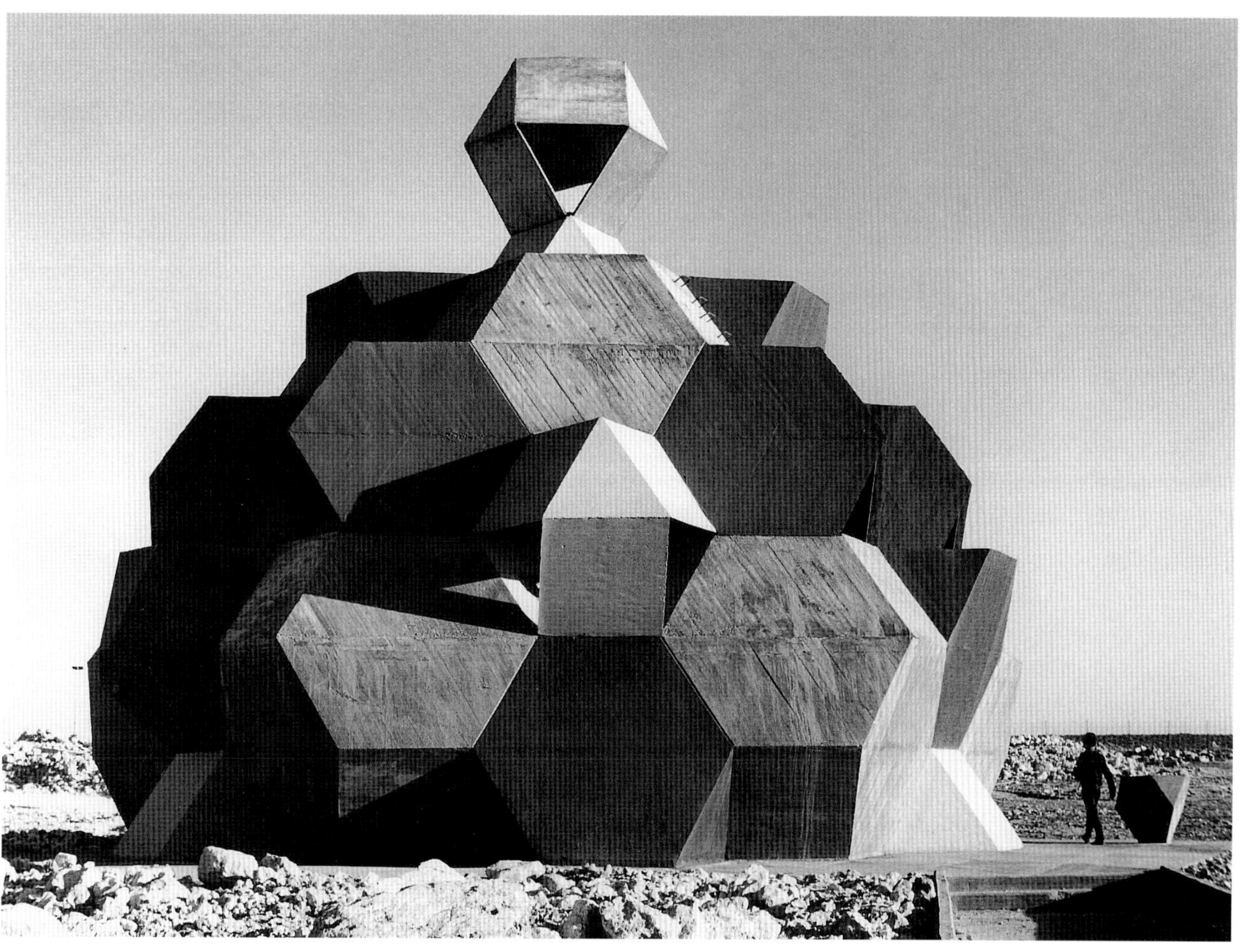

Seite, page 30: Aeronautik-Labor. Aeronautic Laboratory.
Technion Campus, Haifa, Israel 1963-1966

Synagoge in der Negev-Wüste. Synagogue in the Negev Desert. 1966-1970
Skizze des Innenraumes. Sketch of the interior.
Die fertige Synagoge. The completed Synagogue.

Seiten, pages 32/33: Innenhof, Ramot-Haus, 2. Phase.
Interior Court. Ramot Housing, Stage II. Jerusalem 1981-1985

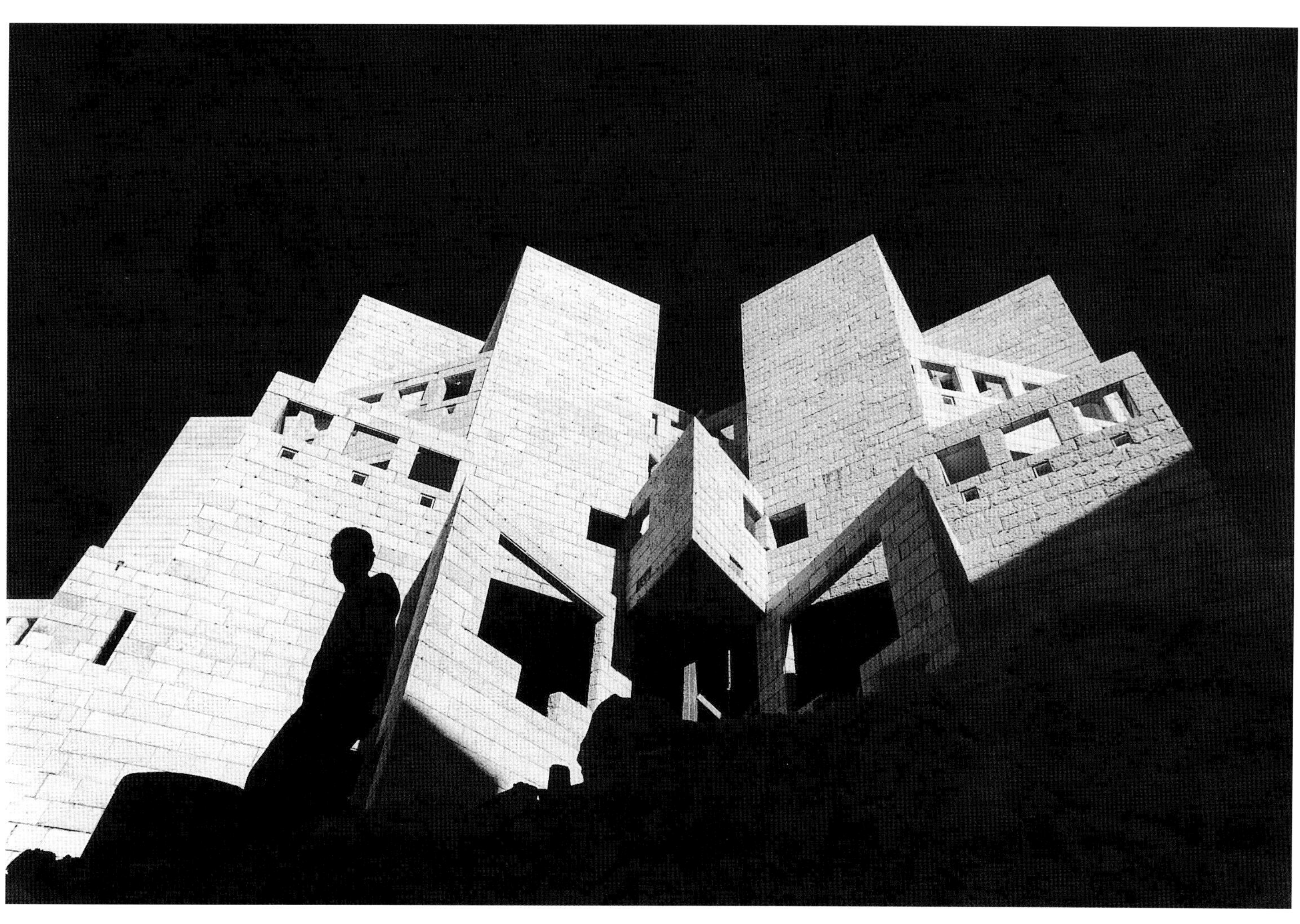

Eingangssituation. Ramot-Haus, 2. Phase.
Main entrance. Ramot Housing, Stage II.

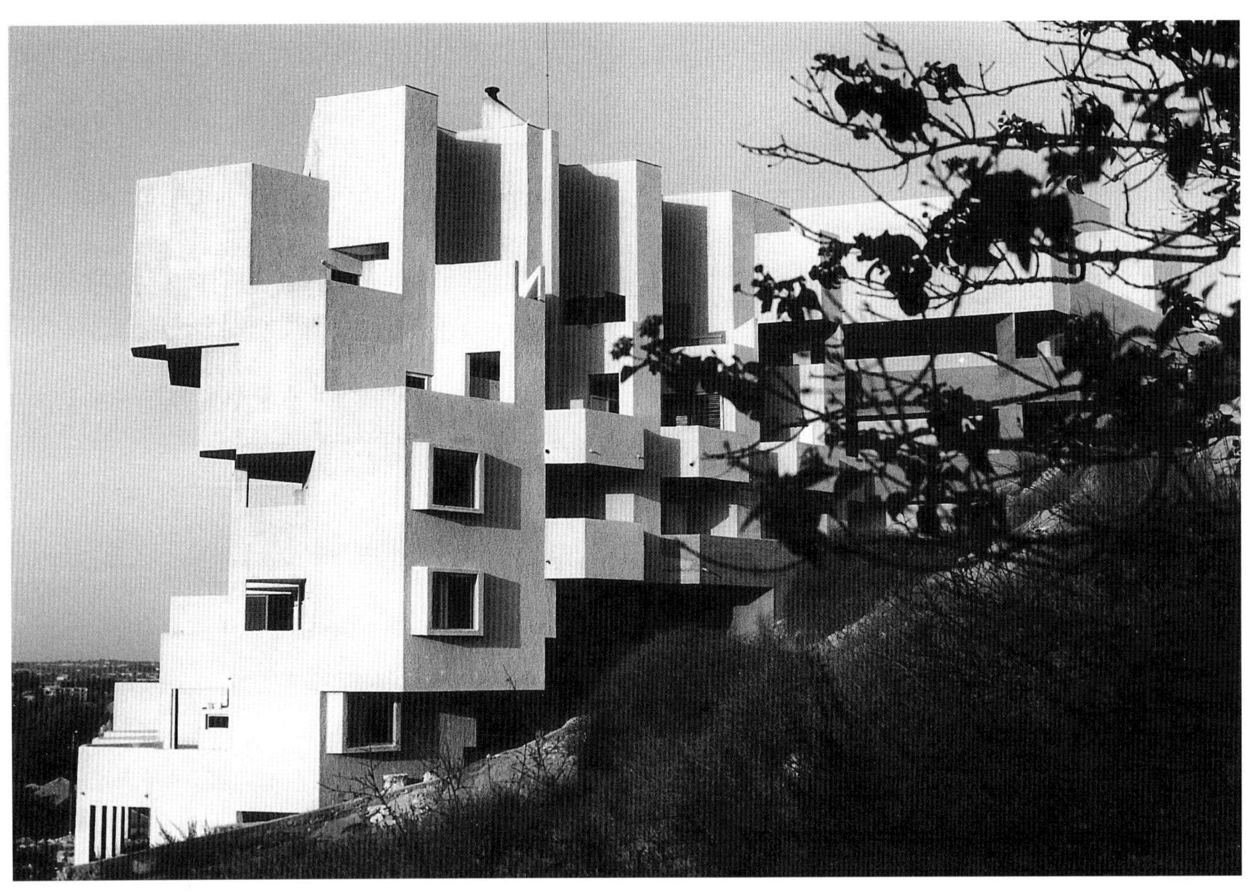

Dubiner Apartmenthaus. Dubiner Apartment House.
Ramat Gan, Israel 1963
Blick von Süd-Westen. South-West view.

Nicht nur, weil ein solches Projekt eine enge Zusammenarbeit mit allen möglichen Instanzen und Personen erfordert, sondern vor allem auch deshalb, weil immer wieder neue Probleme auftauchten, für die ich praktische Lösungen finden mußte. Aber meine Anwesenheit hier in Berlin läßt sich nicht nur mit dieser funktionalen Notwendigkeit begründen – sie ist auch unausweichlich verknüpft mit der Erinnerung an die Vernichtung der jüdischen Kultur in dieser Stadt. Das so entstandene Vakuum ist bis heute ein Teil unserer Wirklichkeit, mit der wir uns auseinandersetzen müssen. Wenn ich heute in Berlin lebe und arbeite, dann denke ich auch daran, daß Erich Mendelsohn Berlin verlassen mußte und damals in Palästina Zuflucht fand, wo ich als Student seine Arbeiten kennenlernte.

Viele Architekten, die heute in Berlin bauen, klagen über die strengen Bauvorschriften in dieser Stadt. Wie sind Sie damit zurechtgekommen?
Die Bauvorschriften in Berlin sind alles andere als liberal, aber ich habe immer darauf vertraut, daß mein

I know now that it would have been completely impossible to build the Jewish School without my being present here in Berlin. Not only because one has to coop-
erate with all those involved in this undertaking, but
mainly because I had to provide practical answers, practical solutions to evolving situations. However, my presence in Berlin cannot be explained only as a functional
necessity, for it is linked inescapably with the memory
of the destruction of the Jewish cultural life in this city.
The vacuum left behind is our present-day reality, and
we must deal with that. While practicing architecture
in Berlin I am also aware of the fact that Erich Mendelsohn left Berlin to find refuge in Palestine, where I,
as a student, studied his work.

Building codes in Berlin are not very liberal but I was
quite confident that my idea is strong enough to survive
all the necessary alterations and changes. I kept chang-

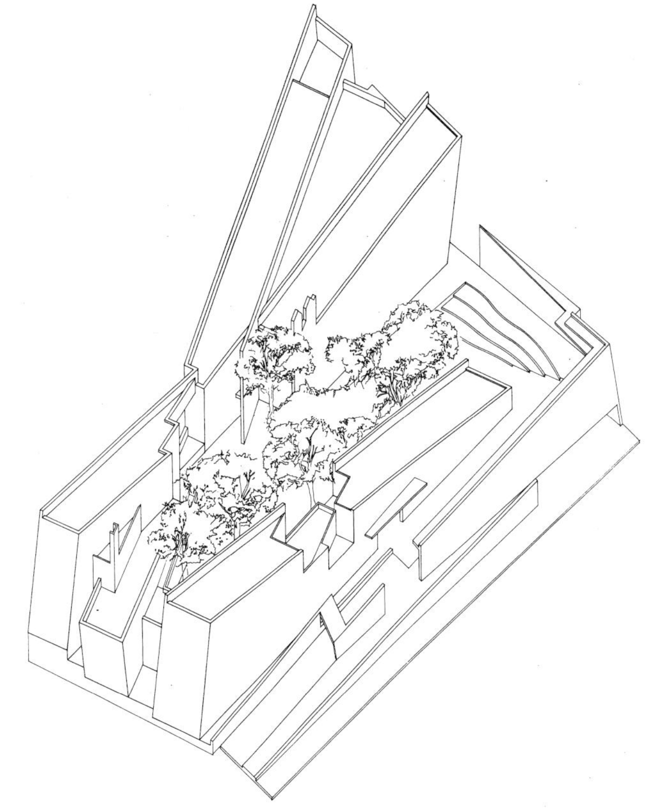

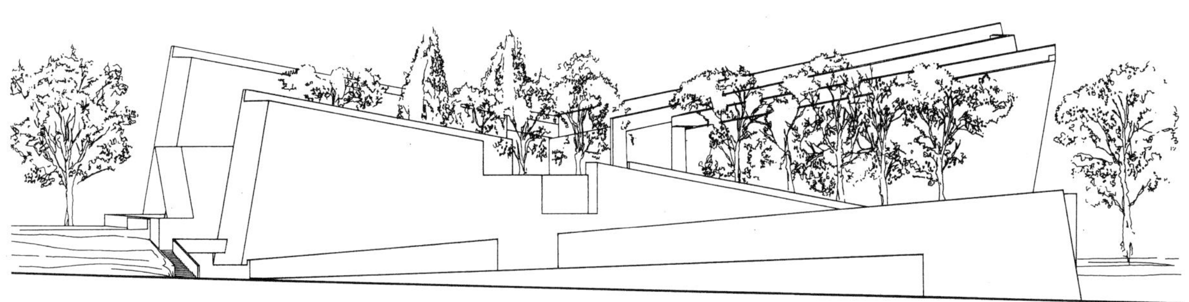

Palmach-Museum für Geschichte.
Palmach Museum of History. Tel-Aviv, Israel 1992-96
Axonometrie und Straßenansicht.
Axonometry and street elevation.

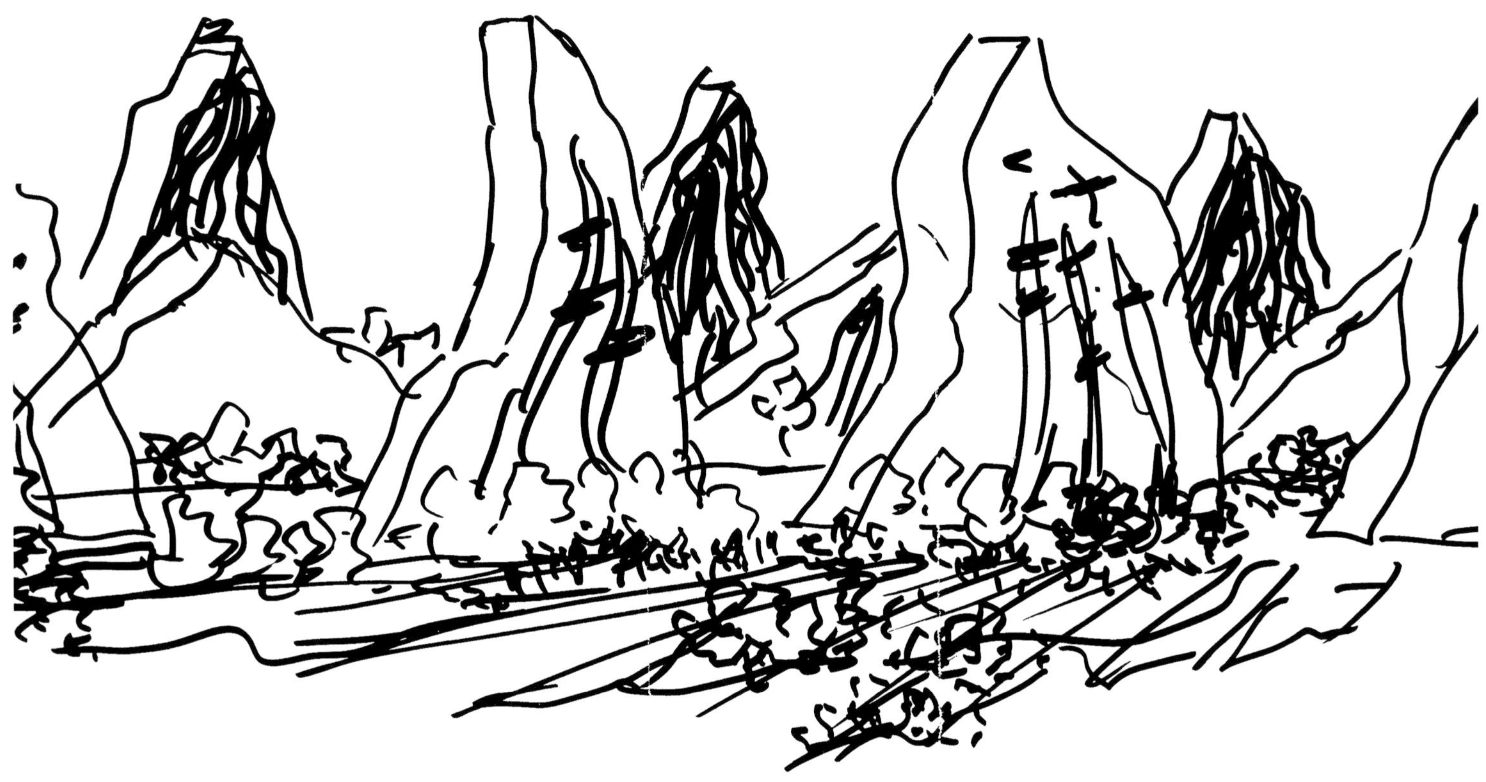

Konzept stark genug ist, alle notwendigen Änderungen
zu überstehen. Ich mußte meinen Entwurf immer wieder überarbeiten, aber nicht nur, um den Vorschriften
zu genügen, sondern auch, um den Entwurf zu verbes-
sern und weiterzuentwickeln. Ein solcher flexibler
Arbeitsprozeß mit immer neuen Veränderungen und
Anpassungen wäre ohne die engagierte und hinge-
bungsvolle Arbeit der Kontaktarchitektin Inken Baller
und des Ingenieurs Gerhard Pichler nie durchzuhalten
gewesen. Ich muß sagen, daß ich mich sehr glücklich
schätze, die Unterstützung so vieler Menschen in dieser Stadt genossen zu haben, angefangen von Senator
Wolfgang Nagel und Uli Stange von der Senatsverwaltung für Bau- und Wohnungswesen über die Jüdische
Gemeinde als Bauherrn, vertreten durch Heinz Galinski, Jerzy Kanal, Jael Botsch-Fitterling und Norma
Drimmer bis hin zu der Bürgermeisterin von Charlottenburg, Monika Wissel, und Bezirksstadtrat Claus
Dyckhoff – um nur einige zu nennen. Ich hoffe sehr,
daß die Schule alle Erwartungen, die sich an sie knüp-
fen, erfüllen wird.

Und was ist das nächste Projekt, an dem Sie arbeiten?
Die Jüdische Schule nimmt immer noch einen großen
Teil meiner Zeit in Anspruch und gleichzeitig ist ja in
Tel Aviv mein Entwurf für das Palmach Museum of
History im Bau. Daneben beschäftige ich mich intensiv
mit einem neuen Projekt, dem ich den Namen »Die
Berliner Berge« gegeben habe – eine Wohnsiedlung im
Ostteil Berlins, die ich anfangs schon einmal erwähnt
habe. Die Silhouette dieser Siedlung erinnert an eine
Bergkette, eine Art Landschaft, aber es handelt sich tat-
sächlich um Architektur. Ich bin überzeugt, daß dies
eine sehr aktuelle Idee ist. Sie hat vor allem mit der
wachsenden Erkenntnis zu tun, daß es bald keine Landschaft mehr gibt, die wir zerstören könnten, und daß
wir vielmehr neue Landschaften schaffen müssen.

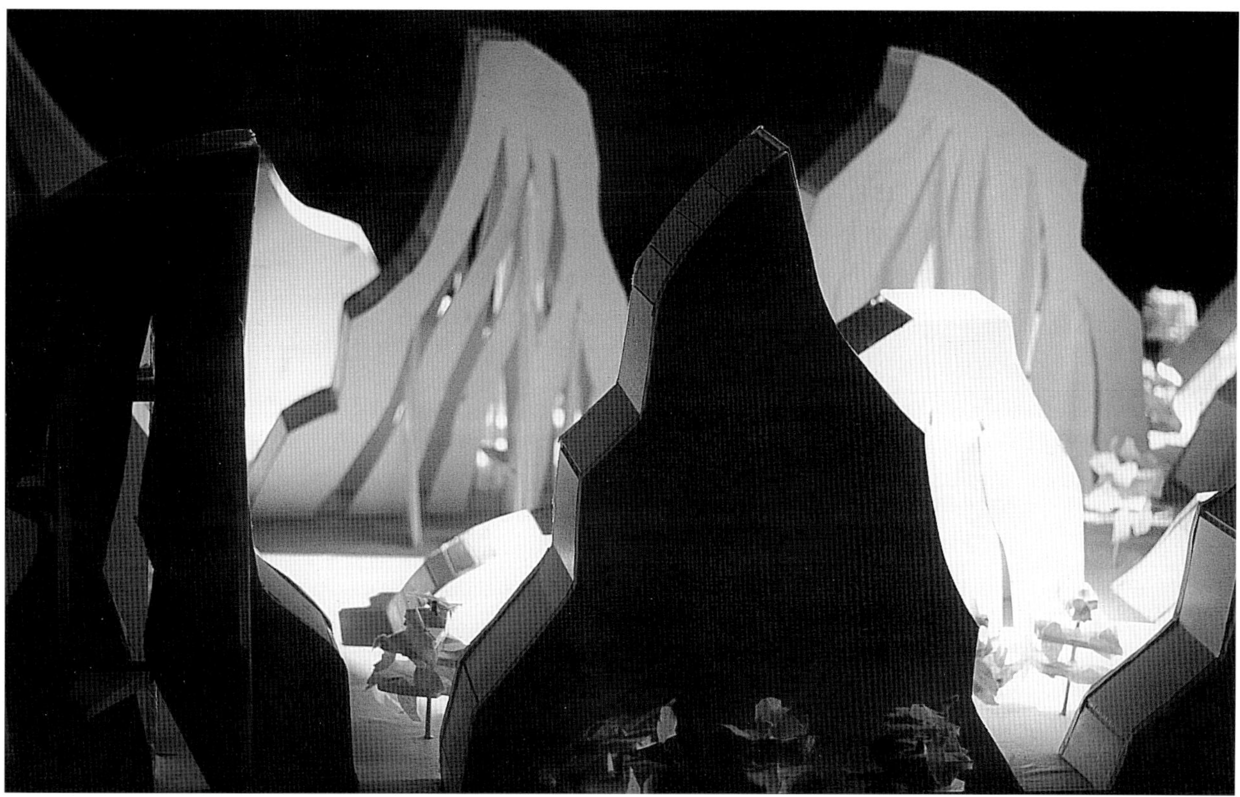

ing my design to comply with building regulations but also to improve and refine the project. Such a process of continuous changes would have been completely impossible but for the most professional and architecture-loving help of contact architect Inken Baller and structural engineer Gerhard Pichler. I do believe that I was very lucky to have the support of so many good people in this city, starting with Senator Wolfgang Nagel; Uli Stange from the Senator für Bau- und Wohnungswesen; my client, the Jüdische Gemeinde, with Heinz Galinski, Jerzy Kanal, Jael Botsch-Fitterling and Norma Drimmer, Charlottenburg Mayor Monika Wissel and Bezirksstadtrat Claus Dyckhoff – and that is mentioning only very few. I do hope the School will live up to their expectations.

I am still very much occupied with the Jüdische Schule, while in Tel Aviv the Palmach Museum of History is now under construction. However, much of my time is devoted to a project I call »Mountains in Berlin« – a residential neighborhood in East Berlin which I mentioned earlier. Its silhouette resembles a range of mountains, a kind of landscape, but it really is architecture. I firmly believe it is a timely idea and a part of our growing understanding that there is no landscape left to be destroyed but only to be created.

Seiten, pages 36/37: »Die Berliner Berge«, 1994-95.
»Berlin Mountains«, 1994-95.
Modell und Skizze. Model and sketch.

Es gibt nur wenige Architekten, die Zvi Hecker ebenbürtig sind, was ihren dynamischen Einsatz und ihre Unabhängigkeit betrifft.

In einer Welt, in der Architekturtheorie sich zunehmend an Texte klammert und krampfhaft jedes Interesse an Dingen zu vermeiden sucht, die nach was aussehen, in einer Welt, in der sich der architektonische Diskurs zumeist auf als Architekturposition getarnte Lokale- oder Sachpolitik und architektonischer Stil auf Klischees reduziert, wirkt die vertraute geballte Kraft der Arbeiten Zvi Heckers unheuer erfrischend. Sein Einsatz kommt gleichzeitig aus dem Herzen, aus dem Gehirn und aus dem Zeichenstift, und er widersetzt sich beharrlich jedem Versuch, ihn auf einfache Formeln und die immer gleichen Schachzüge zu verpflichten.

Entsprechend braucht ein Hecker-Bau immer seine Zeit, auch wenn sein Entwurf einen Wettbewerb gewonnen (wie die Jüdische Grundschule in Berlin oder das Palmach Museum in Tel Aviv) und seine Kraft in diesem Sinne bereits unter Beweis gestellt hat: Die Entwürfe sind immer nur ein Schatten des endgültigen Projekts. Ein Hecker-Bau braucht darüber hinaus auch die körperliche Anwesenheit des Architekten (im Idealfall neben der Baustelle wohnend oder, wo das nicht möglich ist, immer in der Nähe wie ein besorgter Vater) und ein erhebliches Maß an Zärtlichkeit und Zuwendung – immer wieder setzt er bei seinen Plänen den Zeichenstift an und zieht, schiebt, ja streichelt die Mauern in ungeahnte – aber nichtsdestoweniger konsequente – Lagen und Figuren.

Sein Ansatz ist natürlich eine Sache der Konzentration und eindeutig das Ergebnis einer objekt-orientierten architektonischen Kultur. Seine Unabhängigkeit manifestiert sich auf mehreren, durchaus zusammenhängenden Ebenen. Da ist als erstes die Unabhängigkeit von aktuellen Modetrends – was nicht heißen soll, er sei schlecht informiert oder dem Bezugssystem seiner eigenen Generation verhaftet: In seinem Bücherregal stehen die neuesten Werke, er erzählt das »Neueste« über Kollegen, die viel jünger sind als er, und außerdem ist er wahrhaft international, auch wenn er eine angemessen, spöttische Distanz zu Stars wie Eisenman, Koolhaas oder Ando bewahrt. Dazu kommt eine produktive Unabhängigkeit auch von jener sogenannten »israelischen Architektur«, die – nicht zuletzt wegen ihrer

Provinzialität – für seine überlebensnotwendige Kreativität durchaus lebenswichtig ist. Und er bewahrt sich ein faszinierendes Verhältnis zu seiner eigenen Vergangenheit. Angesichts der Danziger Hall, die er 1964 gemeinsam mit seinem ehemaligen Lehrer Alfred Neumann für das Technion in Haifa gebaut hat, überraschte mich weniger das Geometrische dieses Gebäudes (ein allzu einfaches Etikett für Heckers frühe Arbeiten) als vielmehr die Selbstsicherheit, die es ausstrahlt. Seine Erscheinung erinnert, ähnlich wie die Sporthalle von Ludwig Leo in Berlin, an ein konzentriertes, entspanntes »Aufwärmen«, das der eigentlichen Kraftentfaltung vorausgeht. (Auch von ihrer Atmosphäre her haben beide Bauten, nebenbei bemerkt, vieles gemeinsam.)

Wirken Leos Wasserzirkulationstank und Rettungsstation gleichzeitig schockierend und faszinierend in ihrer strengen Kühnheit, so zeichnen sich Heckers Wohn-»Spiralen« von Ramat-Gan und die Jüdische Grundschule in Berlin durch ein zusätzliches irritierendes Element aus – vielleicht ein Ausdruck der unterschiedlichen Persönlichkeiten der beiden –, daß sie gleichzeitig aber auch nicht nur in ihrer gemeinsamen Rolle als agents-provocateurs verbindet, sondern auch in ihrer positiven Gleichgültigkeit gegenüber der überladenen Glätte all dessen, was um sie herum vorgeht.

In einer noch zu schreibenden objektiven Geschichte der Architektur des zwanzigsten Jahrhunderts werden Ralph Erskine, Sverre Fehn, Eric Moss, Günther Domenig, Itsuko Hasegawa, Clorindo Testa und Imre Makovecz wahrscheinlich stärker im Mittelpunkt stehen als ihre ungleich stärker »vernetzten« Zeitgenossen – und zwar aus einem einfachen Grunde: Sie sind allesamt Erfinder von Formen und Raumfolgen. Hecker hat das gleiche jungenhafte Temperament wie Erskine: Auch er rutscht gelegentlich auf einer formalen Bananenschale aus, aber nur um sich mit seinem nächsten Bau desto stolzer aufzurichten. Wobei (zumindest aus meiner Sicht) ein echter Durchbruch und eine »Pleite« weit besser sind als zwei »wirklich hübsche« Entwürfe. Hecker besitzt auch den gleichen entwaffnenden und geistreichen Charme wie Fehn, wenn er beispielsweise seinen Kommentar zu einem Gedicht mit einem typischen bescheidenen Achselzucken begleitet – getragen von dem Wissen, daß der Gesprächspartner genau weiß, wieviele Tage und Nächte des Nachdenkens und Über-

There are few architects who have either the attack or the independence of Zvi Hecker.

In a world where that which passes for architectural theory seems to be an increasingly text-based avoidance of interest in anything that looks like anything, that which passes for architectural discussion is local or professional politics dressed-up as architectural positioning, and that which passes for architectural style is rather graphical, one relishes in the sheer old-fashioned power of Hecker's work. His attack comes from the heart, the brain and the pencil simultaneously. He will not be hustled into ready formulae and repetitive gambitry.

Thus a Hecker building has to take a certain amount of time, though it may have won a competition (like the Berlin school and the Tel Aviv Palmach museum) and has therefore displayed enough of that power at the first instance: we have only a shadow of the eventual project. A Hecker building has to have a certain amount of his physical presence (ideally living near the site, but if not, hovering over it like an anxious parent); it has to have a considerable amount of his caress: for he will subject a plan to endless strokes of the pencil: pushing, pulling, stroking the walls into a nearly preposterous – but still consequent – set of postures.

His attack is of course to do with concentration and is certainly the product of an object-based architectural culture. His independence is to be observed on several coincident levels. First, an independence from the current fashions: which is not to say that he is uninformed or locked inside the references of his own generation – his bookshelves contain the new, his gossip concerns those much younger than himself and he is genuinely international – but he has a suitable and quizzical distance from the drifts of Eisenman, Koolhaas or Ando. He has a useful independence from so-called »Israeli Architecture« which, bearing in mind its provinciality, is absolutely necessary to his creative survival. He has also a fascinating relationship to his own past. In looking at the Danziger Hall which he built at the Haifa Technion with his former teacher, Alfred Neumann, in 1964, I was struck, not so much by its geometrical preoccupations (a too-easy definition of Hecker's earlier work) but by its self-assurance. It shares with Ludwig Leo's Berlin sports hall a very particular role: that of the

strong, calm »warm-up« before unleashing full power. (The two buildings have many similarities of mood, by the way.)

If Leo's water circulation tank and DLRG station shock and intrigue with a grim audacity, then Hecker's Spiral apartments at Ramat Gan and Jewish School in Berlin shock with an added sense of tease – reflecting perhaps the difference in their personalities but linking them in their shared role of agents-provocateurs and linking them in their positive indifference to the cloying politeness of all that goes on around them.

When an objective history of the architecture of the late twentieth century is written, it will probably have more to say about Ralph Erskine, Sverre Fehn, Eric Moss, Günther Domenig, Itsuko Hasegawa, Clorindo Testa and Imre Makovecz than about their more »networked« contemporaries – for the simple reason that they are all inventors of form and sequence. Hecker has the same boyish quality of Erskine: occasionally falling on a formal banana-skin but picking himself up with the next building, one breakthrough plus one »bummer« being (in my view) far better than two »oh-so-nicers«. Hecker has that same disarming and intelligent charm as Fehn in presenting a description of a piece of poetry with a sweet shrug, knowing that you know that the subject of the shrug was the product of days and days of thinking, scratching, concentrating and revision. Like Fehn he produces shapes that belie categorisation. Like Moss he chooses his details with a certain calculated disdain for the fragile palette of most contemporary onlookers. For Moss' inclined drainpipes read Hecker's jagged swabs of corrugated sheet metal on the Spiral. For Moss' strange fossilisation of the courtyard walls at the Paramount laundry read Hecker's almost insulting veneer or orange »crazy-paving« stonework (again at the Spiral). Like Domenig, he can flip from the topologically virtuoso move to the straight-up-and-down without a shiver. Like Hasegawa he likes to play with the ground and then wrap this same ground with frighteningly memorable iconography: they both indulge (but I use the word positively) in presenting the day-to-day public at a museum or a school or a house with a glimpse of the world outside the limits of the »sensible« and mundane. They are alchemists. Dreamers. Magicians.

legens, der Konzentration und Vertiefung zu diesem Achselzucken geführt haben. Ähnlich wie Fehn bringt auch Hecker Formen hervor, die sich jeder Kategorisierung entziehen. Ähnlich wie Moss wählt auch er seine Details mit einer gewissen wohldosierten Verachtung für die zerbrechliche Palette der meisten Betrachter. Was für Moss die schräggestellten Fallrohre sind, das sind für Hecker die kantigen Wellblechteile an der Spirale. Was bei Moss die Hofmauern der Paramount Wäscherei mit ihrem merkwürdigen fossilen Charakter sind, das sind bei Hecker die fast schon beleidigend furnierhaften oder ausgefallen bunten Oberflächen, ebenfalls an der Spirale. Wie Domenig läßt er auf eine topologisch geniale Bewegung ein einfaches Auf und Ab folgen, ohne auch nur mit der Wimper zu zucken. Wie Hasegawa spielt er mit dem Gelände und verhüllt eben dieses Gelände im nächsten Augenblick mit einer erschreckend eindringlichen Ikonographie: Beide haben eine ausgesprochene Vorliebe dafür, dem gewöhnlichen Betrachter bei einem Museum, einer Schule oder einem Wohnhaus einen unverhofften Einblick in eine Welt jenseits der Grenzen des »Vernünftigen« oder Banalen zu gewähren. Sie sind Alchimisten. Träumer. Magier.

Mit Clorindo Testa verbindet Hecker, daß beide auch praktizierende Künstler sind, die ihre Arbeiten häufig als Kunstwerke in Galerien ausstellen. Beiden bedeutet die Freundschaft mit Künstlern mehr als die mit anderen Architekten, beide sind aber ausgesprochene Architekten, die die gebaute Form brauchen, um ihre Fähigkeit im Umgang mit Material und Licht unter Beweis zu stellen. Makovecz schließlich mag unter den genannten Architekten vielleicht am wenigsten gemein haben mit Zvi Hecker, dem man gewiß keine »Volkstümelei« vorwerfen kann, der aber die gleiche Freiheit in der Material- und Formfindung teilt, vor der so viele der heute modischen Architekten zurückschrecken.

Mit dieser Litanei von Assoziationen möchte ich ganz bewußt unterstreichen, daß das Schaffen Zvi Hekkers keinesfalls als Randerscheinung betrachtet werden darf – was für viele von London oder New York aus schreibende Kritiker so überaus bequem wäre. Natürlich ist er kein strenger Moderner und auch kein entrückter Formalist, aber er ist auch kein eingefleischter Strukturalist.

Dennoch sind die unterschiedlichen Stränge seiner Architektursprache ein wesentlicher Teil jener Phalanx, die für die größten Herausforderungen im architektonischen Schaffen heute verantwortlich zeichnen. In diesem Vorstoß steht Zvi Hecker Schulter an Schulter mit den genannten sieben Architekten, die die heilige Flamme konkreter Kreativität am Leben erhalten.

Der Zugriff muß nämlich wirkungsvoll, effektiv sein. Ganz besonders in Berlin, wo jede architektonische Tätigkeit unter dunklen Wolken stattfindet, und ganz besonders in Tel Aviv, wo das architektonische Denken zu einem banalen Weg zu schnellem Reichtum degeneriert ist.

Augenblicklich beschäftigt sich Zvi mit dem Konzept von städtischen Bergen, das er in einem gesamteuropäischen Zusammenhang sieht – was ihm vielleicht jene Resonanz in der Auseinandersetzung mit anderen verschafft, die er seit den Tagen der Zusammenarbeit mit Neumann so vermißt hat. Mit Sicherheit sind diese Berge ihrem Wesen nach weniger systematisch, als sie es in der Post-Technion-Phase geworden wären. Zvi Hecker ist inzwischen sehr viel romantischer geworden. Oder sollte ich sagen: sehr viel gerissener? Oder vielleicht: sehr viel diskursiver?

In den letzten Jahren hat er sich mit scheinbar so gänzlich anders orientierten Leuten wie Ricardo Porro, Lebbeus Woods, Daniel Libeskind und Ron Arad angefreundet. Sein treuester Mitstreiter in Tel Aviv ist Danny Caravan (der ebenfalls einen großen Teil seiner Zeit in Europa verbringt). Eine Gruppe von eng Vertrauten, die keinen Wert auf Förmlichkeit legen und ihren eigenen Wert kennen. Sie bestärken sich untereinander in der »Kühnheit« dessen, worauf sie sich eingelassen haben. Sie sind eine verschworene Gemeinschaft, die an die große Zeit von Dada oder der Novembergruppe denken läßt. Offizielle Treffen in dem Sinne kennen sie nicht. Ihre Auftritte sind Soloauftritte. Ihre Äußerungen in verrauchten Räumen sind alles andere als politisch korrekt. Jede Form wird relativiert mit dem Verweis auf den Prozeß.

Es ist großartig, wenn man den Hügel in Ramat Gan emporsteigt und ES sieht. So heroisch und zugleich auf charmante Weise baufällig. Es ist großartig zu hören, wie die Zwanzigjährigen von ihm sprechen (wie es immer häufiger geschieht) und annehmen, er sei viel-

Hecker shares with Clorindo Testa the role of work-ing artist, for they both frequently exhibit their dra-wings as art and in galleries. They both gain more from their friendship with artists than with other architects, but are, in the end, highly architectural in the necessity for built form and built scale to expose their abilities with substance and light. Makovecz is perhaps the most unlikely of my analogous architects in that there is a certain »folksiness« of which one could never accuse Zvi Hecker: yet there is also a shared freedom of material-to-form that is feared by many fashionable architects.

In this litany of association, I am deliberately suggest-ing that the work of this architect must never be con-sidered as a marginal phenomenon – which might be very convenient to London-based or New York-based commentators. Sure, he is not a straight Modernist or a detached Formalist. But neither is he a card-carrying Structuralist. Yet the strands of his language and re-sponse are essentially a part of the thrust of the most challenging work being made today. A thrust in which he is shoulder-to-shoulder with those other seven archi-tects in keeping the precious flame of physical creativ-ity alive. The attack, you see, must be effective. Especially in Berlin, where architectural activity is under a heavy rain cloud, and especially in Tel Aviv where architectural thinking has been subsumed by simplistic get-rich-quick flatness.

As I write, Zvi is investigating the idea of urban mountains. He is attaching it to the European context which, I suspect, gives him a background of discussion with other investigators that he has missed since the early days with Neumann. Almost certainly these mountains are not as systematic as they would have been in his post-Technion period: he has become more and more romantic. Or is it more and more cunning? Or is it more and more discursive?

In recent years he has made friends with such unlike-ly people as Ricardo Porro, Lebbeus Woods, Daniel Libeskind and Ron Arad. His most consistent Tel Aviv ally is Danny Caravan (who also lives half his time in Europe). A bunch of confidents who care little about protocol and know their worth. Between them they get a certain sustenance for the »dare« quality of their out-put. As fellow conspirators they suggest the heady days of DADA or the Novembergruppe. Meetings as such

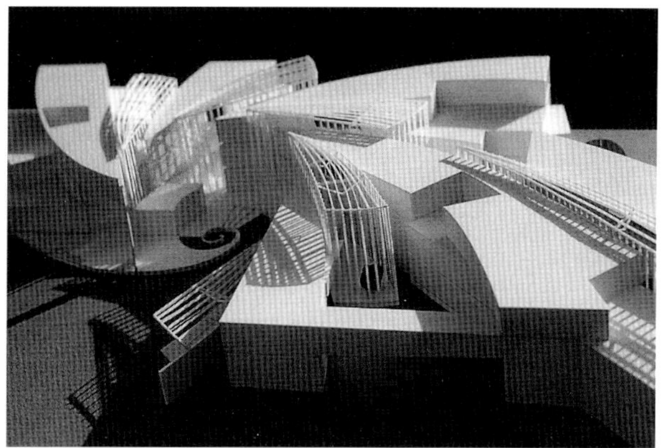

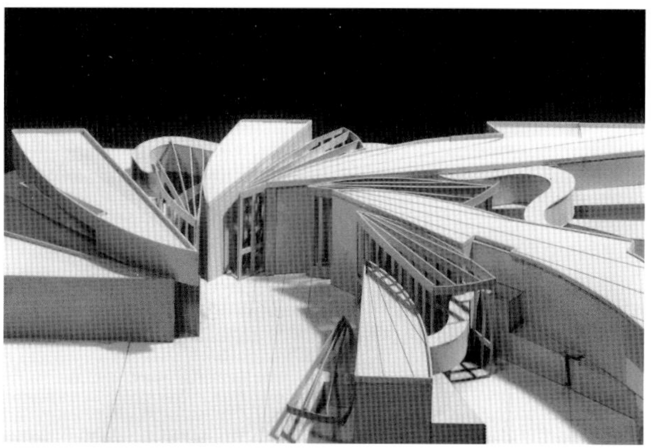

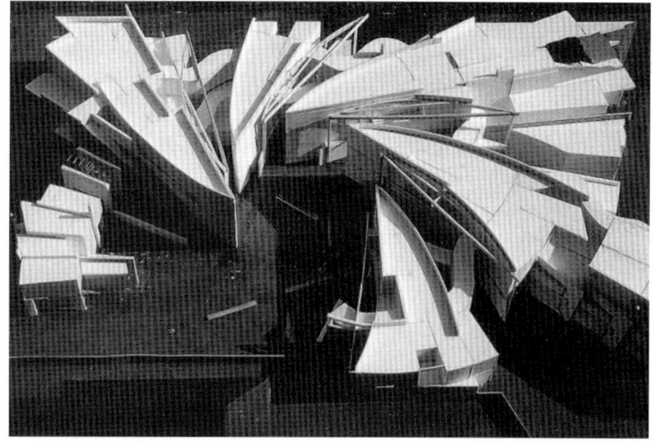

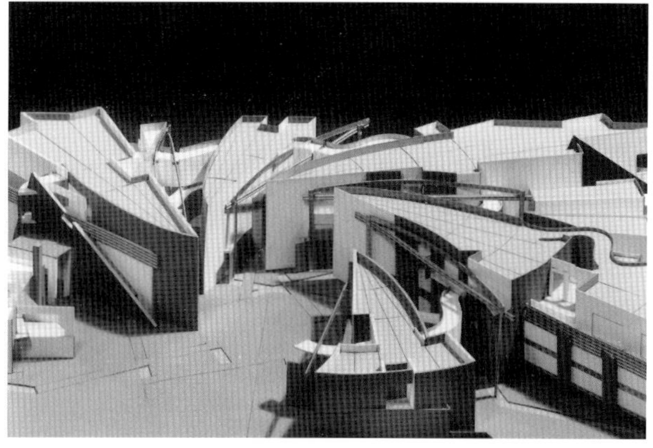

leicht Anfang vierzig. Es ist ungeheuer wohltuend zu sehen, wie alle diese verklemmten Journalisten und Kritiker bemüht sind um die passende Kategorisierung seines Schaffens: Ist diese Architektur nun »deutsch«, »jüdisch«, »geometrisch«, »dekonstruktivistisch«, »soziozentrisch«, »zersetzend«, »anarchisch«? Oder vielleicht vom Mars? Noch wohltuender ist es zu hören, wie Zvi über seine eigene Arbeit spricht, denn seine Methode, ebenso wie die der anderen sieben, ist im wesentlichen die eines Lektors oder Redakteurs. Er produziert eine Fülle von Ideen, von denen am Ende nur wenige Bestand haben. Unter dem, was dabei »im Papierkorb« landet, finden sich gelegentlich wahre Juwelen. Am Ende steht ein Gebäude, das noch kraftvoller ist als die erste Formulierung. Mit anderen Worten: Seine Architektur ist hochentwickelt; sie basiert auf umfassender Lektüre und geistigem Training in dem Bemühen, das zu erfassen, was die anderen bauen. Der Lektor weiß um Stoßkraft ebenso wie um Konsistenz. Um Lesbarkeit und Profil ebenso wie um die Beziehung zwischen Figur und Hintergrund.

Wenn sich diese Formulierungen nach Grundregeln für einen guten Architekten anhören, dann sind sie GENAU DAS. Alles in allem ist Zvi Hecker in der Tat ein sehr guter Architekt mit einer ungewöhnlichen Palette. Mit universellen Interessen. Mit einem trockenen Lächeln um den Mund. Mit einem wachen Sinn für Geschichte. Nicht ohne Tücke. Nicht ohne beträchtlichen Charme. Und mit jeder Menge Können.

Vitalität.

Talent.

don't exist in the formal sense. Performances are solo. Declamations in smoky rooms are hardly Politically Correct. Form has to be explained-away by reference to process. But it is wonderful to come up the hill in Ramat Gan and see this THING. At once heroic and gorgously decrepit. It is wonderful to hear him discussed (as he is more and more) by the twenty year olds who assume that he is in his early forties.

It is eminently satisfying to watch those uptight editors and scholars get to grips with the categorisation of his school: should we file it under »German«, »Jewish«, »geometrical«, »deconstruction«, »sociocentric«, »infiltrationary«, »anarchic«, or is it Martian maybe? It is even more satisfying to hear Zvi on the subject of his own work, for like the best of the other seven, he is essentially editorial. Thrusting out many more ideas than he leaves at the end: some gems left »on the cutting floor«. Whilst in the end presenting a building of even more power than the first statement. In other words, his architecture is highly developed: being based upon quite a lot of reading and mental exercise in the comprehension of other people's buildings. The editor knows about both thrust and consistency. About readability and about profile as well as ground/figure. If this last set of observations sounds like basic procedures for a good architect, then that is PRECISELY what it is.

In the end, Hecker is a very good architect indeed, with an unusual palette. With gyratory preoccupations. With a wry smile on his face. With an open sense of history. Some guile. Some considerable charm. Plenty of control.

Stamina.

Talent.

Peter Cook **Die Jüdische Grundschule in Berlin –
Eindrücke einer Begehung**

Vielleicht trugen die Sonne und der blaue Himmel dazu bei, mit Sicherheit aber die Solidität der Wände aus Ortbeton und die überraschende Lebhaftigkeit und Autonomie des Hausmeisterhauses – ein echt levantinisches Dorf mit zahllosen ineinander verschachtelten Winkeln und Ecken.

Zvi selbst geht in seinen Vorträgen über das Gebäude ausführlich auf die Details ein, aber angesichts der Energie und Dynamik, die aus seinen Zeichnungen und aus den tiefen Einschnitten in seinen Modellen spricht, fragt man sich doch, wie denn der Gesamteindruck wohl sein mag. Zvi führte uns – auf und ab, hierhin und dahin, vor und zurück. Das inzwischen materialisierte (wenn auch noch nicht vollständig in Erscheinung getretene) Gebäude vermittelte einen Eindruck von realen Räumen, deren Inneres immer wieder auf unterschiedliche Weise von oben und von der Seite belichtet wird. Die Art und Weise, wie er die Lichtführung handhabt, verrät große Zurückhaltung und großes Geschick. Die Schule ist zweifellos der »gotischste« seiner Bauten: Die Oberlichter (allesamt Standardgrößen, ob rechteckig oder rund) liegen in Ausschnitten, die das herabflutende Licht gleichsam festhalten, ehe es als Figur in der Decke zum Ausdruck kommt. Ähnliche Zurückhaltung zeigt sich auch in den wenigen Seitenfenstern. Liegt es an der mediterranen Erfahrung, daß die Entscheidung, Einschnitte in die wertvollen soliden Mauern zu riskieren, ihm schwerer fällt als einem Architekten aus dem nördlichen Europa? Oder liegt es daran, daß er sich weniger durch die Zwänge der Geschichte gebunden fühlt?

Es gibt immer Leute, die Zvi bei ihren Eßtischgesprächen als einen zwanghaften »Schematiker« klassifizieren und sich über seine Sonnenblumen mokieren. Vielleicht aber lag es an der Sonne und an dem Staub, daß ich mich an Los Angeles erinnert fühlte, als ich die drei oder vier verschiedenen Schichten einzelner formaler Objekte betrachtete, die entlang einer Sichtachse den Blick auf sich ziehen und dann in ein Wechselspiel mit zwei oder drei bizarren Schattenfi-

guren eintreten. Die gegeneinander versetzten und hin und her springenden Ebenen werden durch die Bewegung der Schlangenelemente zusammengehalten, die dazu beitragen, jedem Ort seinen eigenen Maßstab zu geben und den Eindruck einer Agglomeration einzelner Bauten erwecken, obwohl es sich in Wirklichkeit um einen einzigen großen Baukörper mit zahllosen Vor- und Rücksprüngen handelt. Die einzelnen Klassenräume weisen subtile Abweichungen im Grundriß auf und wirken eher fächerartig als streng rechtwinklig, so daß auch die Schüler sich mit den verschiedenen Räumen »identifizieren« können: Wenn sie den zweidimensionalen Bewegungen einer der »Schlangen« folgen, werden sie das Gefühl haben, von einem »Dorf« in ein anderes zu gelangen.

An der Rückseite des Gebäudes stehend erkennt man, daß die Nordwestecke den optischen Höhepunkt dieser jüdischen Siedlung am Rande Charlottenburgs bildet. Beim Rundgang um die Schule drängte sich der Eindruck auf, daß Zvi all die verschiedenen Episoden dieser Architektur auf erstaunliche Weise unter Kontrolle hat. So hat er ganz bewußt den Mittelteil der Kantine in ganzer Länge abgesenkt und auf diese Weise einen Bügel von Lichtgaden geschaffen, der sicher den Beifall John Soanes gefunden hätte und mich an Arata Isozakis plastische Bankgebäude aus den späten sechziger Jahren erinnerte. Es dürfte für viele europäische Architekten überraschend (und möglicherweise irritierend) sein, daß dieser wilde Schöpfer der Sonnenblume und der scharfkantigen, bizarren Spirale von Ramat-Gan zu derart überlegten und mit traumhafter Sicherheit plazierten architektonischen Details fähig ist. Und kaum daß man sich daran gewöhnt hat, läßt er der Nordwestecke des Gebäudes die Zügel schießen und in wilden Sprüngen »ausarten«, wie er selber es formuliert. Es ist als sei der machtvoll drängende Grundriß endlich in die Vertikale vorgedrungen, um uns daran zu erinnern, daß dies ungeachtet aller maßvollen lokalen Episoden in der Tat ein wildes Bauwerk von der Sonne ist.

Sun and blue sky might have had something to do with it, the sheer solidity of the in situ walls certainly had something to do with it, as did the surprising jauntiness and autonomy of the hausmeister's house: this place was surely a Levantine village with unexpected nooks and crannies.

Zvi explains himself clearly enough in his lectures about the building, but the sheer power and verve of the sweeps and swirls of his drawings and the deepness of the cuts in his models leaves you wondering about the ultimate effects of incident upon the whole. Zvi led us along, up, around, back, below, out, back in and across: so that the experience of the now solidified (but not yet surfaced) building is one of real rooms and the effects of light coming down as well as across the internal spaces. He is surprisingly controlled and contrived in his use of light source: the school will emerge as his most Gothic building: rooflights (which are always made from standard circular or square units) develop down cut-outs that have the effect of holding the downward light before exposing it as figuration in the ceiling. In a similarly controlled way there seem to be very few gratuitous side windows. Is it that with his Mediterranean experience the decision to cut into the precious solid wall is far more intense than for a north European architect? Or is it that he is less constrained by history?

People over dinner tables still categorise Zvi as an obsessive »diagrams« man and get »sniffy« about his Sunflowers. Yet maybe it was the sun and the dust that reminded me of Los Angeles when I looked at the three or four layers of localised, formal objects that catch your eye along a sight line, which are then joined by the two or three more figurations of cast shadow. The shift and hop of the planes is joined by the tweak of the snake elements, with an immediate reinforcing of »local« scale and implication of an agglomeration of buildings, rather than it just being one large building riddled by indentations. Each classroom has minor idiosyncrasies of plan with a tendency to »fan« rather than to be foursquare, so the kids themselves will have this sense of »locality«: as they move through a »snake« and as it undulates in both dimensions they will know that they are passing from one »village« to the next.

From behind the building you realise that the northwest corner is visually the culmination of this Jewish settlement on the edge of Charlottenburg. Walking around the building one had built up the strong feeling that Zvi was much more in control of all the incidents than you would ever have expected: knowingly dropping the central strip of the canteen down its length and creating a brace of clerestories that would have amused John Soane and remind me of Arata Isozaki's most sculpturesque bank buildings of the late 1960s. It will surprise (and possibly unnerve) a number of European architects that the wild man of the Sunflower and the crazy, jagged Spiral at Ramat Gan is capable of the most considered and exquisitely placed architectonic details. Then, just as they get comfortable with that, he lets the northwest corner go crazy, jagged and in his own words »degenerate«. It is as if the thrusting spirit of the plan has finally reasserted itself into the vertical and reminded us that, despite the niceties of the local events, it is a wild building from the Sun.

Für Zvi Hecker, den Erbauer der ersten jüdischen Grundschule an der Waldschulallee in Berlin, dem ersten Neubau einer jüdischen Schule nach dem Holocaust.

Häuser bauen für Menschen, eine Schule bauen für Kinder (an die vielen anderen Kinder denkend, die nie wieder zur Schule gehen werden) – die einzigen, denen Details wichtig sind – Synagogen planen für Gläubige, die Jerusalem sehen und davon träumen, für Soldaten am Rande der Wüste, die auf einem anstrengenden Marsch vom Durst gequält werden. Linien bauen, Richtungen, Achsen, die sich in ihren eigenen Scharnieren drehen: ein Bienenstock, der den Honig sammelt aus den Schnittpunkten der Winkel, aus den Herzschlägen, die die Öffnungen in den Mauern lesen. Nur durch den Willen, einen Weg durch die Trümmer zu brechen, wird aus der Fläche des Papiers ein Feld schlangenähnlicher Gänge, die dem Reisenden zwischen Berlin und Tel Aviv etwas zuflüstern, eine erste Andeutung jener Berge, die zwischen den Wohnbauten – Würfel, die von einer Landschaft träumen – emporwachsen zu einer Landschaft für Kinder und die, die ihnen folgen werden. Es scheint, als werde der Raum des Gebäudes durch die Größenrelationen zwischen Körper und Phantasie geschaffen. Der Raum zwischen den Mauern erweitert sich genau bis zu der Öffnung, durch die – hinter den Mauern, die die Stille des Klassenzimmers einschließen – sich die Landschaft dem Blick öffnet. Ein Diskurs über Architektur sollte nicht von der Architektur ausgehen, sondern von den Bedürfnissen eines Menschen, einer Gemeinschaft, nach einem Ort, nach Raum, nach Gängen durch Licht und Schatten, nach einem kühlenden Luftzug, nach dem Echo der eigenen Stimme, das von der Anwesenheit anderer zurückgeworfen wird.

Jedes organische und anorganische Element der Natur folgt unweigerlich seinem eigenen formalen Muster. So setzt die bloße Existenz eines Dinges die Existenz eines Musters voraus, aus dem sich seine Form definiert: Die Geometrie eines Kristalls wird diktiert von einem »genetischen Code«, der in einer bestimmten chemischen Zusammensetzung mit einer ganz bestimmten Atomstruktur enthalten ist – ein metaphorischer Auswuchs, der das Prinzip der räumlichen Struktur, der Ordnung der Materie widerspiegelt.

Zvi Hecker projiziert seine künstlerische Subjektivität auf die Objektivität der wissenschaftlichen Beobachtung. Auf diese Weise entstehen Räume und Bauten für eine soziale Gruppe, eine urbane Gemeinschaft, eine Großstadt. Paul Klee hat einmal gesagt: »Die Geometrie lehrt uns, hinter die Oberfläche zu sehen und die Kräfte zu erkennen, die die Form tragen – die Vorgeschichte des Sichtbaren.«

Die klassischen Baumeister waren Menschen, die in der Lage waren, die menschlichen Bedürfnisse zu erkennen, die immer dieselben sind.

Hier stehe ich mit Zvi Hecker auf den Jerusalemer Steinen im Eingang seiner Sonnenblumen-Schule in Berlin, und wir erinnern uns an einen gemeinsamen Besuch in Jerusalem (vielleicht waren es dieselben Steine, auf denen wir damals standen). Wir sahen den Schrein der Heiligen Schriftrollen, den Kiesler auf dem Hügel des Israel Museums gebaut hat, und den Mount Scopus in der Ferne mit der großartigen Architektur von Erich Mendelsohn für das Hadassa-Krankenhaus (nicht weit entfernt, auf dem Ölberg, fand Else Lasker-Schüler ihre letzte Ruhestätte), und von derselben Stelle konnten wir im Norden auch die Bienenstock-Architektur von Zvi Hecker auf dem Berg Ramot sehen. (Eine philologische Geographie der Heckerschen Architektur: RAMot, die Spirale in RAMat Gan, die Synagoge von RAMon in der israelischen Wüste).

Die Schule ist eine Landschaft mit hügelähnlichen Hängen. Daraus entwickelte sich allmählich der Entschluß, für Berlin Häuser wie Berge zu bauen – wenn auch bis jetzt nur auf Transparentpapier in Heckers Büro. Berge, die sich einmal zwischen den Wohnblocks ohne Landschaft erheben sollen. Was ist das Wesen eines Berges, der zwischen jenen Häusern wächst?

Was steht hinter diesem Willen, eine Landschaft zu schaffen? Zweifellos das Nichtvorhandensein einer Landschaft für diese Häuser, die in der weiten Ebene stehen und für die der Horizont nichts anderes ist als die gerade Linie eines letzten Kardiogramms.

Im Hebräischen nennt man eine Schule ein »Haus des Buchs«. Auf den Seiten dieses Buches wird die Zukunft geschrieben werden. In Berlin ist die Zukunft ebenso wie die Gegenwart der Ort, an dem die Erinnerung wohnt. So auch in diesem Haus des Buches, der Sonnenblume von Zvi Hecker.

For Zvi Hecker, who built the first Jewish Elementary School at Waldschulallee in Berlin, the first Jewish school to be built after the Holocaust.

To build houses for people, to build a school for children (remembering those other children who will never come to school again), who are the only citizens who care about details; to plan synagogues for the believers who see Jerusalem and dream about it, to soldiers on the edges of the desert measuring their thirst during a stubborn march.

To build lines, directions, axes turning on their own hinges: a beehive which collects the honey from the meeting points of angles, from the heartbeats that read the openings in the walls.

Only the will to break a way through the ruins cause the paper-plane to become a field of snake-like passages that are whispering to the passengers between Berlin and Tel-Aviv, first hints about the mountains, growing between the houses (which are cubes dreaming about a landscape) to become a landscape for the children and for those who will follow them.

It seems that the space of the house is created by the relations between the dimensions of the body and the imagination. The space between the walls is widening till it reaches the precise opening through which – behind the walls which close on the silence of the class-room – the landscape will satisfy the eye.

The size of the windows is done in the most precise measure to enable the penetration of fragrances. A discourse about architecture must not start with architecture but a person's, a community's need, for a place, a space, for passages through light and shadows, for the coolness of a breeze, for the echoes of their own voices, return-ing through the presence of the others.

Every organic and inorganic element of nature inevitably has a formal pattern of its own. Hence, the mere existence of a thing implies the existence of a pattern that defines its form: the geometry of a crystal is a result dictated by a »genetic code« inherent in a definite chemical composition that has its own atomic structure: metaphorical extensions which reflect the principle of »space packing«, the arrangement of matter.

Zvi Hecker projects his artistic subjectivity on the objectivity of scientific observation. For organizing spaces and structures that would serve a social unit, an urban community, a megalopolis. Paul Klee once wrote: »Geometry teaches one to see beyond the surface, to get to know the forces supporting the form, the prehistory of the visible.«

The classical architects were people who knew how to read the human needs which are unchanged.

Now, standing with Zvi Hecker on the pavement of Jerusalem stones in the entrance of his sunflower school in Berlin, we remember a visit together in Jerusalem (standing possibly on the same stones) overlooking the Shrine of the Scrolls, built by Kiesler on the hill of the Israel Museum, seeing in the distance, on the top of Mount Scopus, the outstanding architecture of Erich Mendelsohn for the Hadassa Hospital (nearby, on the Mount of Olives, Else Lasker-Schüler has found her last rest); and from the same point we could see to the north the beehive architecture of Zvi Hecker on the Ramot hill (a philological geography of Hecker's architecture: RAMot, the spiral house in RAMat Gan, the synagogue at RAMon in the desert of Israel).

The school is a landscape with slopes like a hill. It is developing into a will to create houses as mountains in Berlin, as yet still confined to transparent paper in Hecker's studio. Mountains, growing between the dwelling cubes without a landscape.

What is the inner quality of a mountain growing between those houses? What is dictating its will to create a landscape? No doubt, the non-existence of a landscape for those houses which are standing on the plain, seeing the horizon as a horizontal line on the final chart of a cardiogram.

A school is called in Hebrew »the house of the book«. On its pages the future will be written. In Berlin, the future – as the present – is the place where the memory is dwelling; as it is in the House of the Book, in the Sunflower Architecture of Zvi Hecker.

1

Ein Herbsttag wie aus dem Gedicht, goldener Oktober von früh bis spät. Ich kam von der Heerstraße auf den Soldauer Platz, wo die Ausläufer des Grunewalds mich sanft aus der Großstadt führten. Unter blauem Himmel trottete ich zwischen braunen Stämmen und gelben Blättern auf der rechten und schmucken Doppelhäusern auf der linken Seite über die Lötzener Allee, freute mich über grüne Vorgärten und rote Walmdächer und nahm das Artige, ja Tümelnde mancher Wohnhäuser in Kauf. Daß ich nur ahnte, wo ich lang mußte, mochte ich sehr. Die heimelige Verlorenheit aber dauerte nicht. Denn die Lötzener Allee stößt im Süden bald auf die schnurgerade Waldschulallee. Ich spürte, hier muß es sein. Und bog wie von selbst nach links, an den durch Kiefern und Birken geschützten Gebäuden der beiden Waldschulen vorbei. Hundert Schritte weiter stapelten sich am Bürgersteig metallische Container in drei Geschossen. Ich suchte den Pförtner, fragte nach Zvi Hecker, stieg eine schmale Treppe hinauf und sah von außen in leere Buden. Niemand da? Doch. Im hintersten Container löste eine Gruppe von etwa zwanzig Leuten sich auf. Stühle rückten; Türen schlugen; Blaumänner mit Schnurrbärten drängten zur Arbeit.

Von Zvi Hecker gab es nirgends eine Spur, bloß ein freundliches Telefax. »Dear Rudolf,« so las ich unter dem Datum des 24.10.1994 in schöner Handschrift, »I tried all Sunday to let you know that I can't meet you on the Baustelle today. But on the other hand I believe it is much better on this beautiful day to see the school like a child in the first grade without my interpretation. Than we can speak about your impressions and my ideas. Yours as ever, Zvi«. Auf dem Blatt war oben links ein grober Umriß der neuen Schule zu sehen. Ich zählte sechs Bauten um einen runden Hof. Sieht aus wie Fische und Flossen, dachte ich. Hatten nicht Freunde mir erzählt, die Schule ähnele einer Sonnenblume?

Plötzlich drückte mir jemand einen Helm auf den Kopf. Mit dem Plan in der Hand stolperte ich auf das Gelände. Wenn jetzt eine Schnauze gebrüllt hätte: »Eh, wat wolln Se'n hier?«, dann hätte ich stolz mein Visum gezeigt. Doch als Wegweiser durch die Rohbauten taugten das Papier und die Graphik trotz aller Hinweise auf »Auditorium« und »Gymnasium« nicht. Denn im Nu hatten mich die Gebäude verschlungen. Umgeben von rotem Ziegel und grauem Beton zog es mich bald hier-

hin und bald dorthin. Wenn ich nach draußen sah, sah ich nur die neuen Bauten sich winden und wenden. Schwankend zwischen dem Wunsch nach Sicherheit und der Lust auf Entdeckung freute ich mich, sobald Fensterlöcher in den Außenwänden meine Augen durch die Rohre, Planken und Planen der Gerüste auf den Kindergarten im Nordwesten oder die Tennishalle im Südosten lenkten. Da wußte ich, wo ich war. Zum Glück. Aber ein paar Schritte weiter war alle Klarheit der Richtung wieder fort, verloren im Auf und Ab der Treppen, im Vor und Rück der Gänge. Bleib doch stehen! Geh doch weiter! Nur wer aus der Zeit und aus dem Raum tritt, lebt ganz im Jetzt und Hier.

2

Von der Jüdischen Grundschule Berlin zu sprechen heißt von einer jüdischen Grundschule in Berlin zu sprechen. Man mag den Satz für Tautologie halten. Doch die Heinz-Galinski-Schule ist nach dem Holocaust der erste Schulneubau der Jüdischen Gemeinde in Deutschland. Und nach dem Centrum Judaicum an der Oranienburger Straße ist die Jüdische Grundschule an der Waldschulallee die zweite Institution, durch die jüdisches Bewußtsein fünfzig Jahre nach der Schoa sich einen Ort in der städtischen Gesellschaft des vereinten Berlin schafft. Das gibt dieser Einrichtung eine Bedeutung sondergleichen. Ob aber die Geschichte auf das Gebäude als Gebäude ebensolchen Einfluß hat, ist eine Frage ohne Antwort. Es wäre ja Unsinn zu schreiben, eine jüdische Schule sehe anders aus als eine nichtjüdische Schule. Wäre es auch Unsinn zu schreiben, es gebe eine von hebräischer Kultur bestimmte Architektur?

Als 1974 die Italienischen Jüdischen Gemeinden Bruno Zevi baten, ihren IX. Kongreß mit einem Vortrag über das Thema »Der Hebraismus und seine Raum-Zeit-Vorstellung in der Kunst« zu eröffnen, da zögerte der Architekturhistoriker, sich der Sache zu widmen. Umso mehr staunt, wer heute seine Rede vor den auf dem römischen Kapitol Versammelten liest. Der Hebraismus, so heißt es zu Beginn des Vortrags, leugne die Regeln des ewig Schönen und achte die expressionistische Dekonstruktion aller Form. Am Ende der Rede greift Bruno Zevi auf Thorleif Bomans Studie »Das hebräische Denken im Vergleich mit dem griechischen« von 1952 zurück. Gestützt auf semantische Analysen,

1

It was in autumn, a beautiful golden October day from morning till night. Coming from Heerstraße I stepped onto Soldauer Platz where the outcrops of the Grunewald forest gently beckoned me from outside the city. Unter blue skies I trotted along Lötzener Allee past brown treetrunks and yellow leaves on my right and neat semi-detached houses on my left, delighting in the green front gardens and red hipped roofs and trying to ignore the prim if not folksy character of some of the houses. The fact that I had only a hunch of where I was going quite appealed to me. The uncanny but no less pleasant sense of disorientation did not last, however. Before long, Lötzener Allee hit the straight line of Waldschulallee heading straight south. Somehow I knew that I was getting close, turning left almost automatically, past the two school buildings of the Waldschule screened from the road by pines and birches. A hundred steps on, I saw a number of metal containers piled up three storeys high on the sidewalk. I looked for the gatekeeper, asked for Zvi Hecker, climbed a narrow stairway and peered into empty shacks. Anybody there? There was. In the last of the containers a group of about twenty men were just breaking up their meeting. Chairs were pushed back, doors were slammed and mustachioed, blue-clad workers headed for their job.

No trace of Zvi Hecker, however. Just a short fax message. »Dear Rudolf,« it read in neat handwriting underneath the dateline of 24 October 1994, »I tried all Sunday to let you know that I can't meet you on the Baustelle today. But on the other hand I believe it is much better on this beautiful day to see the school like a child in the first grade without my interpretation. Than we can speak about your impressions and my ideas. Yours as ever, Zvi.« In the top left corner of the paper was a rough outline sketch of the new school. I counted six buildings around a circular court. Looks like a bunch of fish or fins, I thought. Had not friends told me that the school resembled a sunflower?

Suddenly a hardhat was pressed onto my skull. Plan in hand I stumbled onto the site. If anyone had shouted »Hey you, whatcha doing here?« I would have proudly shown him my visa. Neither the paper nor the diagram permitted easy orientation, however, in spite of various pointers labeled »auditorium« and »gymnasium«. In no time at all the buildings had swallowed me. Surrounded by red brick and grey concrete I was drawn in ever new directions. Looking outside I could only see the new structures curving and twisting this way and that. Drawn between the need for certainty and the pleasure of exploring I was delighted whenever openings in the external walls led my gaze through the pipes, boards and tarpaulins of the scaffolding, revealing the kindergarten to the northwest or the tennis hall to the southeast. It was then that I knew where I was. Relief. A few steps on, however, I once again lost my direction in the up and down of the stairs, the hither and thither of the passages. Why not linger here? Why not move on? Only he who steps outside of time and space truly lives in the here and now.

2

To speak of the Jewish Primary School in Berlin is to speak of a Jewish Primary School in Berlin. This may sound tautological, but the Heinz Galinski School is the first new Jewish school built by the Jewish Community in Germany after the holocaust. And the Jewish Primary School at Waldschulallee is only the second institution, after the Centrum Judaicum at Oranienburger Straße, which manifests Jewish consciousness in the urban society of a reunified Berlin fifty years after the Shoah. That accounts for the special, unparalleled significance of this institution. Whether history may have similarly influenced the building as such is a question that remains unanswered. It would indeed be nonsense to say that a Jewish school looks different from a non-Jewish school. Would it also be nonsense to say that there is such a thing as an architecture determined by hebraic culture?

When Bruno Zevi was asked by the Italian Jewish Communities in 1974 to open their IX. Congress with a lecture on »Hebraism and its Space-Time-Concept in the Arts«, the architectural historian was reluctant to address this subject. All the more astonished is one to read the speech given before those assembled on the Roman Capitol. Hebraism, he begins, rejects the rules of the eternally beautiful and respects the expressionist deconstruction of all forms. At the end of his talk Bruno Zevi cites Thorleif Boman's study entitled »Hebrew Thought Compared with the Greek« of 1952. Based on semantic analyses the Norwegian theologian ascribes to

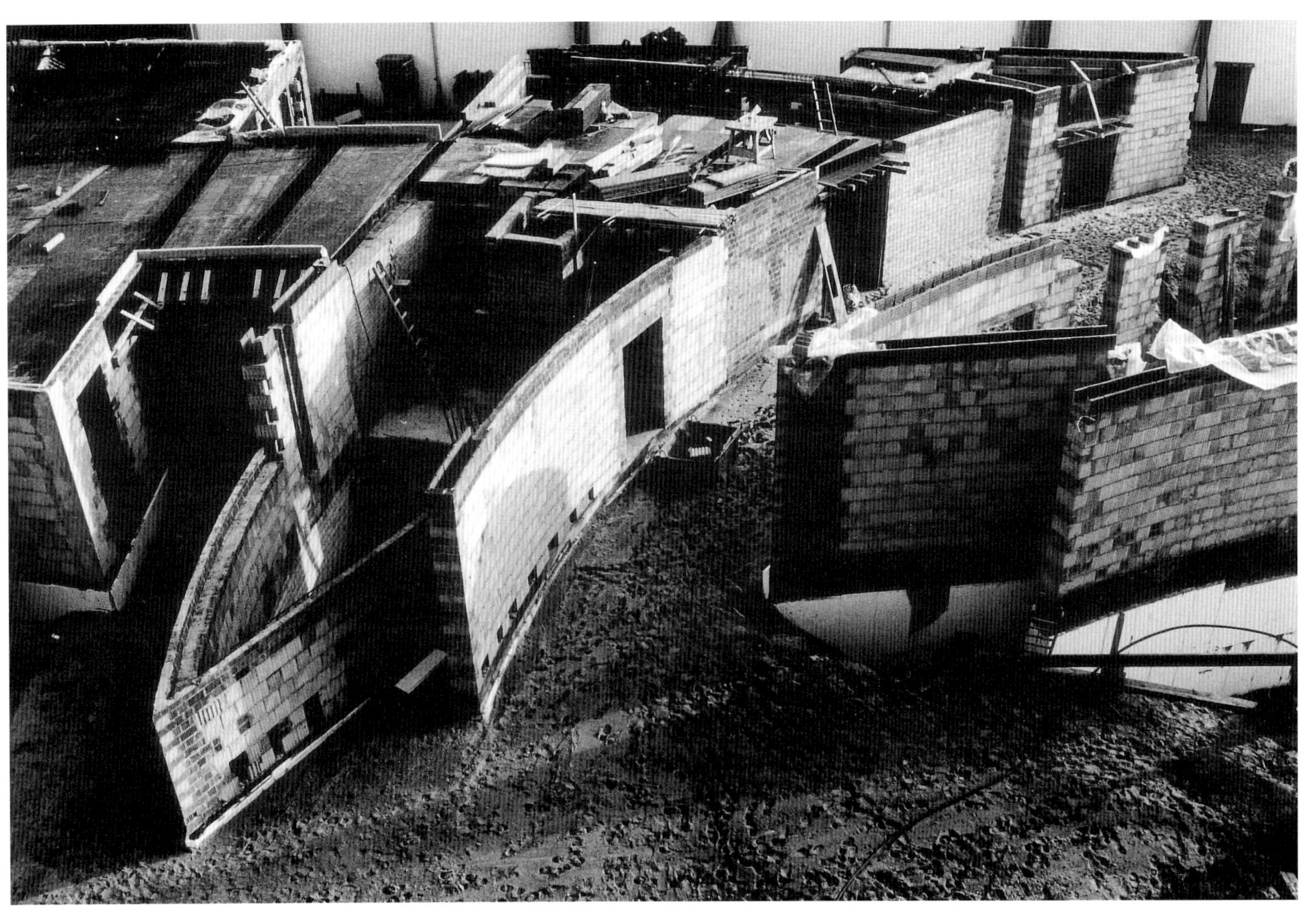

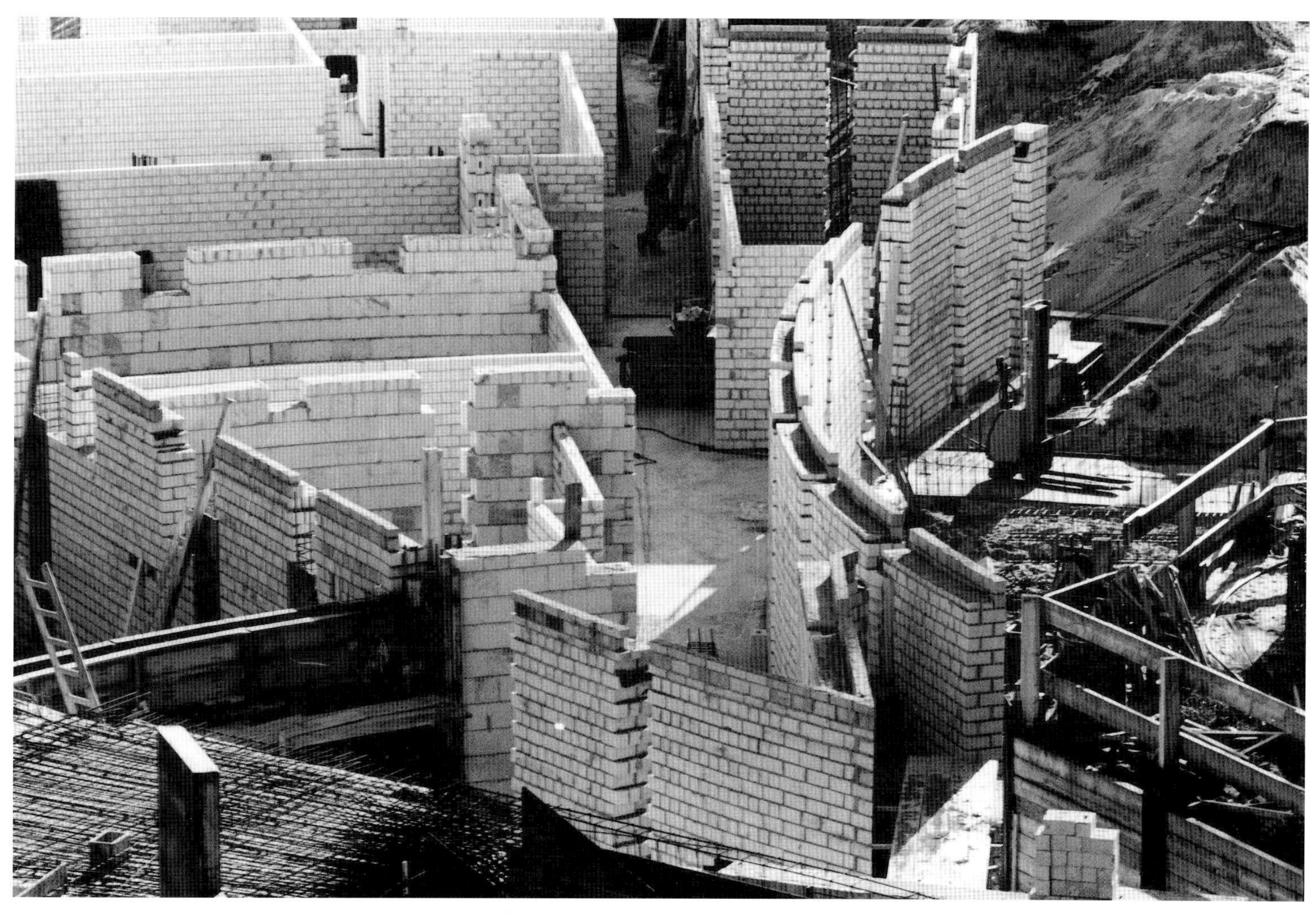

schreibt der norwegische Theologe dem Griechischen die Eigenschaften des Rationalen und Moderaten, dem Hebräischen die des Dynamischen und Explosiven zu. Die Bauten der Griechen zielten auf Gestalt, die der Juden auf Nutzung. Hellenisch inspirierte Architektur sei stets Vision, das meint proportionierte Komposition, der nichts mehr genommen und nichts mehr gegeben werden dürfe. Hebräisch inspirierte Architektur sei stets Organ, das meint frei von Tabus in bezug auf Perspektiven, auf Symmetrie und Asymmetrie, frei auch von Dogmen in bezug auf das Verhältnis von Positiv und Negativ.

Die Plausibilität der Argumentation ist ein Faszinosum. Keine Mühe, die von Bruno Zevi als Merkmale hebräischer Architektur definierten Charakteristika im Werk von Peter Eisenman, Frank O. Gehry, Daniel Libeskind zu entdecken. Für Zvi Hecker gilt Gleiches. Er selbst spricht von seinen jüngeren Gebäuden gern als dynamischen und organischen Gebilden. Dennoch wahrt er Abstand. Und Bruno Zevi würdigt er allein ob des Engagements für Frank Lloyd Wright. Die eigenen Arbeiten deutet Zvi Hecker lieber als Spannung von Disziplin und Bricolage oder von Intelligenz und Naivität. Beides macht ihn einzigartig. Wenn es um die sanktionierte Tradition des Berliner Schulbaus geht, macht beides ihn gar zum Einzelgänger. Für Hermann Blankenstein und Ludwig Hoffmann, amtlicherseits hochgeschätzte Architekten, hat Zvi Hecker wohl kaum etwas übrig.

3

Selber sehen wiegt mehr als Lesen und Hören. Ich schob ein paar Artikel japanischer und französischer Magazine vom Schreibtisch und fuhr noch mal zum Bauplatz. Ein warmer Morgen im Mai, 5. 5. 1995. Vom Bürgersteigrand der Waldschulallee waren die meisten Container verschwunden. Überhaupt schien das Gelände gelöster, luftiger und lockerer als beim ersten Besuch, obwohl das Gehäuse noch in Gerüsten stand. Der mit grünbraun gebeizten Holzleisten verkleidete Kindergarten grenzt das plane Terrain rechts ab. Zwischen dem einer ländlichen Herberge verwandten Gebäude und den Neubauten der Jüdischen Grundschule führt ein breiter Weg geradeaus und linksherum auf den Schulhof. Da sich dort kein Haupteingang zu erkennen

gab, schweifte ich rechtsherum durch das Hofrund. Fünf spitze Kanten traten auf mich zu, während meine Augen in die Schluchten zwischen den Wänden lugten, um Türen zu suchen, die mir das Verschwinden im Gebäude erlaubt hätten. Ich fand nichts. Und beschloß, draußen zu bleiben. Ohnehin hatte ich an der Perzeption zentripetaler und zentrifugaler Energie, an der Bewegung von Strudel und Schleuder längst Gefallen gefunden.

Das Angebot machte neugierig; nicht jede Architektur hat solche Offerten. Also begann ich meinen zweiten Besuch von vorn. Vorn steht ein lustiges Steckspielzeug, ein krummer Riegel in einem krummen Riegel. An seinen schmalen Seiten drängt das Innere aus dem Äußeren, will durch einen freien Bogen auf seinen großen Nachbarn stoßen. Mir fiel auf, daß an beiden Häusern ein Dreieck klebt, das wohl den Aufgang zum Eingang bildet. Dann bog ich um die Ecke, linker Hand die Tennishalle, rechter Hand die glatten Wände dreier Bauten. Vorsprünge und Rücksprünge und Abstände ließen rasch an eine Häuserreihe von Giebelhäusern denken. Fast glaubte ich, von einer staubigen Pflasterstraße in lauter Hinterhöfe und auf lauter Binnenbrücken zu schauen. Am Ende bot sich rechts eine völlig neue Ansicht. Bilder von Städten, die aus Tälern auf Hügel kriechen, kamen vor meine Augen. Denn hier gräbt sich der Bau in die Tiefe eines Steingartens und zackt sich in die Höhe eines Dachgartens. Doch weiter. Mit dem Grunewald im Rücken um die nächste Ecke und über einen kleineren in einen größeren Hof an den Anfang des Rundgangs. Wieder zog es meine Füße in die Hohlräume zwischen den Putzwänden. Sieh mal, da führt ja ein Pfad über eine Treppe unter einer Brücke von diesem Platz zu jenem Platz.

Langsam um die Schule wandernd und den Bau stets im Blick haltend, fühlte ich mich bald wie auf Stadtwällen spazieren. Das Gebäude wurde Stadt am Berg, Landschaft von Mauern und Dächern, von Gassen und Winkeln. Verweil doch und verlauf dich! Nein. Die Sehnsucht nach Klarheit machte den Stadtfreund zum Stadtkind. Gern hätte ich einen Turm bestiegen, der mich nach tausend Stufen vor eine Brüstung geführt hätte. Und mit einem leisen »ach, so liegen die Straßen; ach, so stehen die Häuser« hätte ich endlich alles anschauen, endlich alles begreifen können.

the Greek the qualities of rationality and moderation and to the Hebrew those of dynamics and explosiveness. Greek buildings, he says, strive for form while Jewish buildings are designed with a view to their functional usefulness. According to Boman, architecture inspired by Hellenism is always visionary, i.e. a carefully balanced composition to which nothing may added and from which nothing may be subtracted. Architecture inspired by Hebraism on the other hand is always organic, i.e. without regard for perspective, symmetry and asymmetry without regard for dogmas regulating the relationship between the positive and the negative.

The argument is indeed plausible in a fascinating way. It is not difficult to identify the characteristics of Hebraic architecture as defined by Bruno Zevi in the work of Peter Eisenman, Frank O. Gehry, Daniel Libeskind. The same is true for Zvi Hecker. He himself speaks of his more recent buildings as dynamic and organic structures. Yet he maintains his distance, praising Bruno Zevi only for his support of Frank Lloyd Wright. As for his own work, Zvi Hecker prefers to speak of the tension of discipline and bricolage or intelligence and naiveté. This makes him quite unique and even something of a loner in the sanctified field of traditional school architecture in Berlin. Zvi Hecker probably has little respect for the likes of Hermann Blankenstein and Ludwig Hoffmann, both of whom are highly thought of in official circles.

3

It is always better to see for oneself than to read and listen. So I pushed aside the articles published in Japanese and French journals and headed out to the construction site once again. It was a warm morning on this 5th of May, 1995. Most of the containers had been removed from the sidewalk at Waldschulallee. The site itself appeared much more relaxed, airy and informal than at my first visit, although the building itself was still hidden behind scaffolding. To the right, the level ground was enclosed by the greenish-brown boards of the kindergarten. Between this building, which appeared like some country inn, on the one side and the new structures of the Jewish school on the other, a wide path angled to the left into the schoolyard. Since I could not make out the main entrance from there, I

ambled off to the right across the circular court. Five jarring edges projected toward me while my eyes peered into the depths between the walls looking for a door that might allow me to disappear into the building. I found nothing. And decided to stay outside. Besides, I was already beginning to enjoy the perception of centripetal and centrifugal energies, of the movements of vortex and spiral.

I was beginning to be intrigued by what presented itself here. Not much architecture makes one such an offer. So I began my second visit from the front. In front is a toylike structure consisting of a curved slab inside a curved slab. At the small sides the inside seems to push outward, aiming in an open arc to make contact with its larger neighbor. I noticed that there is a triangle attached to both buildings – probably containing the stairs leading up to the entrance. Then I turned the corner: to my left was the tennis hall, to my right the smooth walls of three buildings. Projections, indentations and gaps immediately suggested a row of gable houses. I amost felt as if I were looking from a dusty paved road onto endless back-yards and connecting bridges. At the far end a totally different view presented itself to my right, reminding me of towns creeping up the hillsides from the valleys below. Here the building digs into the depths of a rock garden and jabs upward to the height of a roof garden. But onward. The Grunewald behind me, I turned the next corner, crossing a small court to reach a second, larger court and the beginning of the circular path. Again my feet were strangely attracted to the voids between the rendered walls. Look – there is a path running up a stairway underneath a bridge from here to there.

Slowly wandering around the school, my eyes always on the building, I felt as if I were walking along the ramparts of an old town. The building turned into a hillside town, a landscape of walls and roofs, alleys and corners. Stay a while and lose yourself! No. The longing for clarity was not to be suppressed. How I would have liked to climb a tower with a thousand steps which would have led me up to a parapet. To be able finally to see everything, to grasp everything – whispering to myself: So this is how the streets are laid out, this is how the houses are arranged.

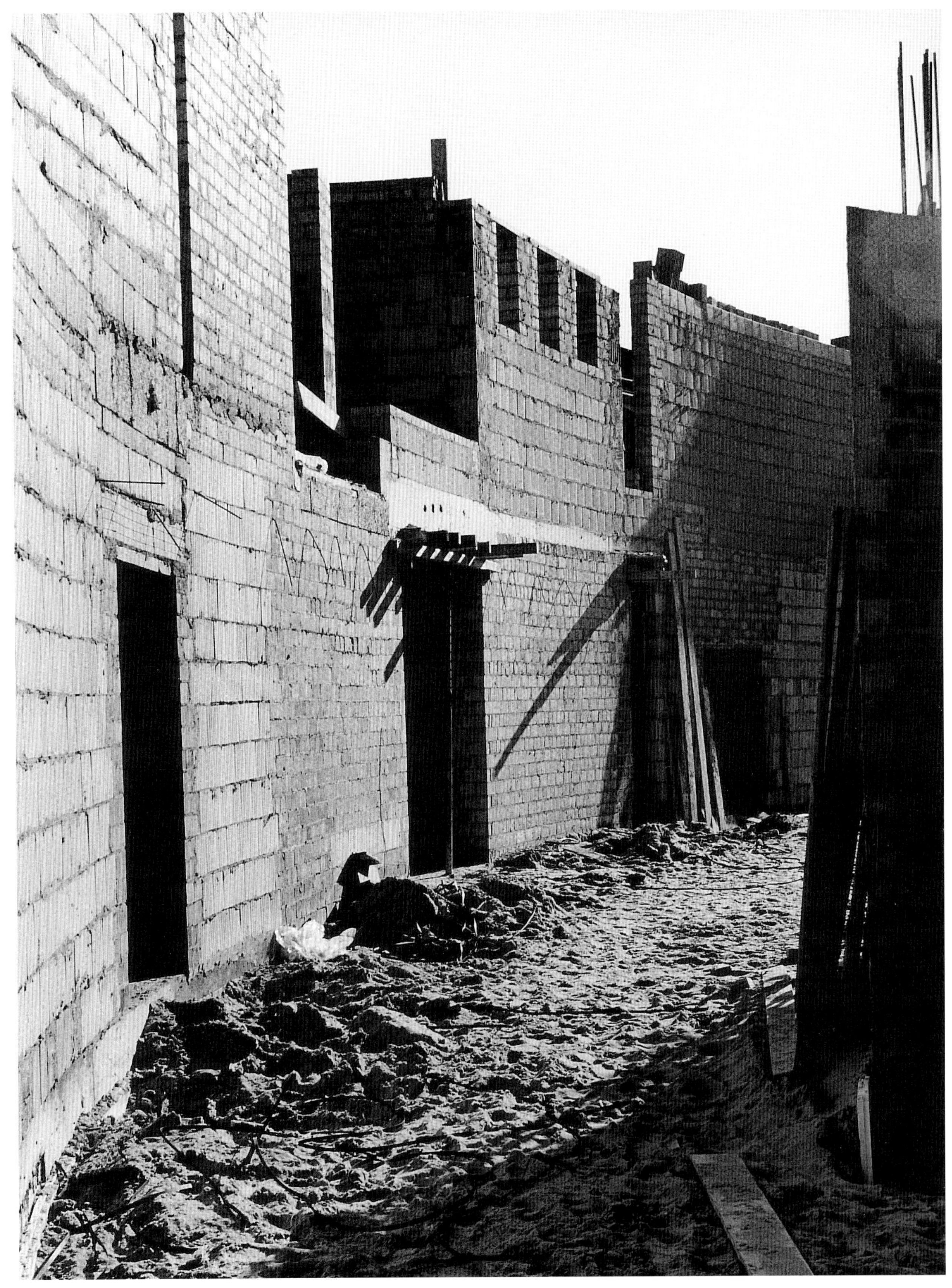

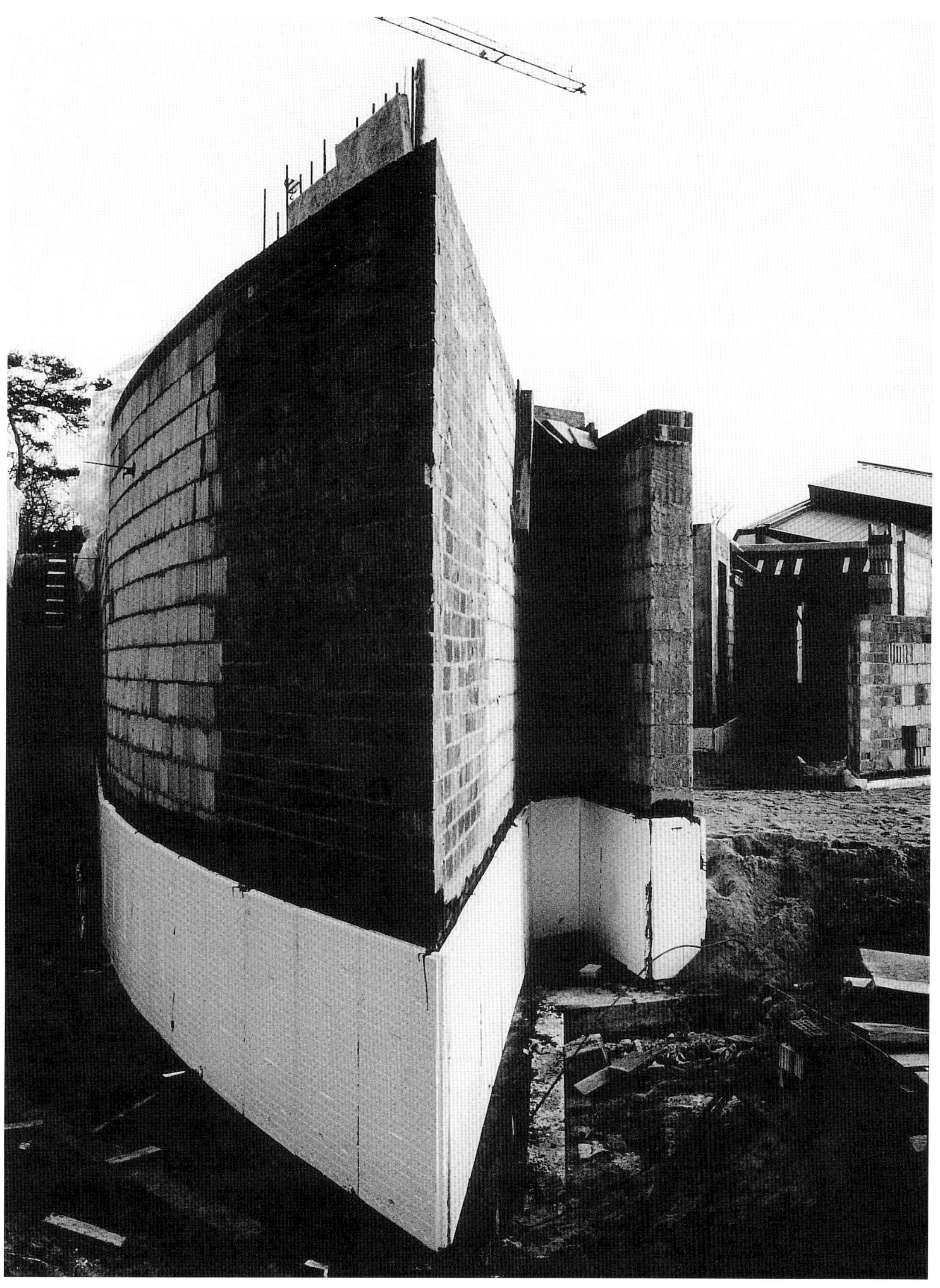

4

Von Polen nach Usbekistan, von Usbekistan nach Polen, von Polen nach Israel, von Israel nach Kanada, von Kanada nach Israel, von Israel nach Deutschland: Unfreiwillig und freiwillig lernte Zvi Hecker die Städte des Okzidents und Orients kennen. In Haifa studierte der junge Mann das Bauen, in Tel Aviv das Malen. Einmal vom grauen béton brut befreit, wurde seine Architektur levantinisch, ihre Herrlichkeiten unvermutet offenbarend, lieber hinten als vorne, lieber innen als außen, lieber durch Enge als durch Weite überraschend. Diese Haltung prägt auch die Heinz-Galinski-Schule im Westen von Berlin. Am Ursprung des Entwurfs aber wächst eine Sonnenblume. Die Lieblingsblume von Zvi Hecker ist der Privatmythos von Zvi Hecker. Im Sommer 1972, so schildert der Architekt, sei er mal über den Marktplatz der Altstadt Jerusalems gegangen und habe aus Laune vom Boden eine Sonnenblume aufgehoben. Zunächst habe ihn die Blüte an das Modell eines der Hügel Jerusalems denken lassen, auf dem er damals eine Anlage von Wohnungen habe bauen wollen. Doch dann habe ihn die Komplexität und Simplizität, die Mathematik und Biologik der Pflanze überwältigt.

Wenn ein Philosoph der Renaissance den Helianthus zum Symbol seiner Utopie gewählt hätte, würde solches Zeichen jemand wundern? Dank der Idealstruktur ihrer Blüte und ihrer Kerne eint ja die vergängliche Sonnenblume das Rationale und das Organische, wie es sonst keine Pflanze tut. Auch in bezug auf künstlerische Tätigkeiten spielt die Opposition dieser Prinzipien eine Rolle. In seiner 1908 unter dem Titel »Abstraktion und Einfühlung« publizierten Dissertation stellt der Kunsthistoriker Wilhelm Worringer die These auf, daß im Schaffen der Völker die auf rationale Formen zielende Abstraktion von der Natur einer niederen, die auf organische Formen zielende Einfühlung in die Natur einer höheren Phase der Kultur entspricht. Aus dem Erleben der Natur als Chaos folge der Drang zur Abstraktion; aus dem Erleben der Natur als Ordnung rühre der Wunsch zur Einfühlung. Obwohl Wilhelm Worringer, seiner These treu, im dorischen Tempel das Werk der Abstraktion, im ionischen das der Einfühlung sieht, faßt er beide Prinzipien doch nicht allein als Nacheinander, sondern auch als Nebeneinander, nicht allein als Hierarchie, sondern auch als Polarität auf. Das Rationale und das Organische durchdringen einander. Und

flugs wird es möglich, wieder von Zvi Hecker zu sprechen.

Etwa von zwei Bauten mit Wohnungen und Geschäften, beide nördlich von Tel Aviv gelegen und beide während der achtziger Jahre entstanden. In Ramat Gan stellte Zvi Hecker auf einen Hügel eine Treppe, in Ramat Hascharon an eine Kreuzung einen Wirbel. Die acht- bis zehngeschossigen schwungvollen Gehäuse, kleiner in Ramat Gan und größer in Ramat Hascharon, leben ganz von ihrer Dauerdrehung um eine leere runde Mitte. Die Geometrie der Spirale ist für Architekten eine schöne Bekannte, der Leuchtturm von Etienne-Louis Boullée ein Beispiel aus dem achtzehnten, das Denkmal der III. Internationale von Wladimir Tatlin ein Beispiel aus dem zwanzigsten Jahrhundert. Zvi Hecker aber folgt eher natürlichen als historischen Vorbildern. Mit dem bunten bric-à-brac aus Ton und Glas und Putz auf den Wänden der Treppe von Ramat Gan hat das Monströse der hier erwähnten Projekte nur so viel gemein wie der Wahn mit dem Spiel.

5

Daß Zvi Hecker plötzlich auch in Deutschland einen Namen hat, ist Ergebnis seiner Teilnahme am Wettbewerb um die Jüdische Grundschule Berlin, der im Juli 1990 ausgelobt wurde. Das Preisgericht unter dem Vorsitz von Cornelius Hertling, dem Präsidenten der Architektenkammer Berlin, mochte sich im Dezember 1990 nicht klar entscheiden, sondern vergab fünf gleiche Preise und vier gleiche Ankäufe, bat indes alle prämierten Architekten, das heißt neun von dreiundachtzig Büros, ihre Entwürfe zu bearbeiten. Wäre es damals statt zu unverbindlichen Meinungsbildern schon zu verbindlichen Abstimmungen gekommen, Zvi Hecker hätte wohl den Vierten Preis erhalten. Mehr nicht. Doch da die Rede von der Architektur als Prozeß für ihn so gilt wie für wenige Kollegen, braucht niemand sich zu wundern, daß er im März 1991 mit dem Ersten Preis bedacht wurde. Auch daß die realisierte Schule vom August 1995 mit der modellierten Schule vom März 1991 bloß wenige Merkmale noch gemein hat, rührt aus dieser Lust, das einmal Entworfene wieder umzuwerfen, als ob es nie auf das Ziel, nur auf den Weg ankomme.

Offenkundig begann Zvi Hecker seine Arbeit ohne Vision von Räumen und Körpern. Denn erst spät

4

From Poland to Uzbekistan, from Uzbekistan to Poland, from Poland to Israel, from Israel to Canada, from Canada to Israel, from Israel to Germany – unwillingly and willingly Zvi Hecker came to know the cities of occident and orient. As a young man, he studied architecture in Haifa and painting in Tel Aviv. Once liberated from the grey béton brut, his architecture became increasingly Levantine, manifesting its splendors in unexpected ways: in the back rather than in the front, inside rather than outside, being closely confined rather than extensive and vast. This approach is also evident in the Heinz Galinski School on the western fringes of Berlin. Yet it is a sunflower which is the true source of this design. Zvi Hecker's favorite flower has become something of a private myth. On a whim he once picked up a sunflower while walking across the market in Jerusalem's old town in the summer of 1972. At first the flower's face reminded him of the model of one of the hills of Jerusalem where he was planning to build a housing scheme at the time. On closer inspection, however, he found himself intrigued by the complexity and simplicity, the mathematics and the biology of the plant.

If a Renaissance philosopher had chosen the helianthus as the symbol of his utopian vision, no one would have been surprised. Thanks to the ideal structure of its flower and seeds, the sunflower has come, more than any other plant, to symbolize both rational and organic principles. This dichotomy has also been applied to what artists do. In his dissertation on »Abstraction and Empathy« published in 1908, art historian Wilhelm Worringer argues that in the creative impetus of different cultures, abstraction from nature, striving toward rational forms, corresponds with a lower level of civilization than the sympathetic understanding of nature which strives for organic forms. Nature experienced as chaos is said to evoke the need for abstraction while understanding the order of Nature fosters empathy. In this way, Worringer identifies the Doric temple as the product of abstraction and the Ionic as that of empathy. These two principles may be encountered simultaneously, resembling not so much a hierarchy as a polarity. The rational and the organic are in fact interpermeating. Which immediately brings us back to Zvi Hecker.

What comes to mind are two buildings of his, commercial and residential structures, both of them erected in the nineteen-eighties to the north of Tel Aviv. At Ramat Gan, Zvi Hecker put a stair on top of a hill, at Ramat Hasharon he placed a vortex near an intersection. The curving buildings, with eight and ten storeys respectively, the smaller one at Ramat Gan, the larger at Ramat Hasharon, come to life by permanently rotating around a vacant center. The geometry of the spiral has long been a familiar motif for architects; one only needs to think of Etienne-Louis Boullée's eighteenth century lighthouse or Vladimir Tatlin's twentieth century monument to the Third International. But Zvi Hecker prefers to follow models from nature rather than from history. The charming bric-à-brac of clay, glass and plaster on the walls of stair at Ramat Gat is as far from the monstrosities of the above mentioned monuments as play is from delusion.

5

If Zvi Hecker has by now made a name for himself in Germany as well, it is because of his participation in the competition for the Jewish Primary School in Berlin in July 1990. Headed by Cornelius Hertling, president of the Berlin Chamber of Architects, the jury decided against a final decision in December 1990. Out of eighty-three entries by-participating practices, no less than five were awarded with equal prizes, another four won purchases. All premiated architects were asked to elaborate their designs. If a definite decision had been reached at that time, Zvi Hecker would probably have ended up with fourth prize at best. As it was, however, he won top honors in March 1991 – not surprising when one keeps in mind that for him more than for almost anyone else, architecture is first and foremost a dynamic process. That also accounts for the fact that the final scheme has only very few things in common with the model which Zvi Hecker presented in March 1991: he never stops to revise and change what he has previously designed, as if only the way were important to him and not the destination.

Evidently Zvi Hecker did not start from a vision of spaces and volumes. It was not until a relatively late stage in the design process that the scheme was expanded into the third dimension. Upon inspecting the site

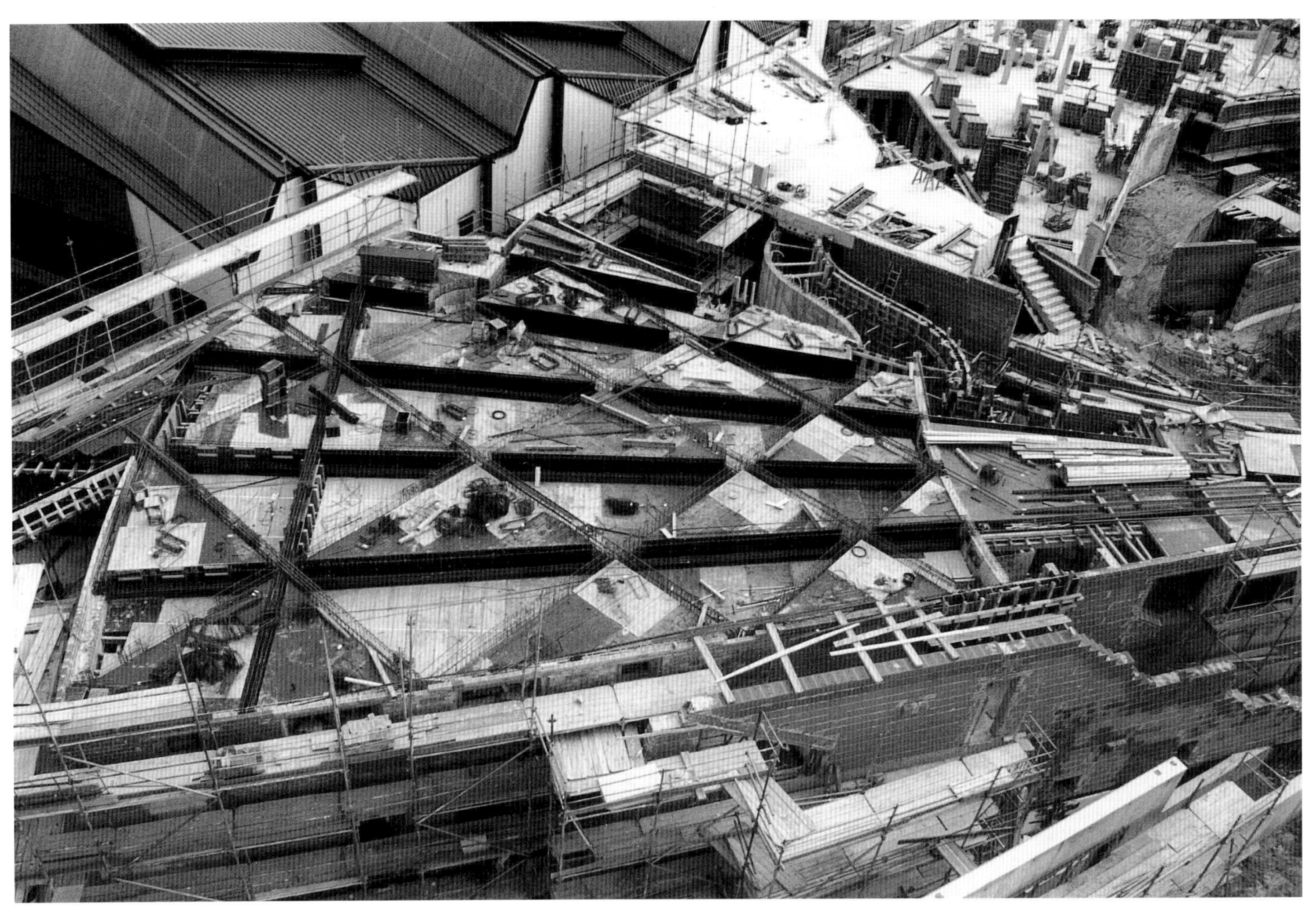

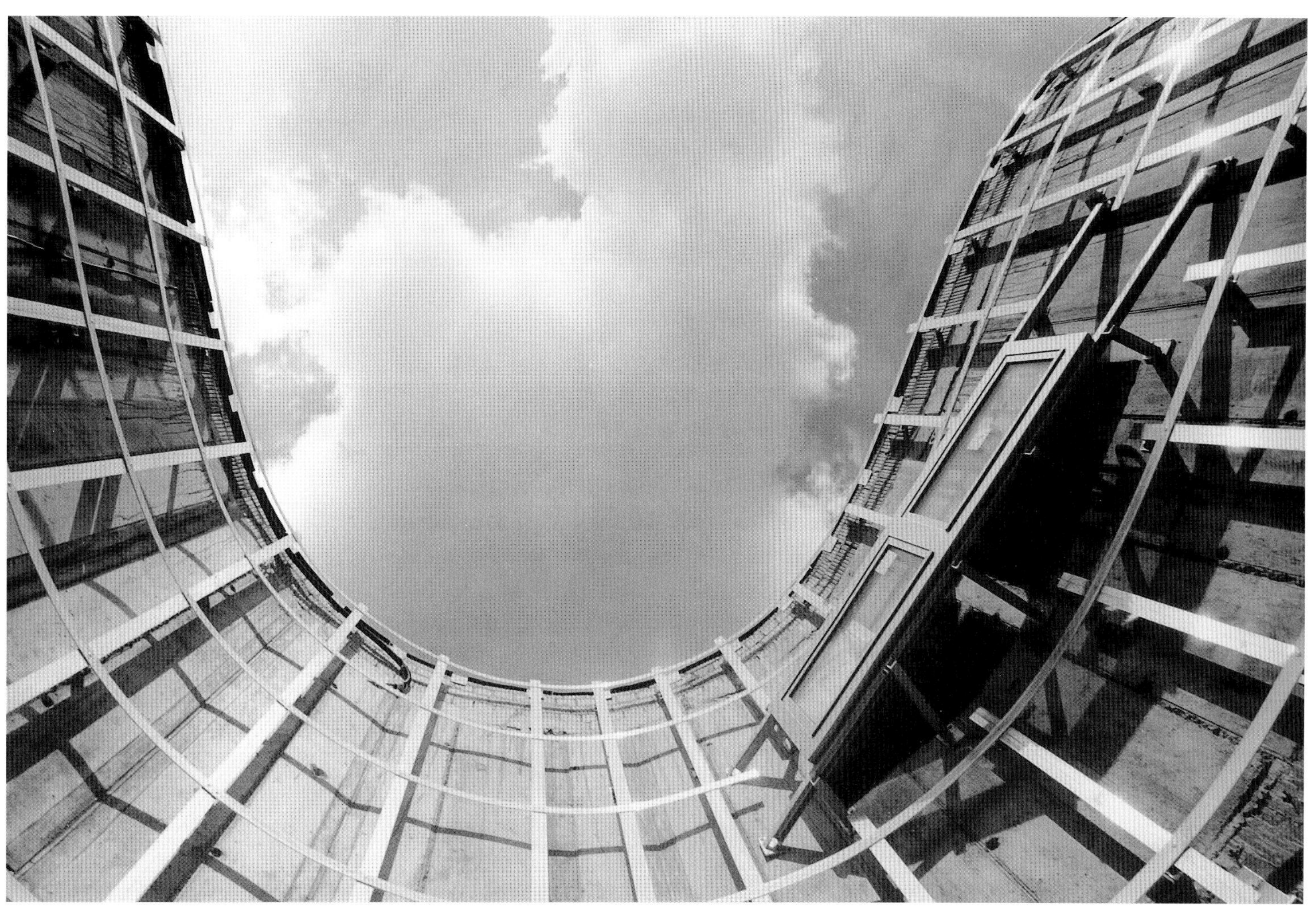

sprang der Entwurf aus der zweiten in die dritte Dimension. Nach einem Blick auf das Grundstück an der Charlottenburger Waldschulallee, ein grünes Rechteck von grob sechzig Meter Breite und rund zweihundert Meter Tiefe, teilte der Architekt dessen Zeichnung in vier gleiche, hohe Flächen. Das Nord-Ost-Stück oben rechts und das Süd-West-Stück unten links sollten den Schulhäusern, das Nord-West-Stück oben links und das Süd-Ost-Stück unten rechts sollten den Schulhöfen dienen. Um das Zentrum der Graphik, also um das Kreuz der Kreuzung, malte Zvi Hecker einen Kreis für die mittige Erschließung der Gebäude. Den Orthogonalen schrieb er dann die aus dem Zirkel strömenden Spiralen ein und gewann aus der Opposition beider Raster den Grundriß der Bauten. Durch die fünf Jahre langen Mühen des Weges vom Wettbewerb als erster, über das Gutachten als zweiter, zur Ausführung als dritter Stufe hat die Gestalt der Schule eine quirlende, sprudelnde Lebendigkeit erreicht, die sie primär dem Konflikt des Rationalen mit dem Organischen verdankt. Es lohnt sich, der Austragung des Widerspruchs Schritt für Schritt zu folgen, um das selbstverständlich Erscheinende als unterderhand Hergestelltes fassen zu können.

Im ersten Stadium zogen die Bauten scharfe Grenzen zur Waldschulallee im Norden und zum Grunewald im Süden, zum Kindergarten im Westen und zur Tennishalle im Osten. Mit harten Kanten zeichneten die Erdgeschosse und ersten Obergeschosse der Schulhäuser die Ränder jener beiden Flächen nach, auf die der Architekt bauen wollte. Im zweiten Stadium drückten die Spiralen tiefer durch, bestimmten klarer als früher das Äußere und Innere der Körper. Zugleich brach Zvi Hecker die starre Westseite auf und schuf, wer weiß ob nur aus Liebe zu ein paar Bäumen, einen dritten Hof. Mit diesem Modell gewann der Architekt den Ersten Preis. Die öffentliche Anerkennung aber ließ den Mann nicht ruhen; eher spornte die Aufgabe ihn an. Im dritten Stadium legte Zvi Hecker allen Plänen noch mal das Raster der Radialen und Spiralen auf, näherte alle Grundrisse und Umrisse deren Linien und Kurven und ergänzte die Gebäude so, daß nun der Wahrnehmung die Ordnung des Ensembles leichter fällt. Zwischen den Keilen wurde kräftig geräumt. Die gläsernen Passagen schwanden; es kamen und gingen Brücken und Stege; es kamen und blieben die Schlangen. Im

Norden und Süden des Grundstücks löste der Architekt die Starrheit rechter Winkel auf: An die Waldschulallee stellte er ein kleines Hausmeisterhaus, riß die Mauer an der Straße ein und schloß den großen runden Hof durch eine Wandscheibe mit Nottreppe. Vor dem Grunewald nahm er der Turnhalle ihren massigen Charakter, indem er durch das Gemäuer offener Keller und Rampen den Radialen und Spiralen auch hier freien Lauf ließ.

6

Daß nun der Wahrnehmung die Ordnung des Ensembles leichter fällt, schreibt sich schnell. Ob es auch stimmt? Mit der Absicht, das Gesagte am Gebauten zu prüfen, traf ich mit der Bauleiterin Inken Baller eine Verabredung auf der Baustelle. Es ging nur am Sonnabend, am 13. 5. 1995. Also fuhr ich noch mal in die Waldschulallee, diesmal über die Marienburger Allee. Links und rechts von hübschen Häusern mit weißen Sprossenfenstern und grünen Fensterläden gesäumt, läuft die Straße stracks auf die Jüdische Grundschule zu. Vom Bürgersteig aus machen die Gebäude überhaupt kein Aufsehen; hinter Bäumen und Büschen werden sie früher oder später so verschwinden wie die Schulbauten nebenan. Es war kalt und naß. Da ich keine Lust hatte, im Regen zu warten, wagte ich mich auf den Bauplatz. Aus den Containern drangen Stimmen. Ich klopfte an eine Tür. Ein Schwarzhaariger im Trainingsanzug öffnete. Gleich hinter ihm standen Tisch und Bett und Stuhl und hing Wäsche an der Leine. Arbeiter aus Portugal spielten Karten. Ich fragte nach der Uhrzeit. »Heute nix Arbeit«, sagte der Schwarzhaarige. »Ich weiß«, antwortete ich scheu und wiederholte meine Bitte, mit der rechten Hand auf den linken Arm weisend. »Gleich vier, Kollege.«

Am Telefon hatte ich Inken Baller erzählt, die Zeichnungen der Grundschule ließen mich glauben, man könne von Nordost nach Südwest, von der Festhalle bis zur Turnhalle am Stück durch die Schlange laufen. Es ging; nicht ganz, doch so. Dann und wann durch Gucklöcher und Guckstreifen belichtet, steigen die Schlangen auf und ab, krümmen sich nach rechts oder links und rutschen in die Keile auf kleine Plätze. Ich hoffte dort auf schöne Blicke weit in das stumpfe oder spitze Ende der Körper. Doch nein, es winkelt und schachtelt.

at Waldschulallee in Berlin's Charlottenburg district, a green rectangle measuring roughly sixty by two hundred meters, the architect subdivided it into four equally high segments. The north-east section on the upper right hand and the south-west section on the lower left were reserved for the school buildings, the north-west section on the upper left and the south-east section on the lower left for school yards. Around the center of the diagram, i.e. the point of intersection, Zvi Hecker drew a circle for the centralized access system. Into the rectangular pattern he then inscribed the spirals flowing from the circle. It was out of the opposition of these two grids that he developed the floor plan for the school. In the course of the five years which it took from the competition to the final execution of the scheme, the shape of the school has attained an exuberance and vigor that comes out of the conflict between the rational and the organic. It is indeed worthwhile to retrace the individual steps of negotiating this conflict so as to better understand the complexity of what appears so simple and easy.

In the first stage of the design, the buildings established a sharp demarcation to the Waldschulallee to the north and the Grunewald to the south, the kindergarten to the west and the tennis hall to the east. The ground floor and the first few upper levels of the school buildings clearly delineated the two areas which the architect was planning to develop. In the second stage, the spirals began to reassert themselves, increasingly dominating the inside and outside of the volumes. At the same time, Zvi Hecker opened up the formerly rigid western edge to create a third courtyard – perhaps only to save a few old trees. It was with this scheme that the architect won First Prize in the competition. The recognition from the public did not leave him resting on his laurels, however. On the contrary. In the third stage of the design process, Zvi Hecker once again applied his grid of radials and spirals, until floor plans and contours merged with these straight and curving lines, and complemented the buildings in such a way that the order of the entire ensemble becomes more easily legible. The spaces between the wedges were radically cleared: the glazed passages disappeared, bridges and gangways were added and later rejected, the so-called snakes came and stayed. The rigid right angles in the northern and southern portions of the site were dissolved. At Waldschulallee the architect added a small janitor's building and tore down the wall along the street, closing off the large circular courtyard with a new wall slab complete with emergency stairs. On the side facing the Grunewald, the massiveness of the gymnasium was carefully relieved with the brickwork of the open cellars and ramps which once again expressed the system's radials and spirals.

6

It is easy to say that the order of the ensemble has been rendered much more legible in this manner. But is that really true? In order to verify this statement I made an appointment to meet Inken Baller, the architect in charge, on Saturday the 13th of May, 1995. This time I approached the school site at Waldschulallee from Marienburger Allee. Lined on both sides by neat little houses with white-sashed windows and green shutters, the street makes a beeline directly for the new school. Seen from the sidewalk the new Jewish Primary School remains entirely unobtrusive; like the neigboring school buildings, they will sooner or later simply disappear behind the trees and shrubbery. As it was a cold, wet day and I did not feel like waiting in the rain, I ventured onto the site. Hearing voices inside one of the containers, I knocked. A black-haired man wearing a track-suit answered the door. Behind him I saw a table, chairs and a bed and laundry hung up to dry. Workers from Portugal were playing cards. I asked for the time. »We no work today,« said the black-haired man. »I know,« I replied shyly and repeated my request, making a motion with my right hand to my left wrist. »Almost four, mate.«

On the phone I had told Inken Baller that the drawings of the school had led me to believe that one could walk directly from the auditorium to the gymnasium, from the northeast to the southwest corner of the site, following the so-called snake. It worked, though it wasn't easy. Occasionally illumined through small openings in the walls, the snakes undulate up and down, turning right and left to slide down into the wedges onto small open areas. I was hoping to be offered a long perspective deep into the blunt or pointed ends of the different volumes. But no – all I saw were corners and

Nur die Lehrräume sorgen für klare Richtung. Wer will, mag die Fächer mit Bänken und Tafeln möblieren, als ob es um Parkett und Szene ginge. Auf dem Fußboden leuchteten ein paar Scheinwerfer. Hier und da tropfte es von der rohen Decke in kleine Pfützen auf den frischen Estrich. »Besser heute als morgen«, stöhnte Inken Baller, ohne deren Engagement diese Architektur nicht würde, was sie wird. »Wir haben noch viel Arbeit. Und nur ein Vierteljahr bis zur Eröffnung.«

Jeder point de vue beschleunigt die Erfahrung zum raschen Aha und Aus. Zvi Hecker hält an; sein Gebäude sagt: »Eile mit Weile«. Es hat kein Zentrum; es ist ein Rhizom. Um es zu genießen, mußte ich aufhören, es begreifen zu wollen. Mußte mich bescheiden und mich erinnern, daß ich noch jedes größere Haus nur Stück um Stück, noch jede größere Stadt nur Zug um Zug mir erschlossen habe. So ließ ich – endlich – meine Neugier los, trat aus Türen und Fenstern auf Terrassen, sah auf die Teerpappe von Gründächern und stellte mir bei Kälte und Nässe einen Mittag im Sommer vor, wenn die Sonne durch die Laubkronen des Grunewalds kommt. Die Jüdische Grundschule, hatte man mir erklärt, sei eine Ganztagsschule, mit Leben gefüllt von acht bis vier. Sie müsse Kindern verschiedener Sprache und verschiedener Herkunft ein Zuhause bieten, wenn sie es zuhause nicht haben. Der Architekt baute dazu Räume, um alle zu versammeln, und Räume, um jeden zu verstecken. Die schönsten tauchen plötzlich auf. Weit hinten etwa liegen zwei schmale, hohe, wolkenweiße Treppenhäuser. »Wir nennen sie Berge«, klärte Inken Baller mich auf, während ich ihr nach oben bis unter das runde Lichtloch über der Kerbe im Beton folgte. Dann senkte ich den Kopf; meine Augen glitten über Podeste und Balkone in die Tiefe. Herrliche Absätze für den Auftritt des bösen Haman und der guten Ester. Johlen und Rasseln der Kinder. Purim in Berlin? Ja. Purim. In Berlin.

angles. Only the voids allow for some sort of orientation. If one wanted, one could furnish these bays with benches and blackboards as in a theatre with stage and auditorium. There were a few scattered spotlights on the floor, and water was dripping from the unfinished ceiling onto the fresh screed. »Better now than later,« sighed Inken Baller without whose dedication and commitment this architecture would not turn out the way it is turning out. »There's still so much work to do. And we have only three months until the opening.«

Each point de vue enhances the perception and elicits a never-ending series of Ohs and Ahs. Zvi Hecker stops moving; his building says: »Take your time.« It does not have a center – it is like a rhizoma. In order to appreciate and enjoy it, I had to stop wanting to understand it. I had to resign myself to the realization that I had always explored a new building or an unfamiliar city step by step. So I finally let go of my inquisitive urge, stepped through doorways and window openings onto the terraces, looking down at the asphaltic felt for the planted rooftops and tried to imagine, in spite of the cold and damp, a summerday at noon with the sun shining through the Grunewald treetops. The Jewish Primary School, so I had been told, is an all-day school, with classes from eight to four. It has been designed to serve as a home away from home for children of different languages and different backgrounds. The architect has designed spaces in which to assemble and spaces in which to hide. The most intriguing of these reveal themselves unexpectedly. Like the two narrow, high stairwells somewhere in the rear, painted white like clouds. »We call them mountains,« explained Inken Baller as I was following her upward until we were standing beneath the circular skylight which Zvi Hecker cut out of the oblique concrete slab. I lowered my eyes, gazing down across the platforms and balconies. Like so many beautiful stages, designed for the entrance of the evil Haman and the good Esther. The sound of cheers and rattles from the children. Purim in Berlin? Yes. Purim. In Berlin.

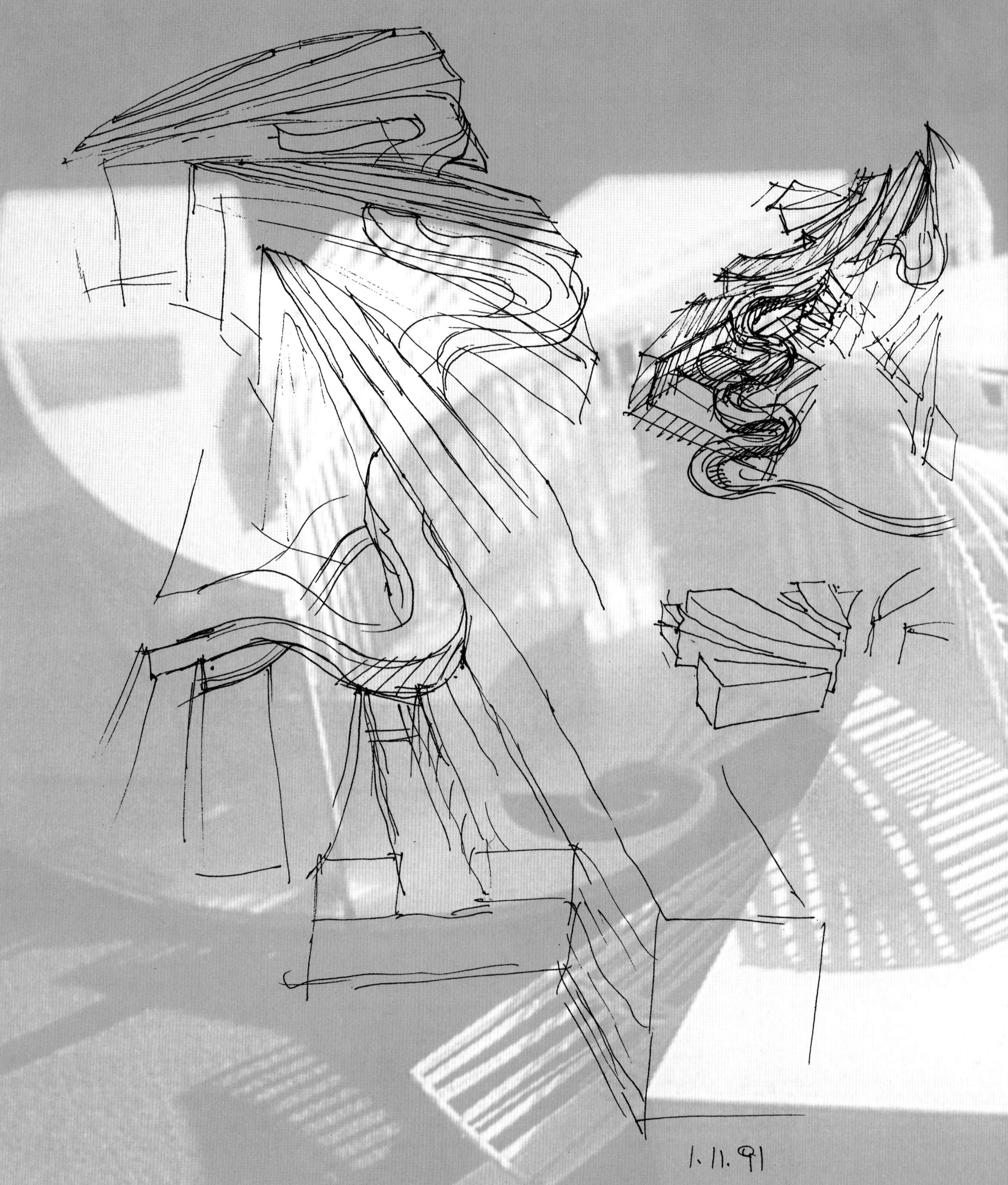
1.11.91

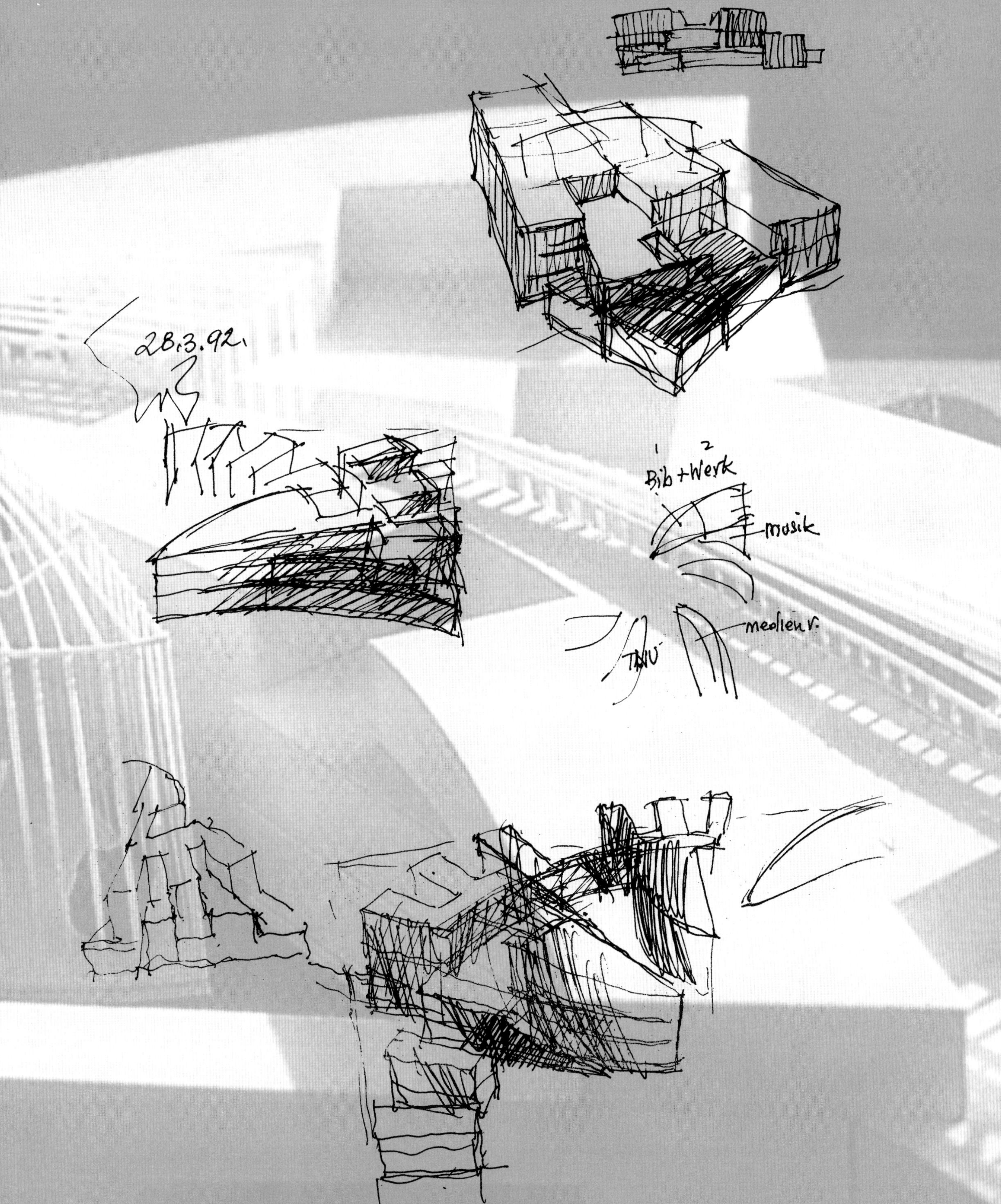
28.3.92.
Bib + Werk
musik
medien v.
TMÜ

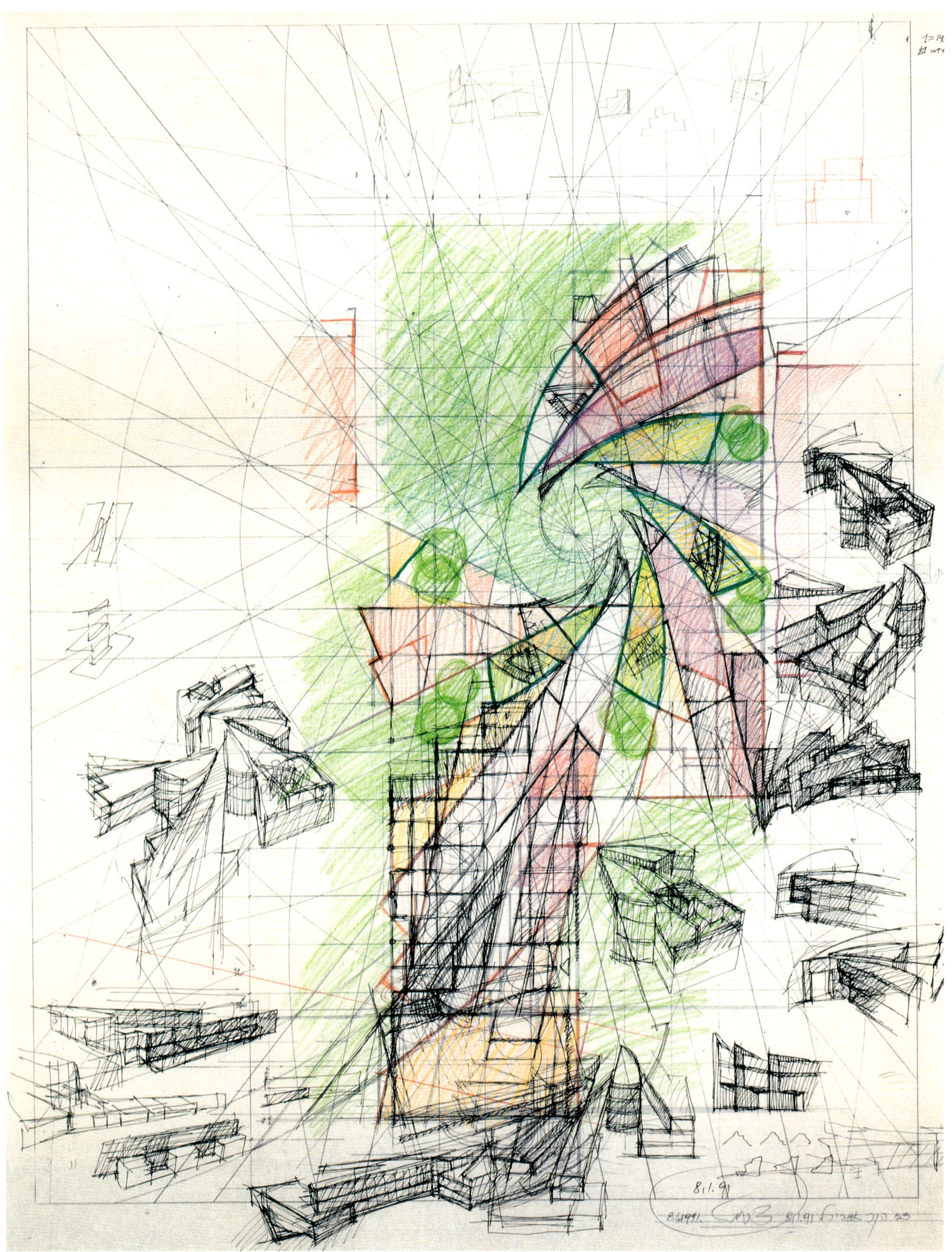

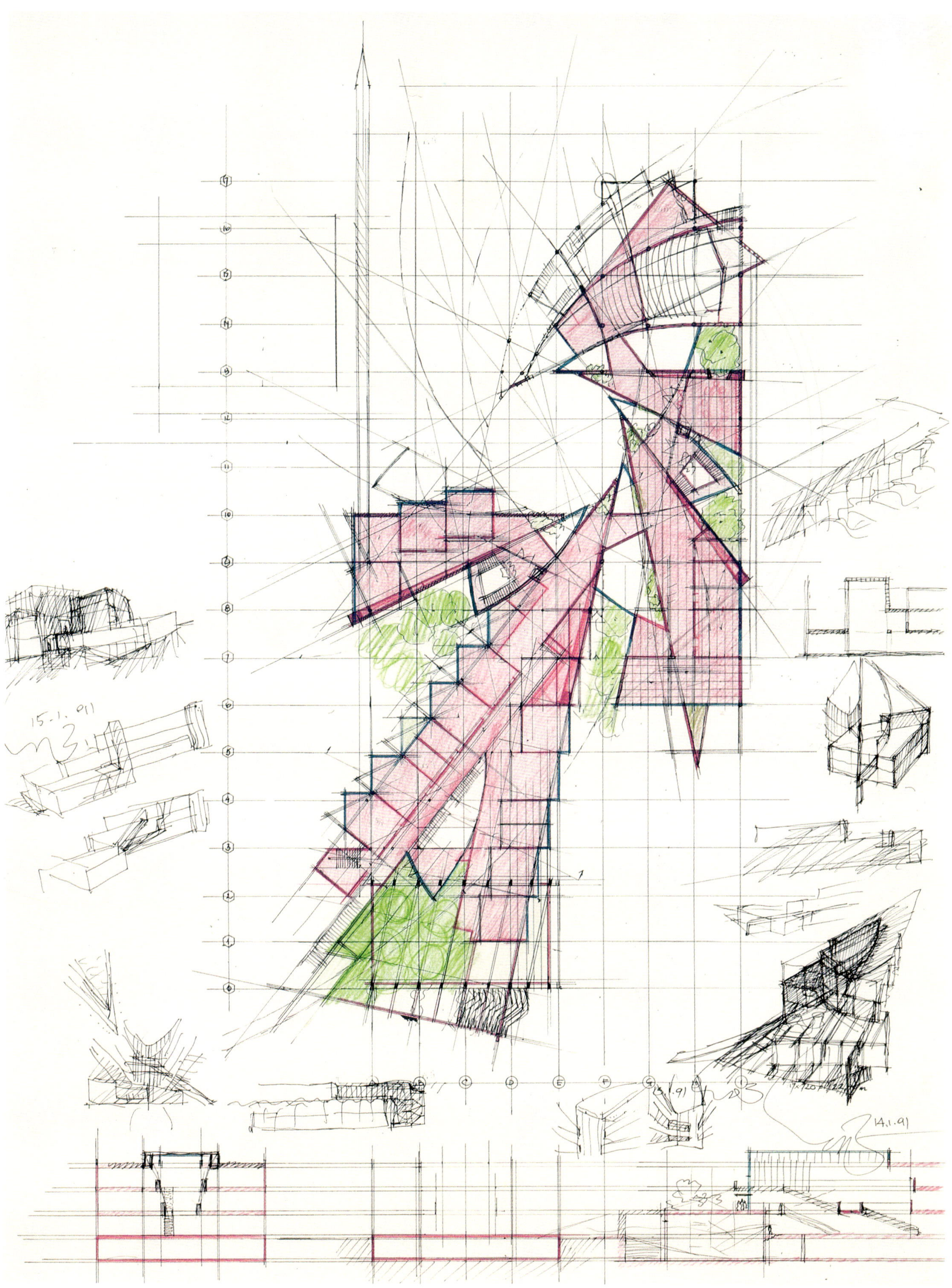

15-1-91
14.1.91

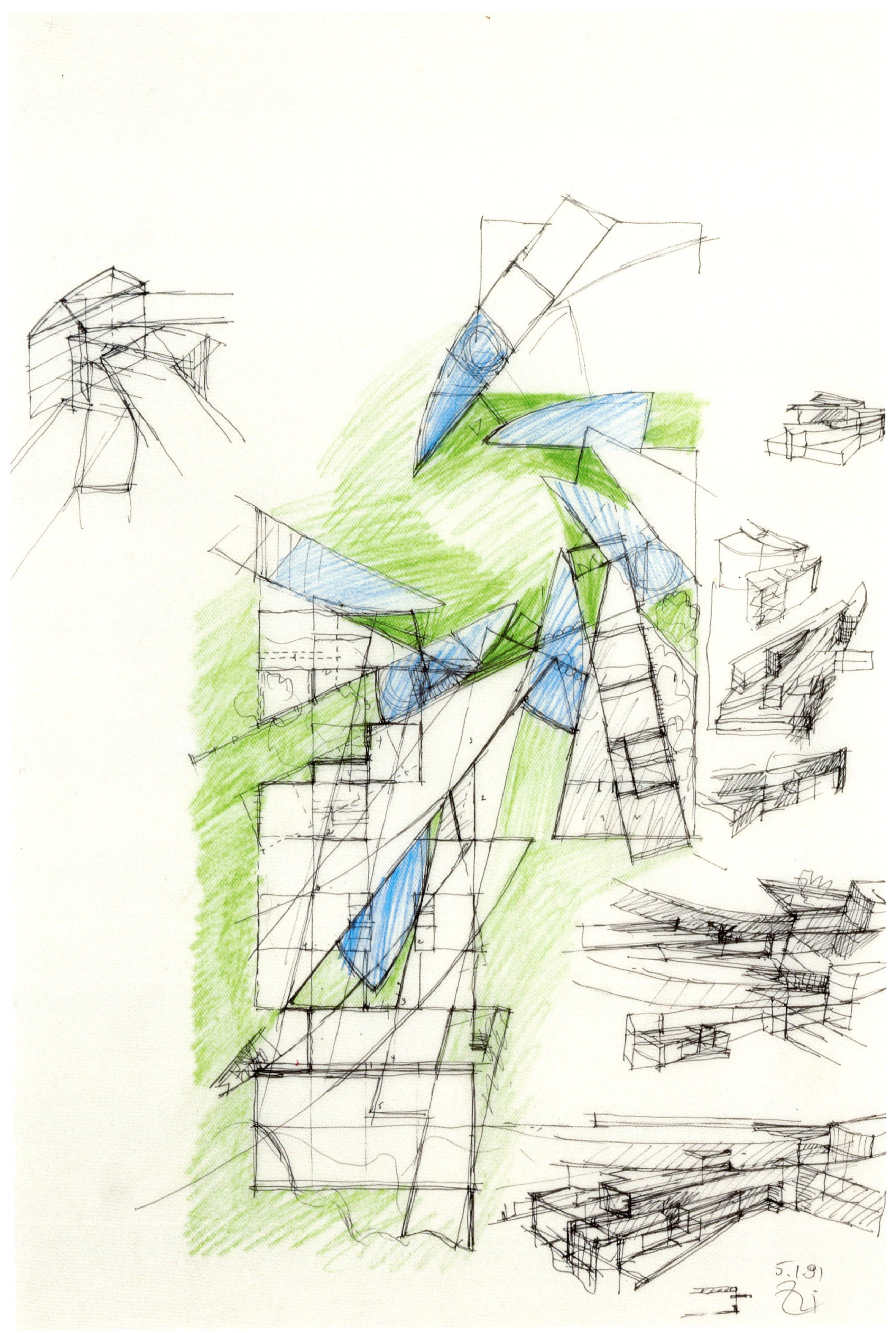

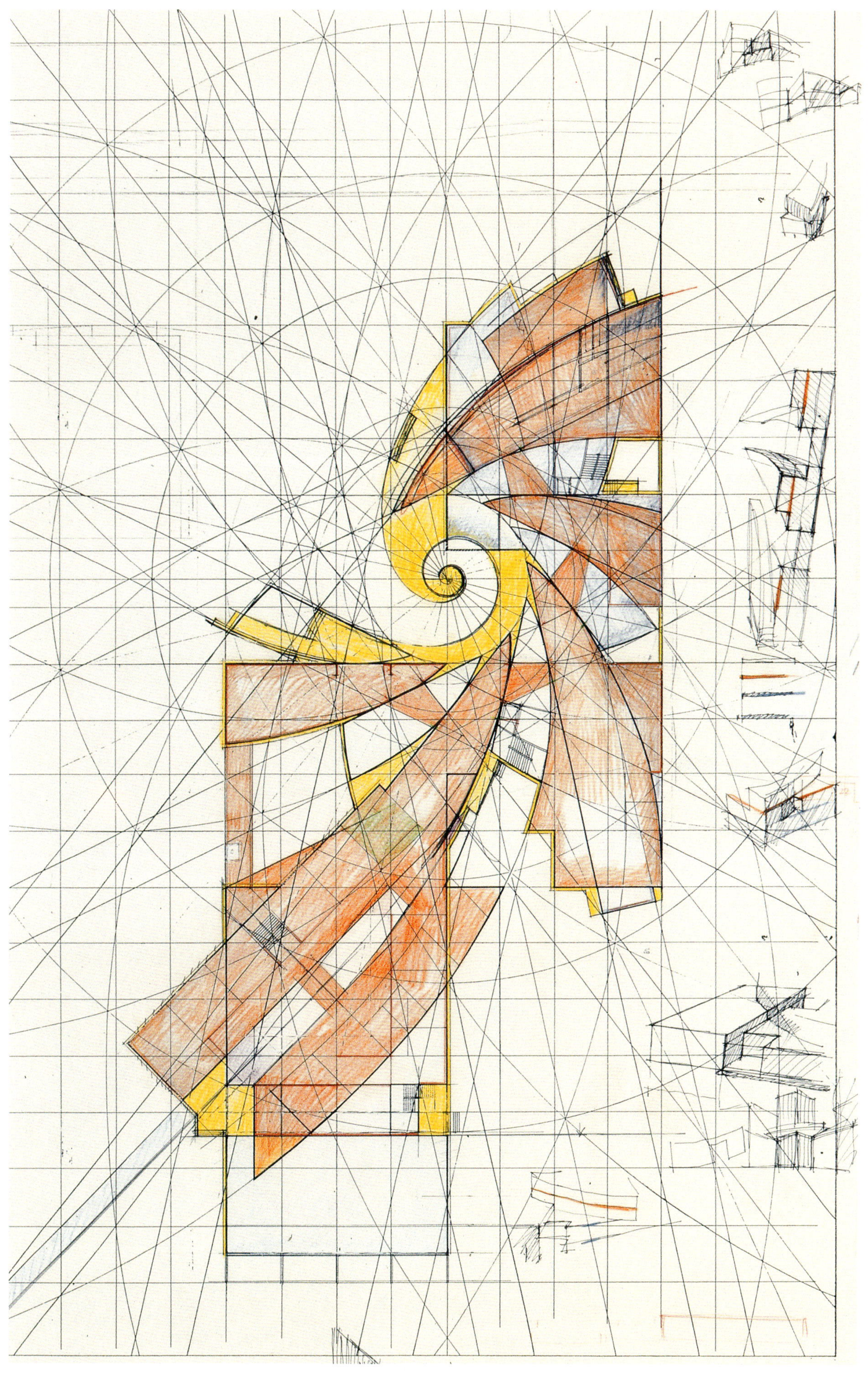

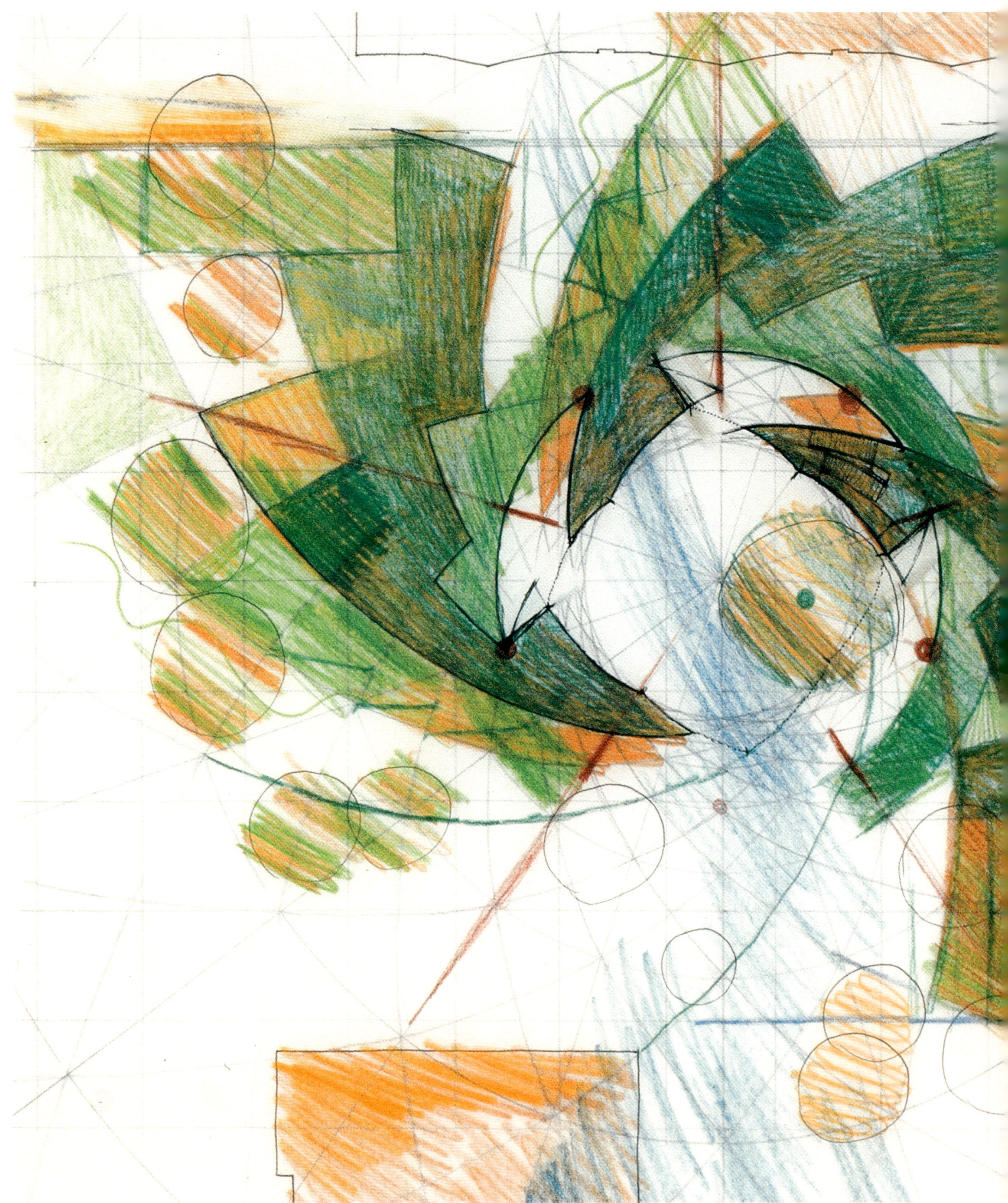

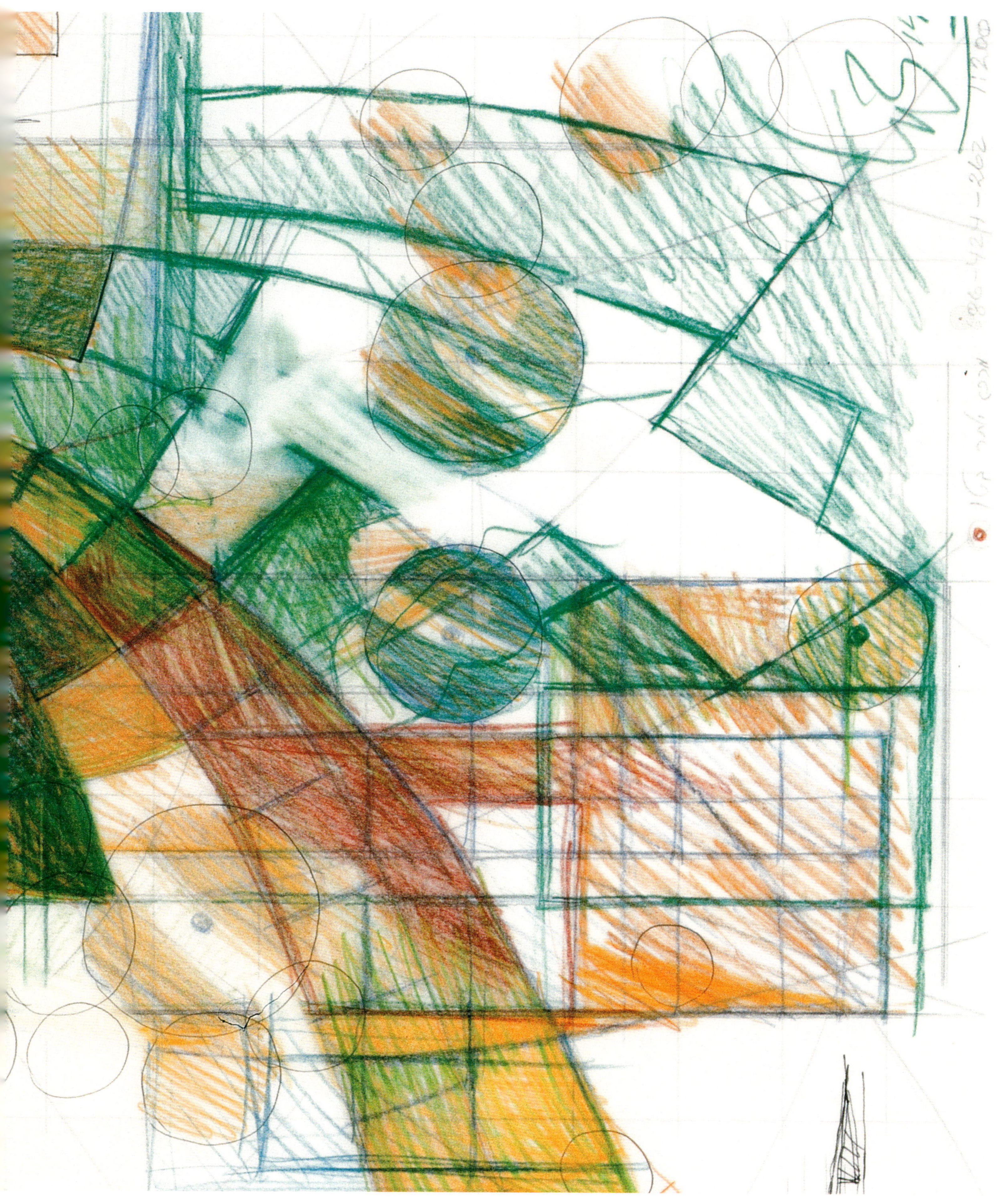

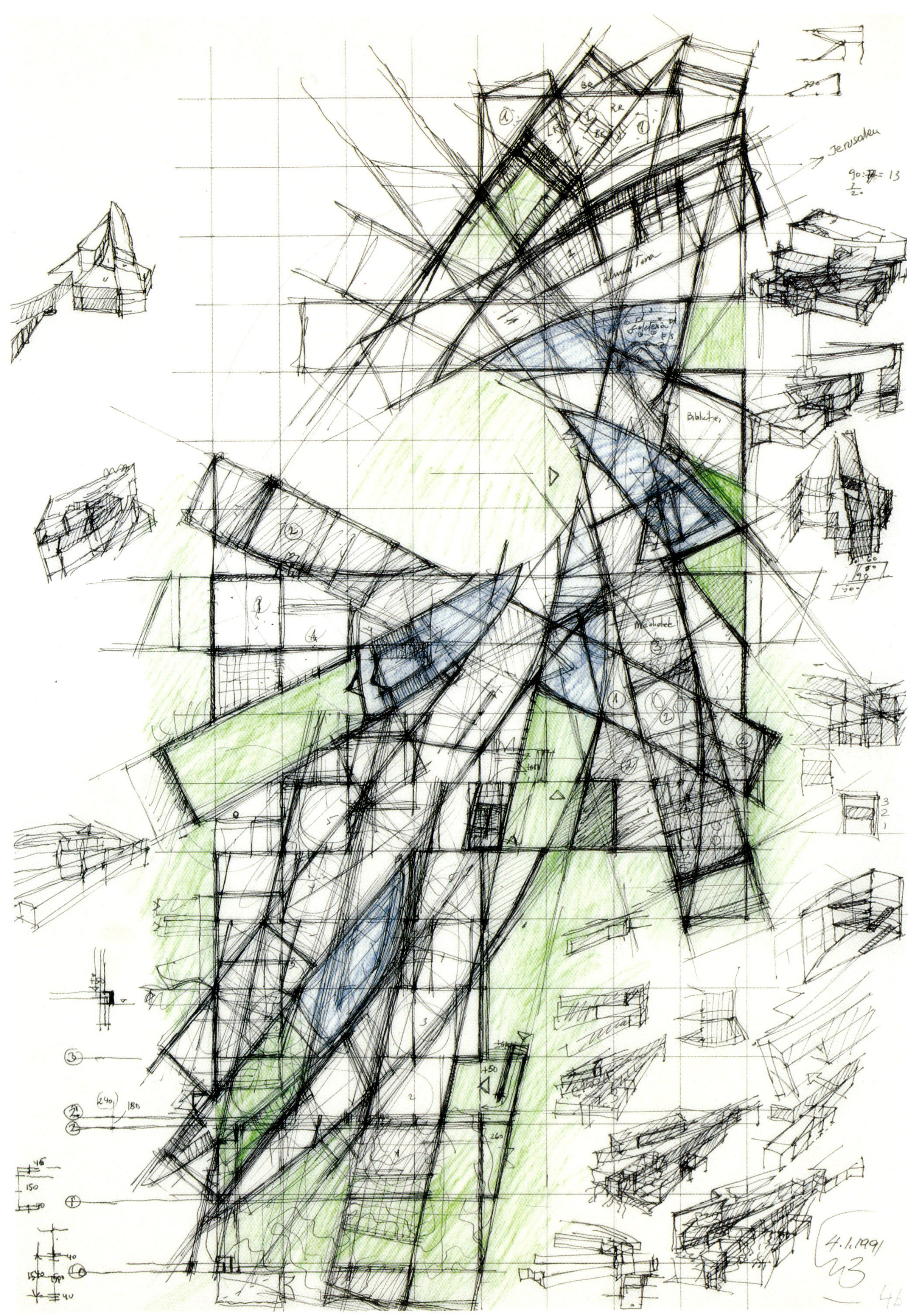

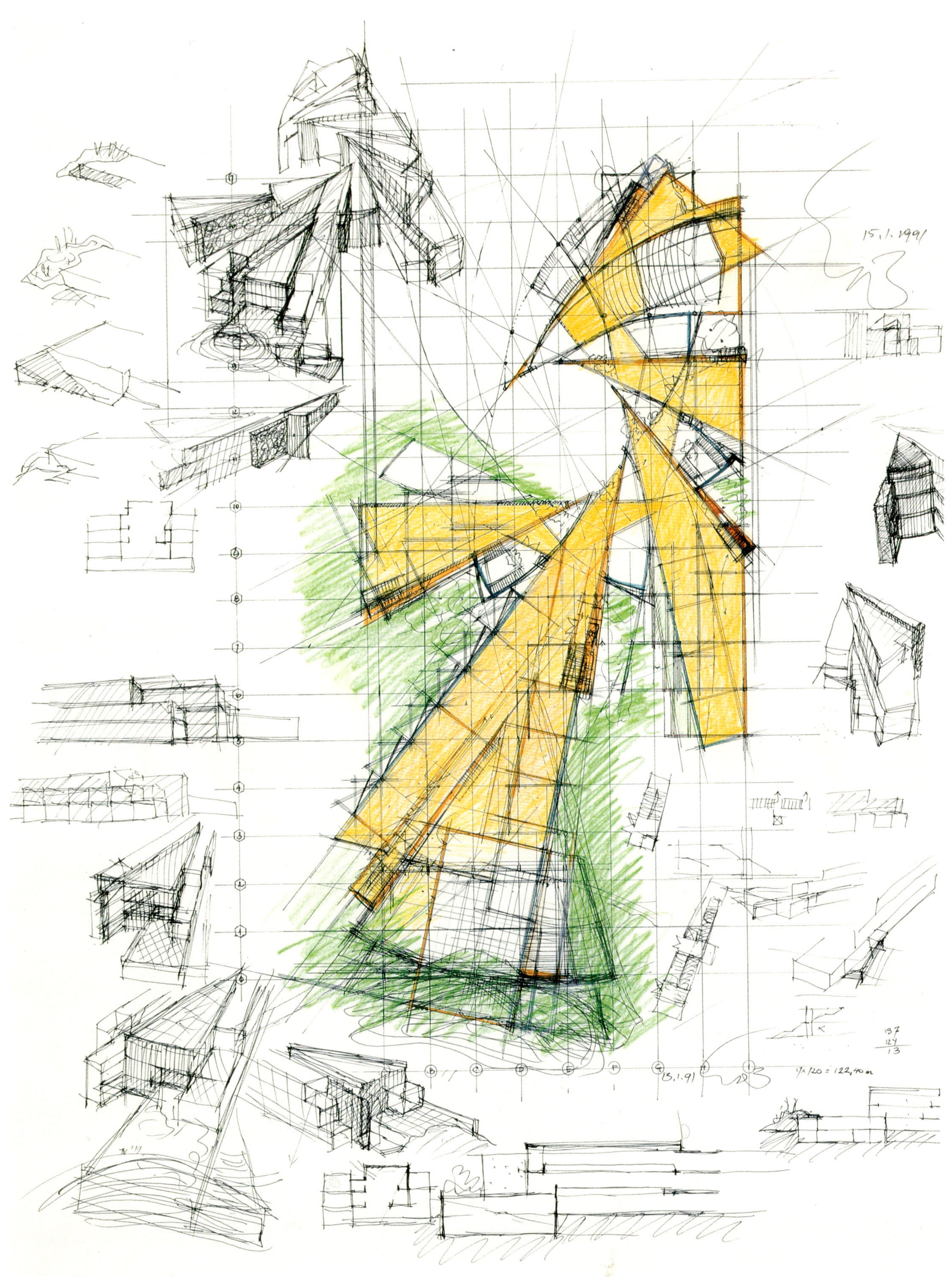

15.1.1991
(5.1.91)
1/x 120 = 122,10 m

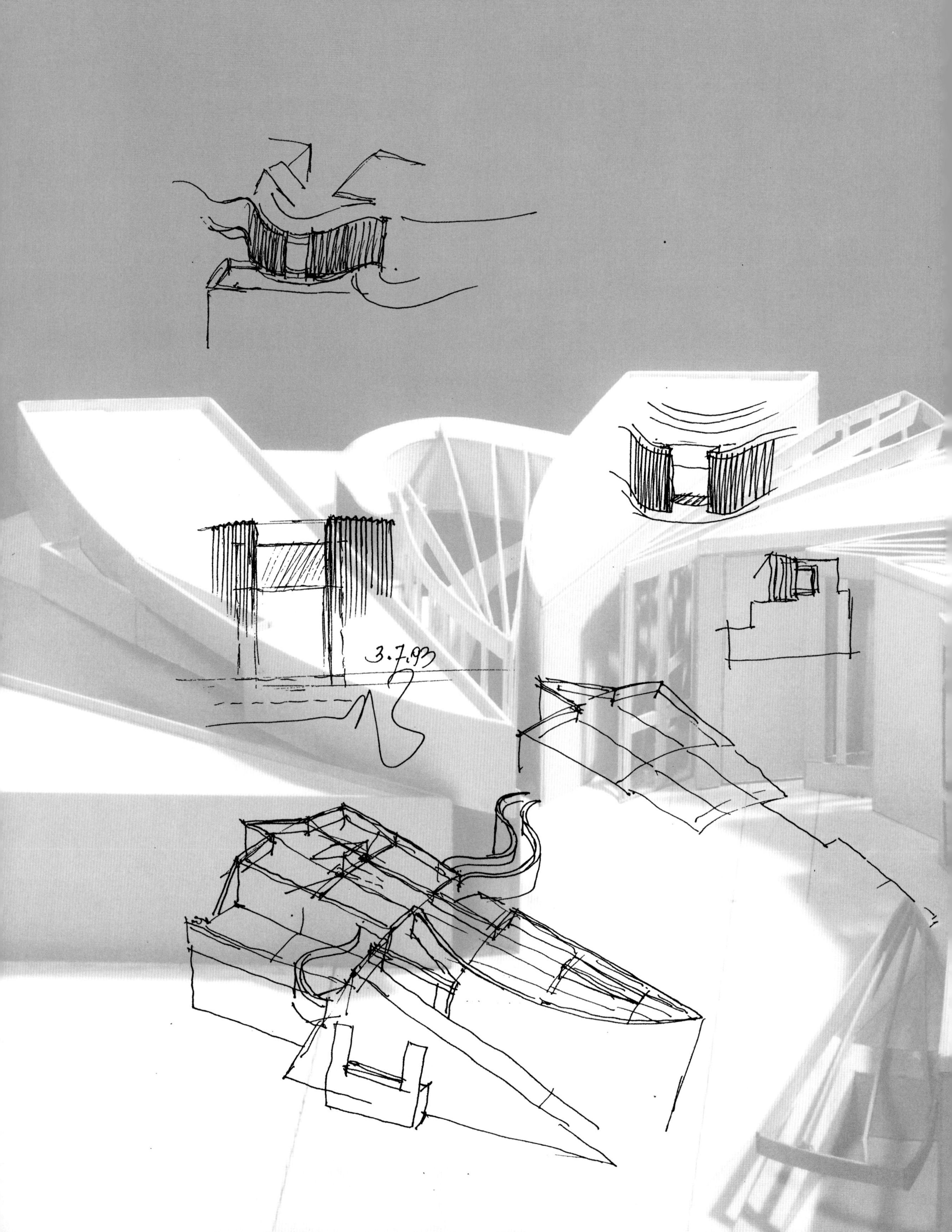

3.7.93

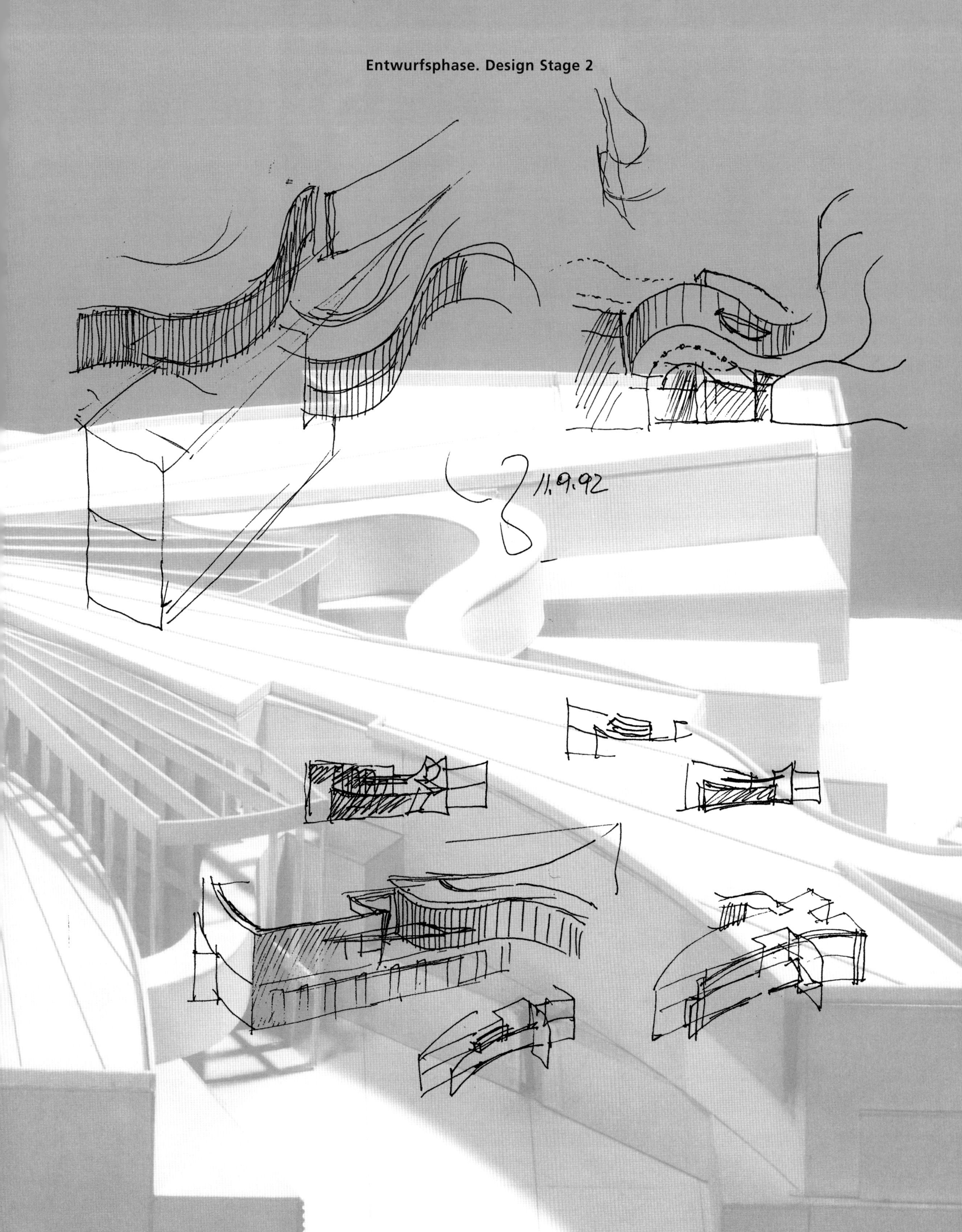
11.9.92

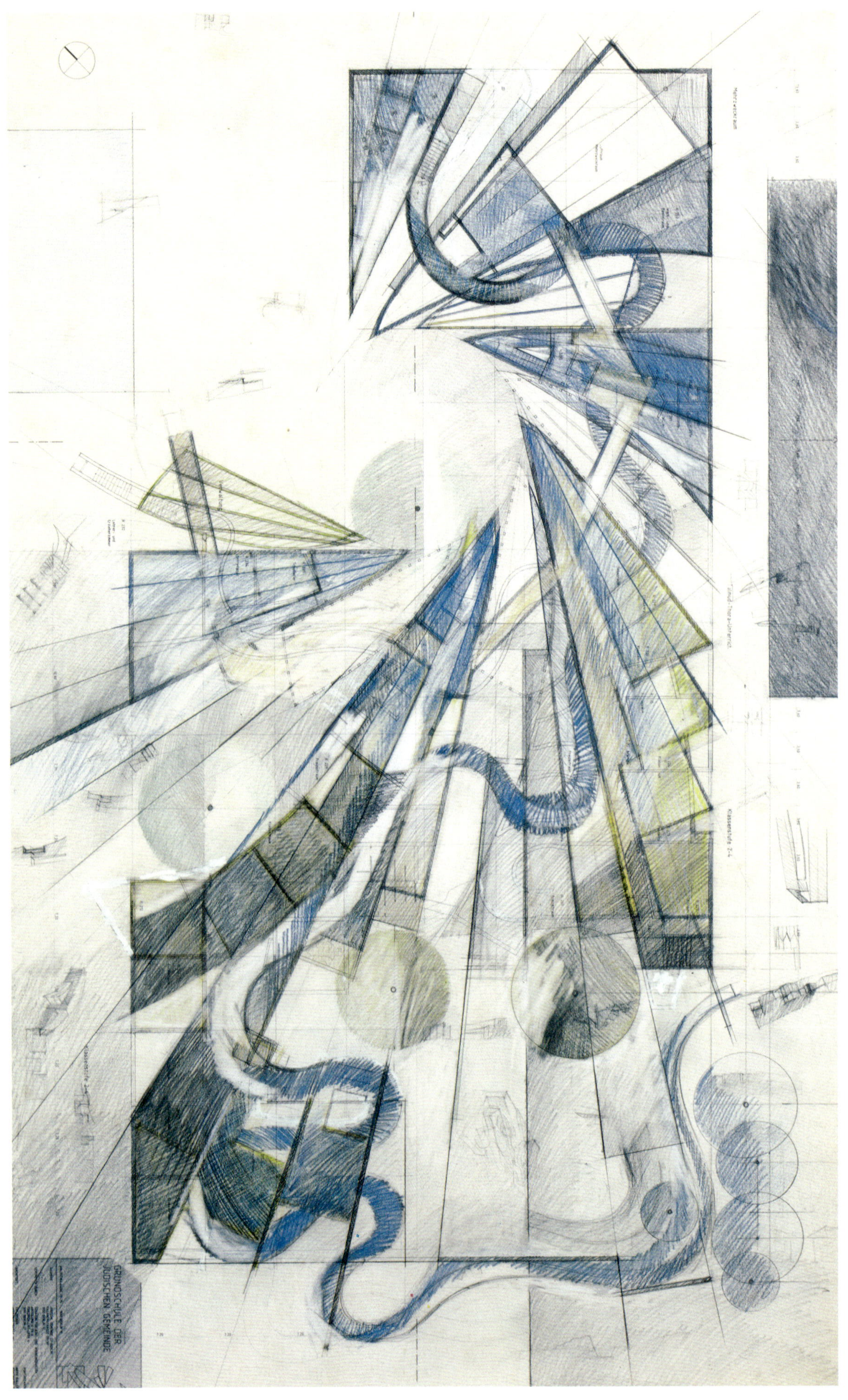

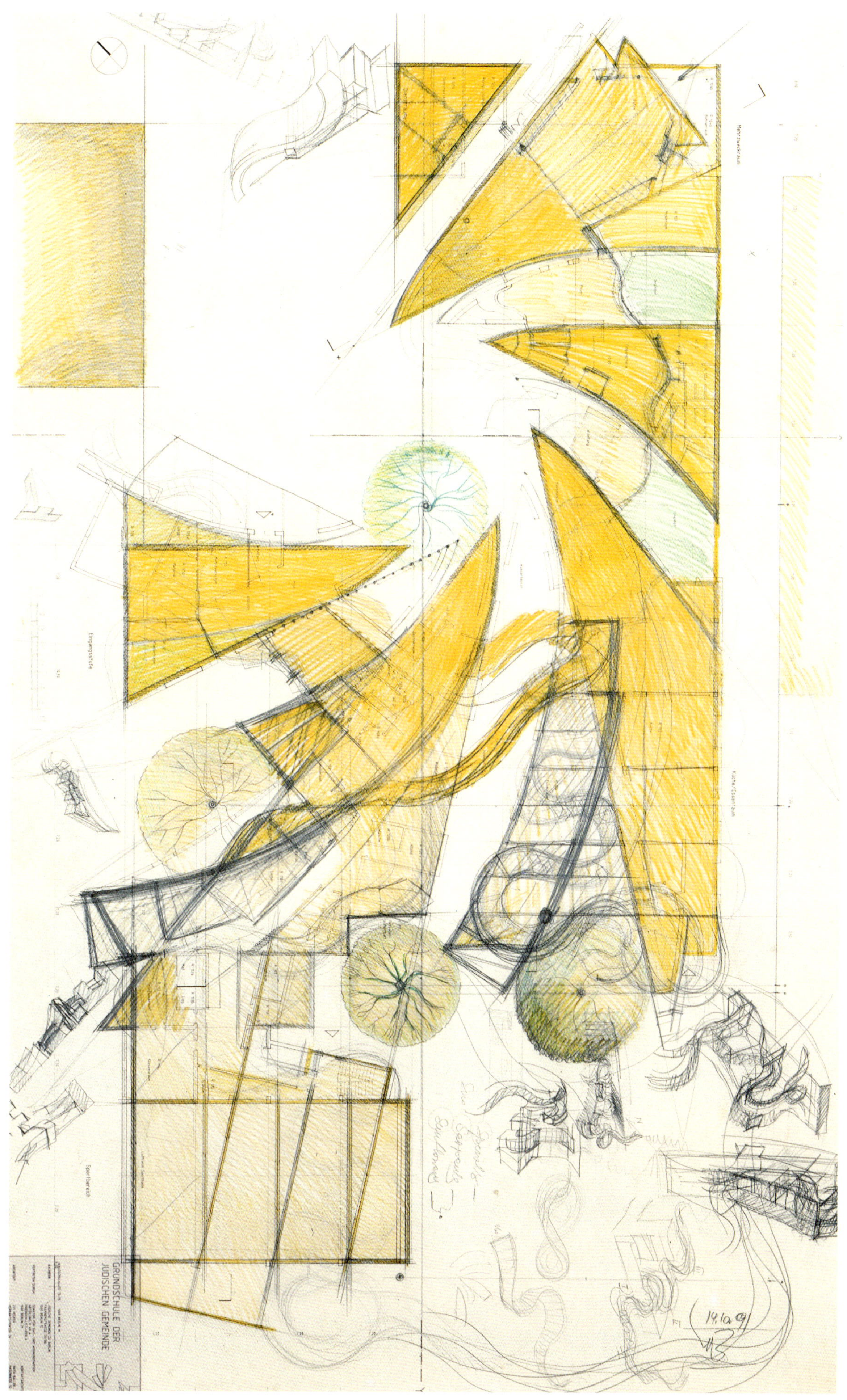

GRUNDSCHULE DER
JÜDISCHEN GEMEINDE
14.10.91

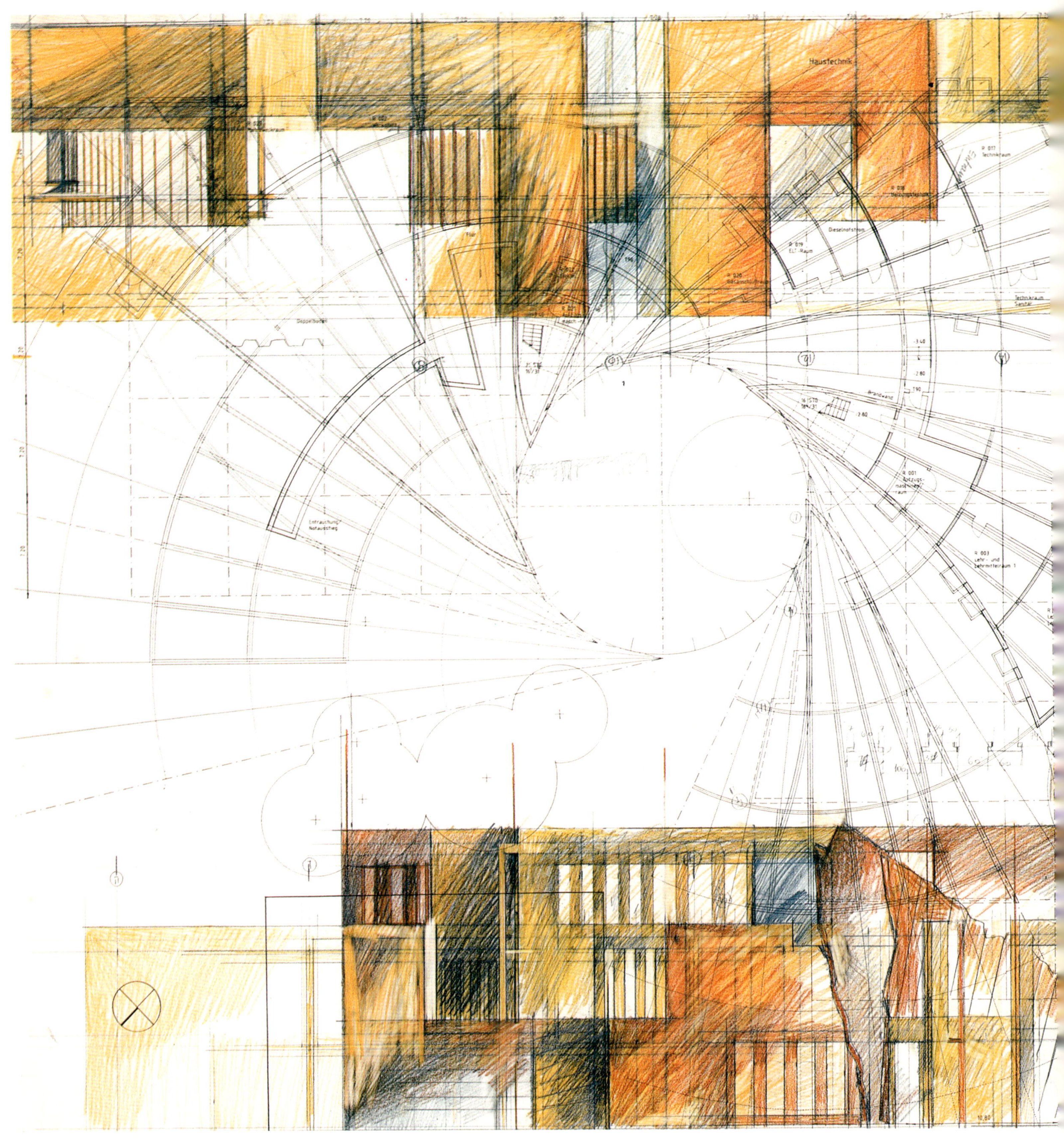

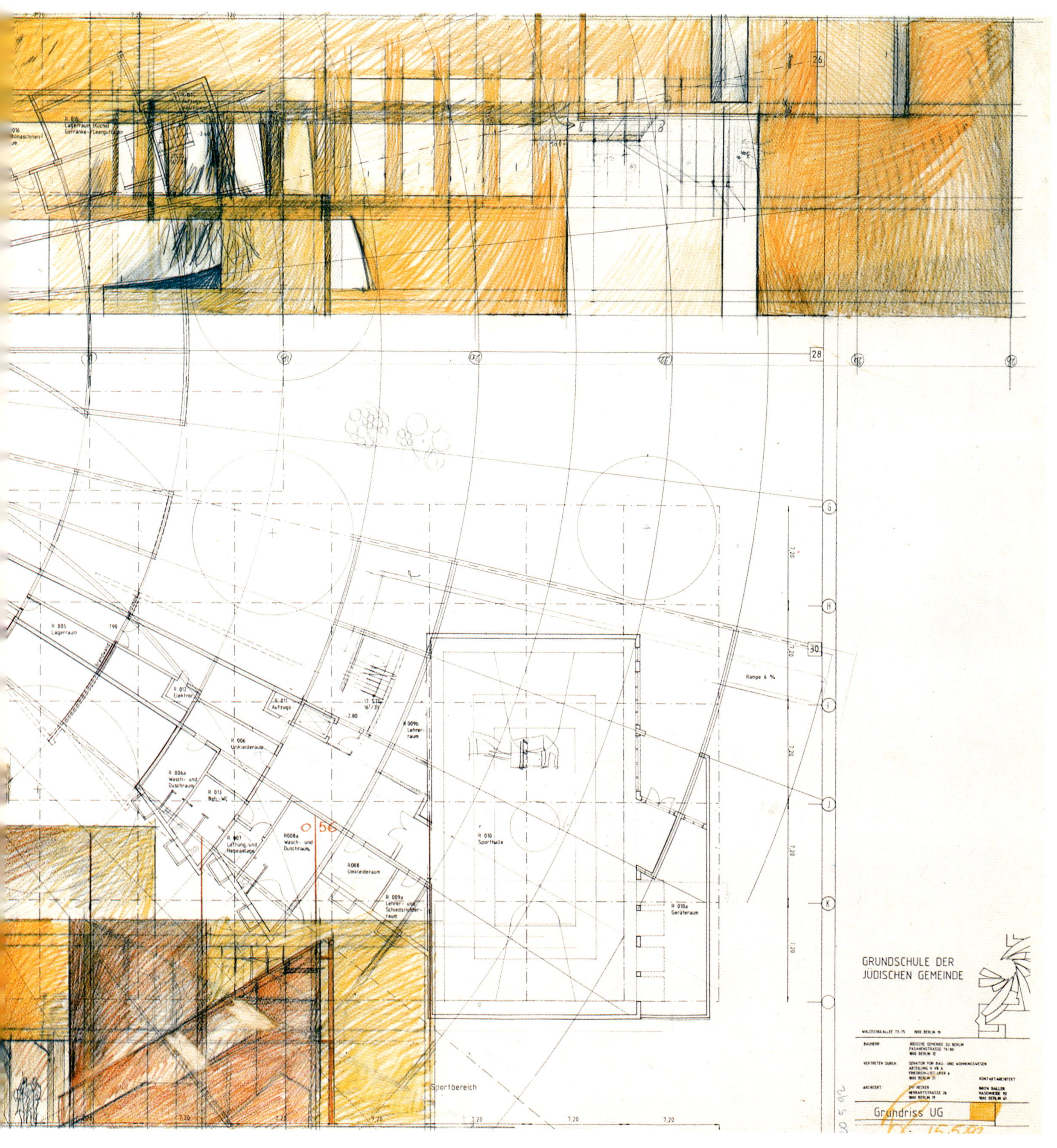

Lagerraum (Küche)
Getränke-/Leergutlager
R 005 Lagerraum
R 012 Elektro
R 011 Aufzug
R 006 Umkleideraum
R 006a Wasch- und Duschraum
R 013 Beh.-WC
R 007 Lüftung und Hebeanlage
R 008a Wasch- und Duschraum
R 008 Umkleideraum
R 009a Lehrer- und Schiedsrichterraum
R 009b Lehrerraum
R 010 Sporthalle
R 010a Geräteraum
Rampe 6 %
Sportbereich
GRUNDSCHULE DER JÜDISCHEN GEMEINDE
Grundriss UG

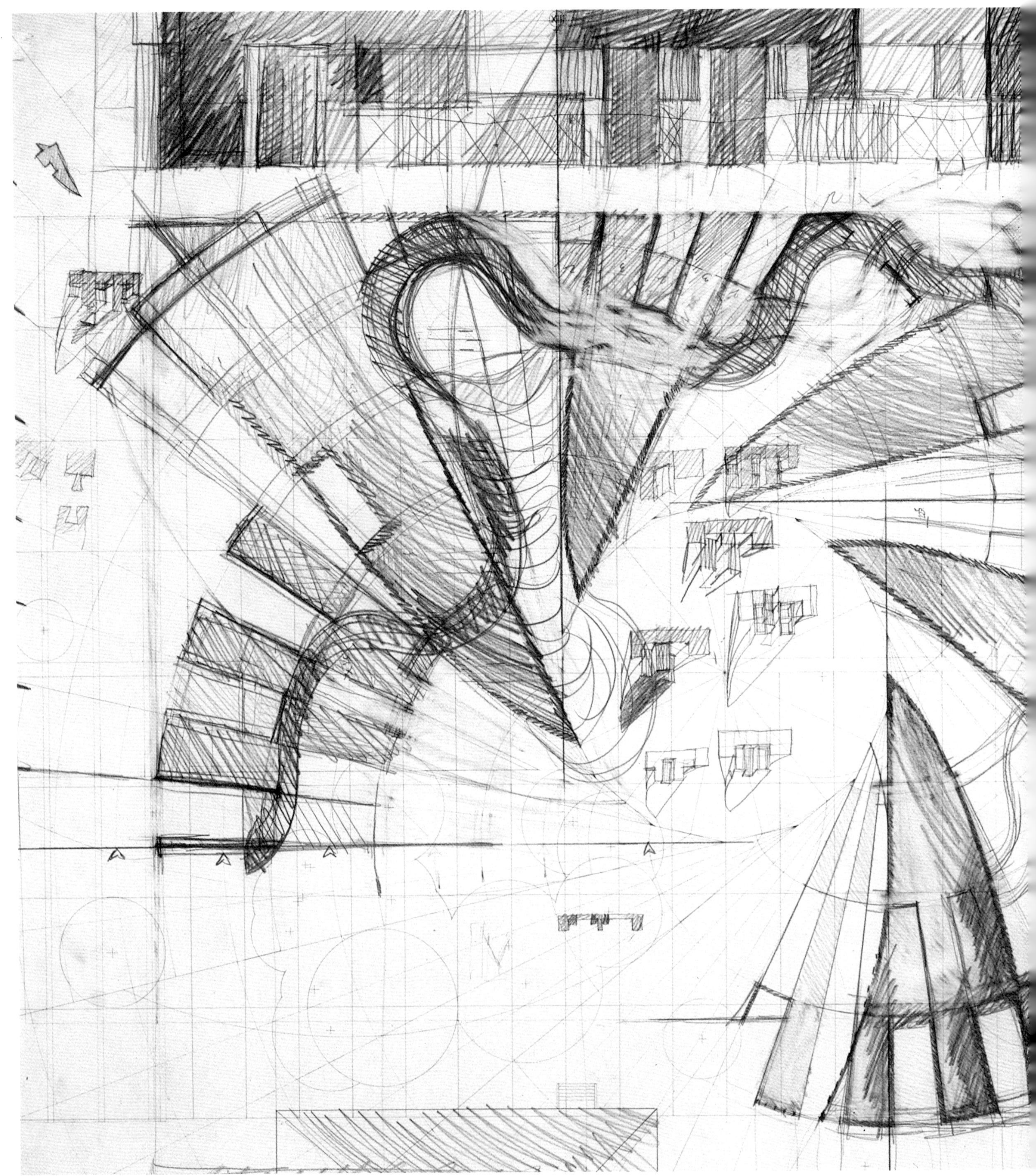

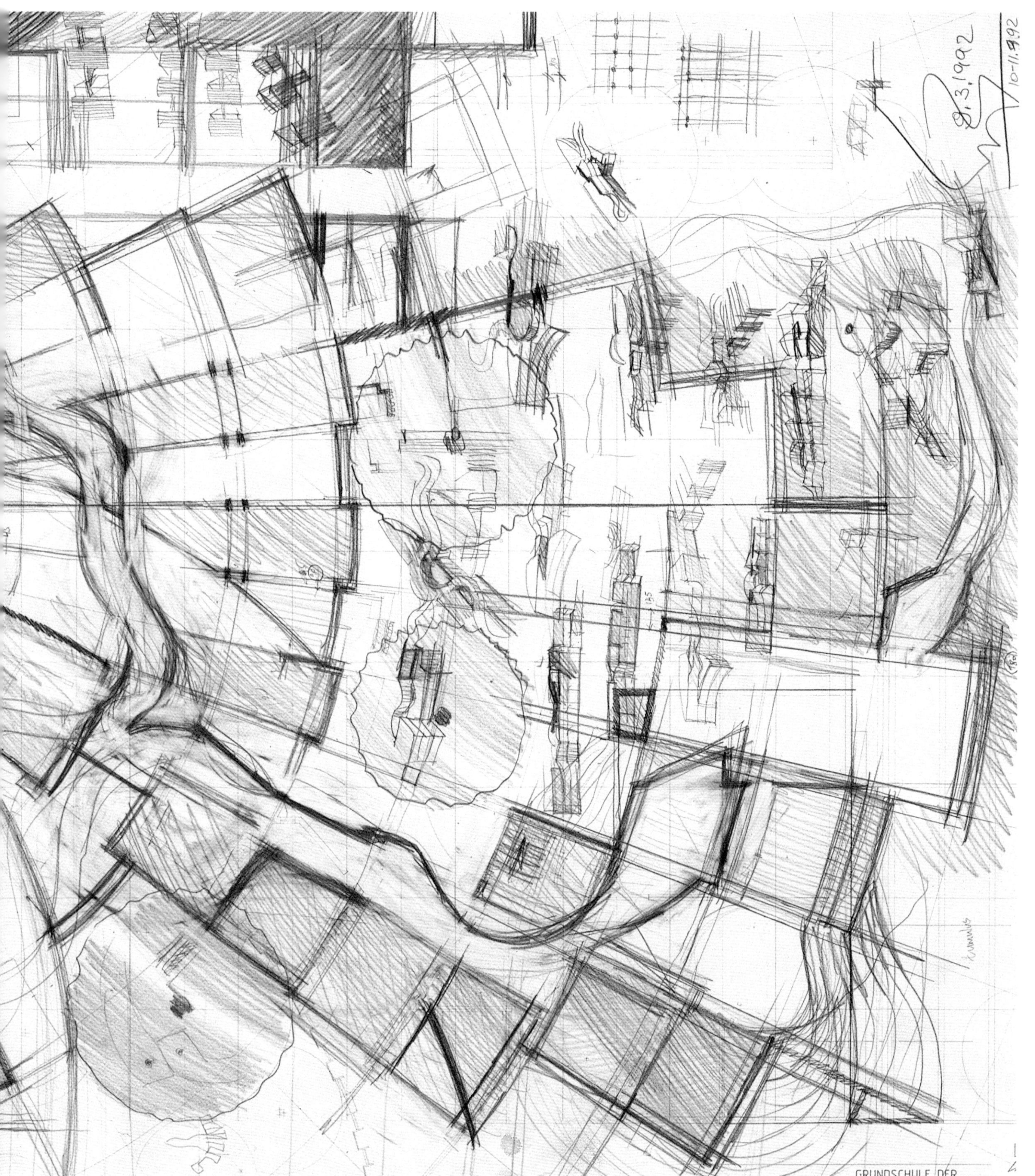

8.3.1992
10-11.9.92
GRUNDSCHULE DER

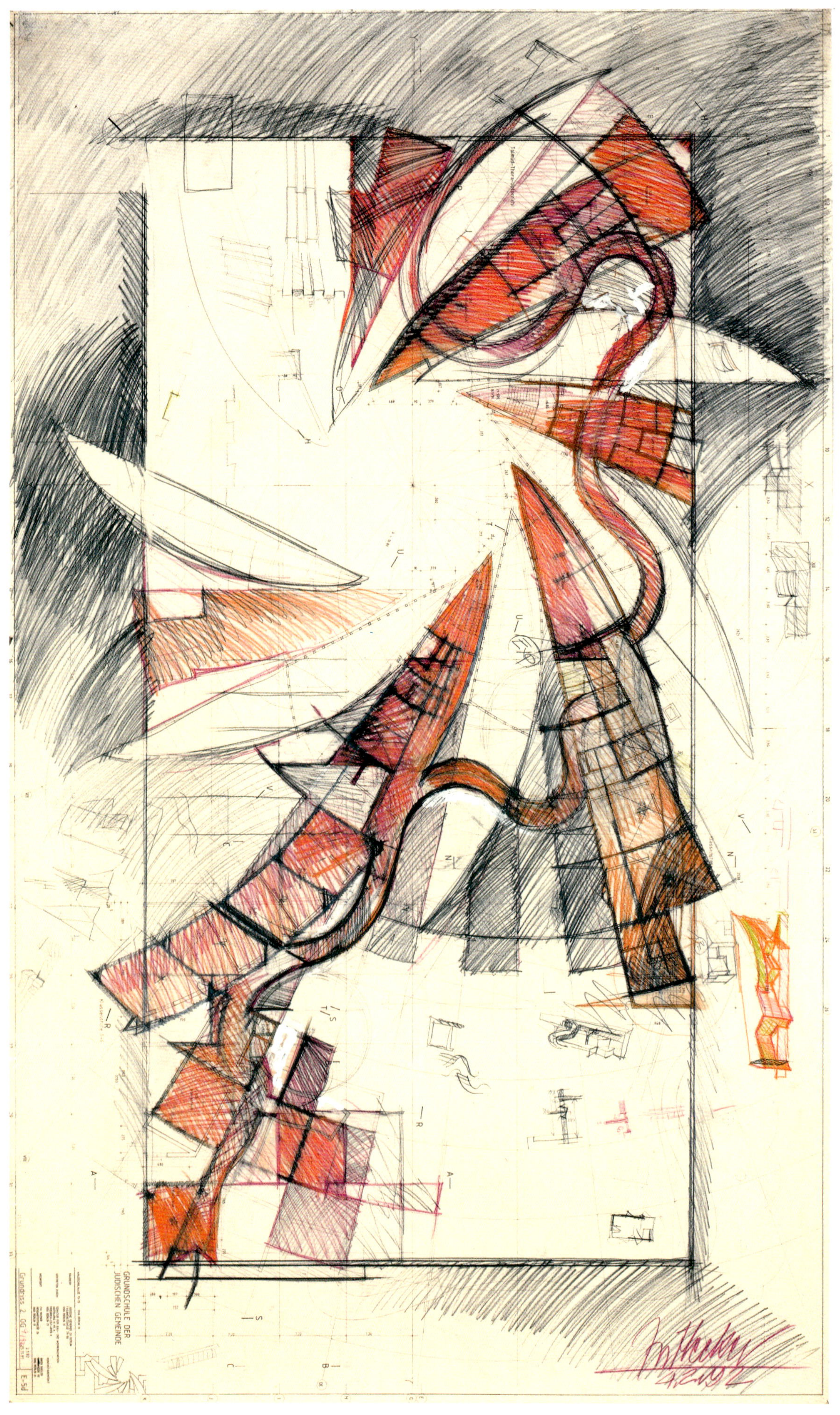

GRUNDSCHULE DER
JÜDISCHEN GEMEINDE

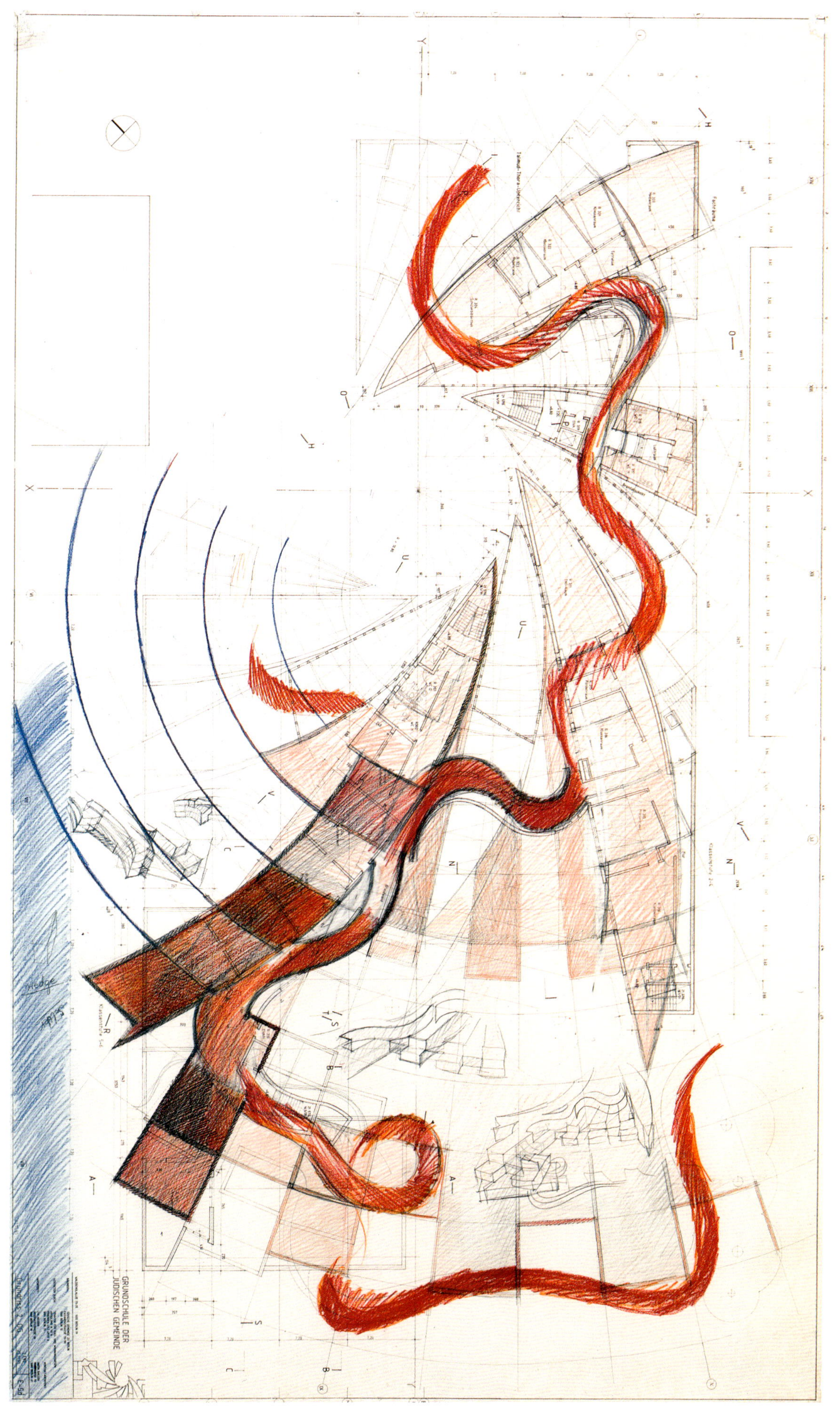

GRUNDSCHULE DER
JÜDISCHEN GEMEINDE

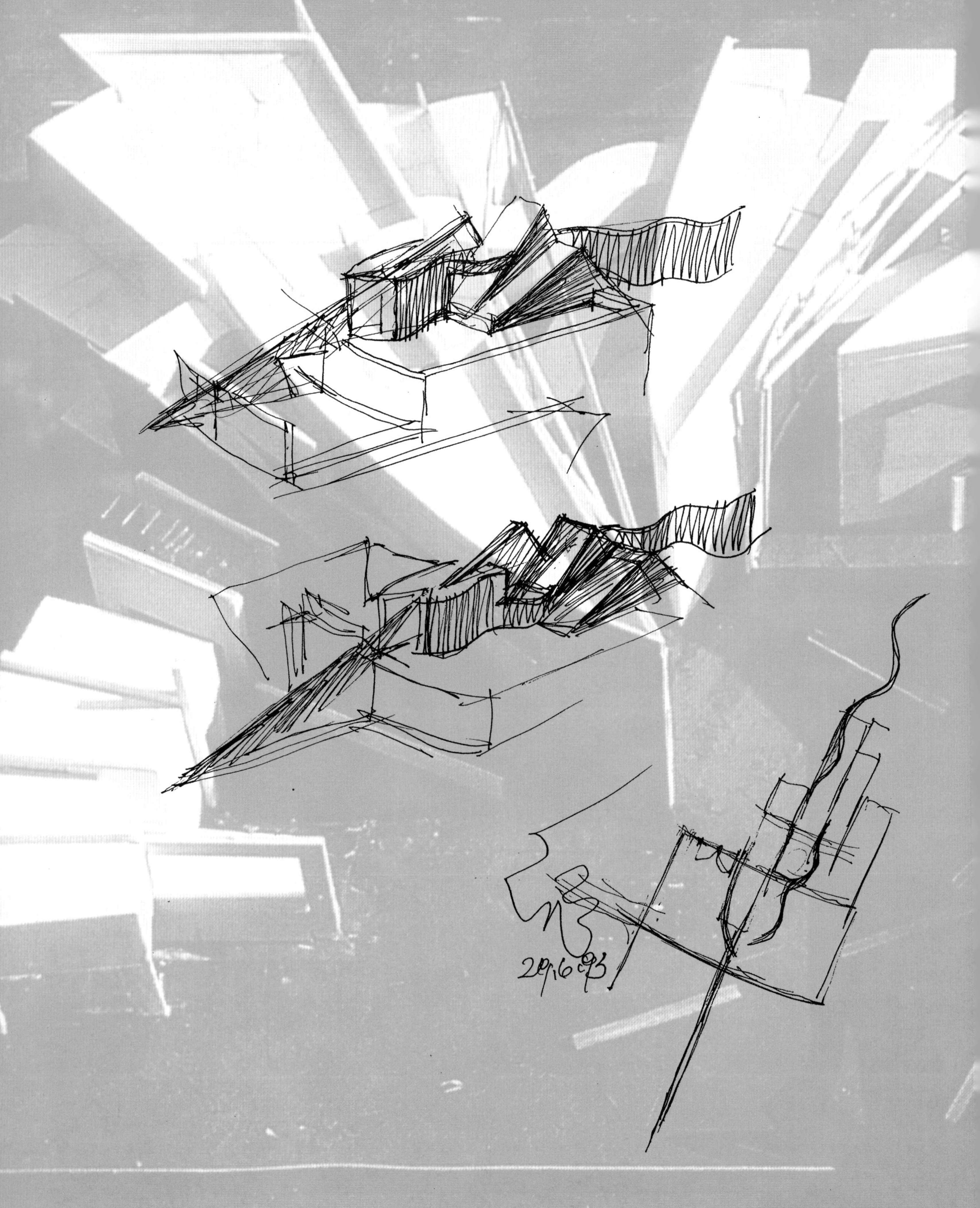

2016 93

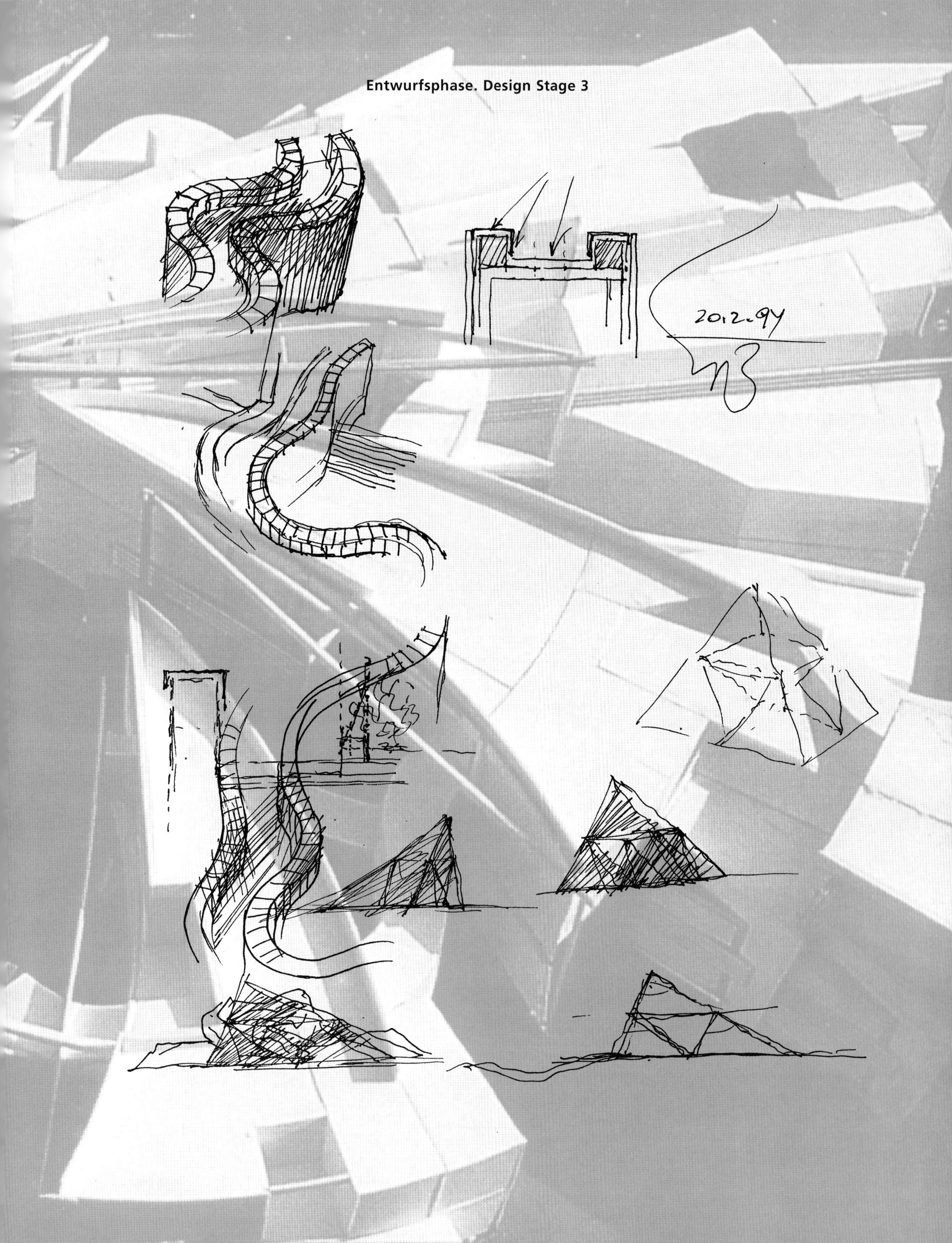

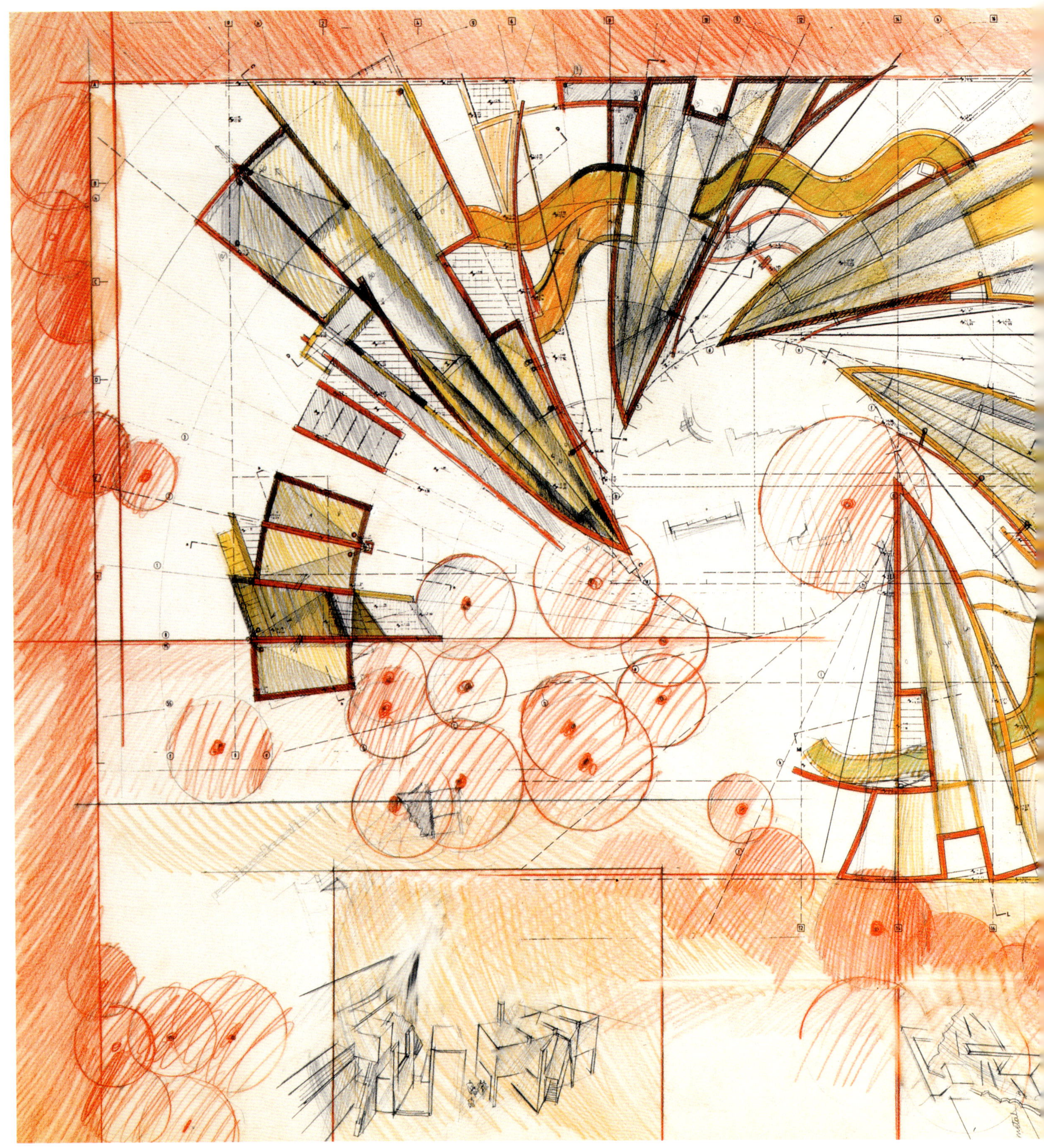

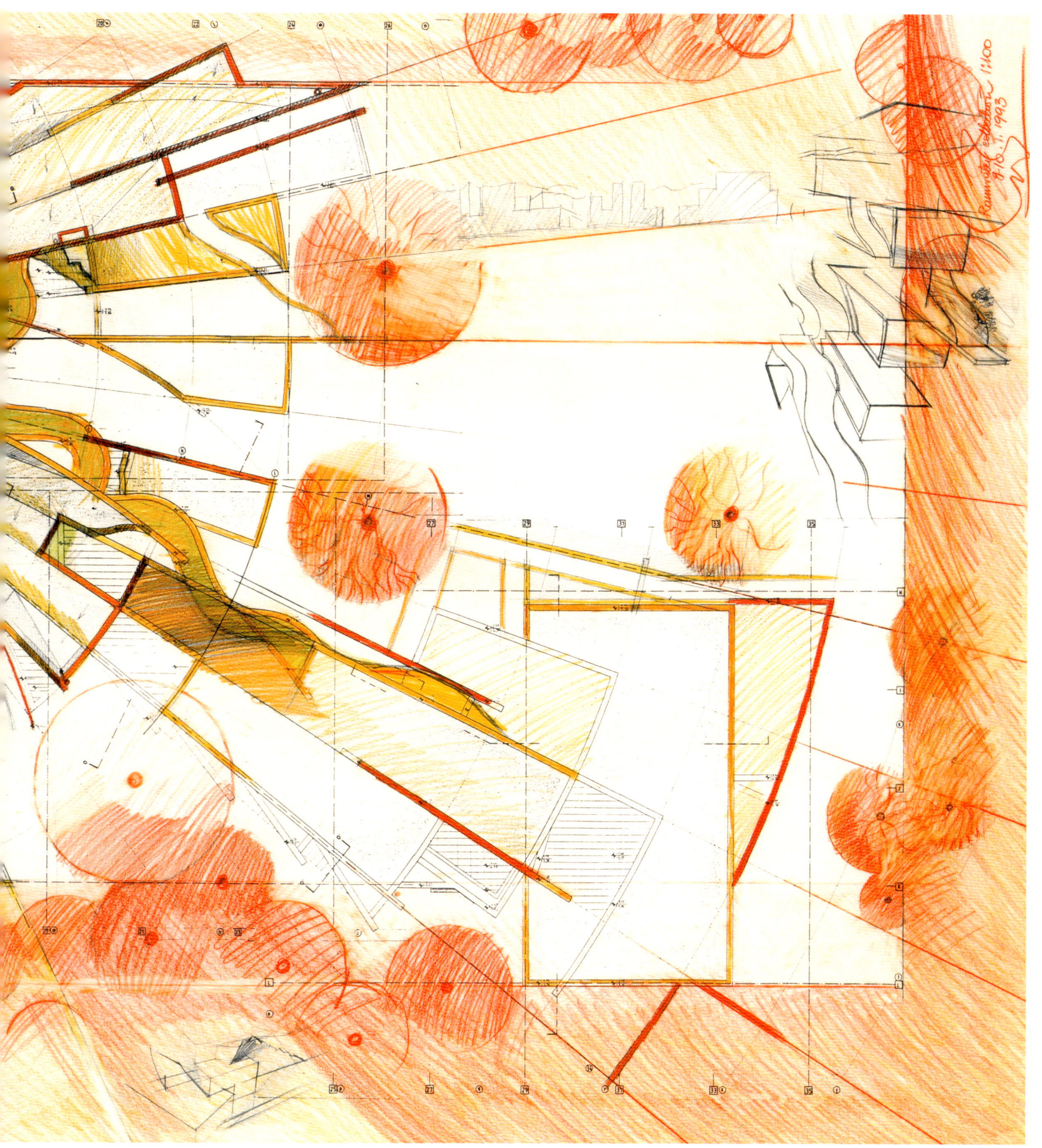

Raumordnung Ästhetisierung 1:100
8-10-1. 1993

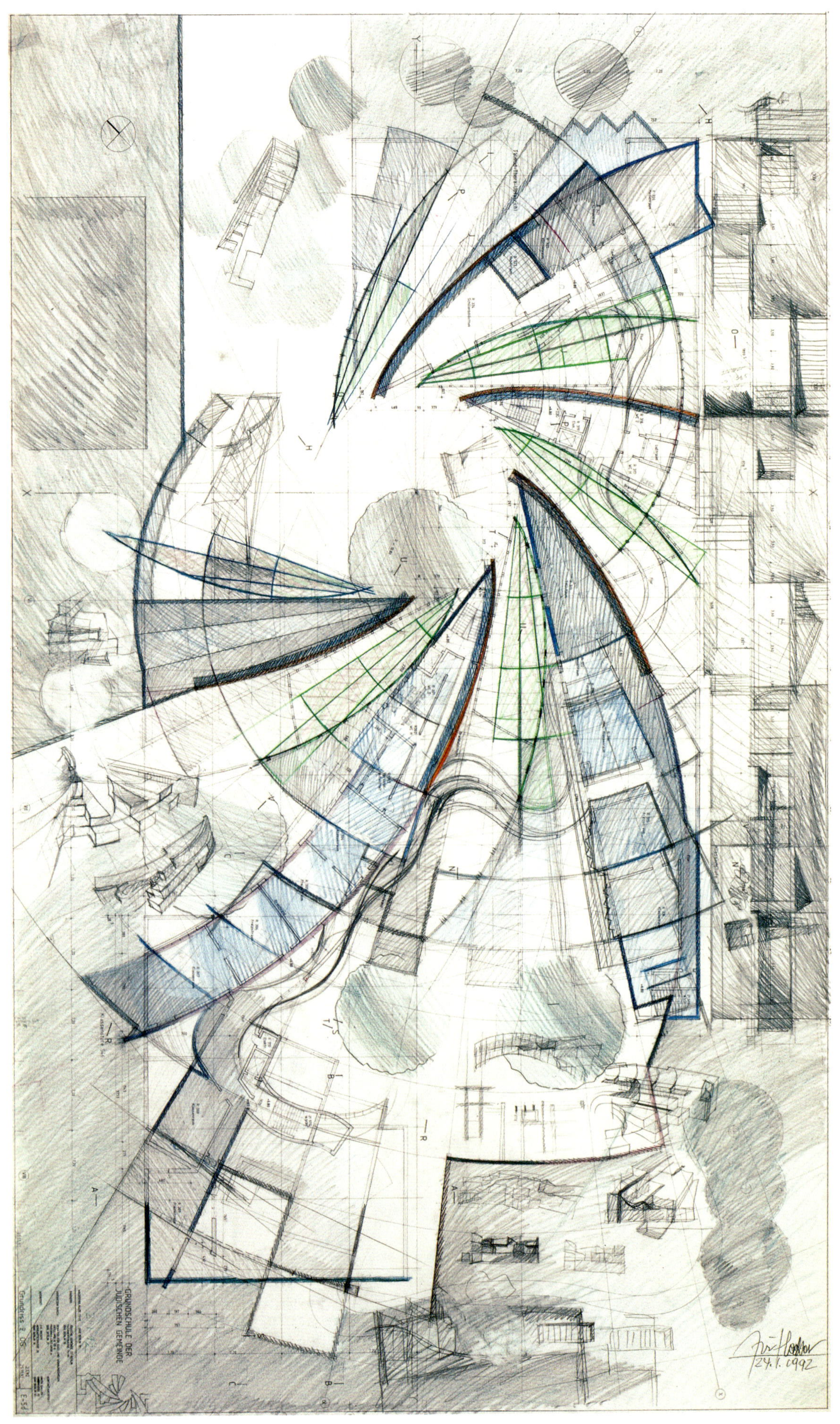

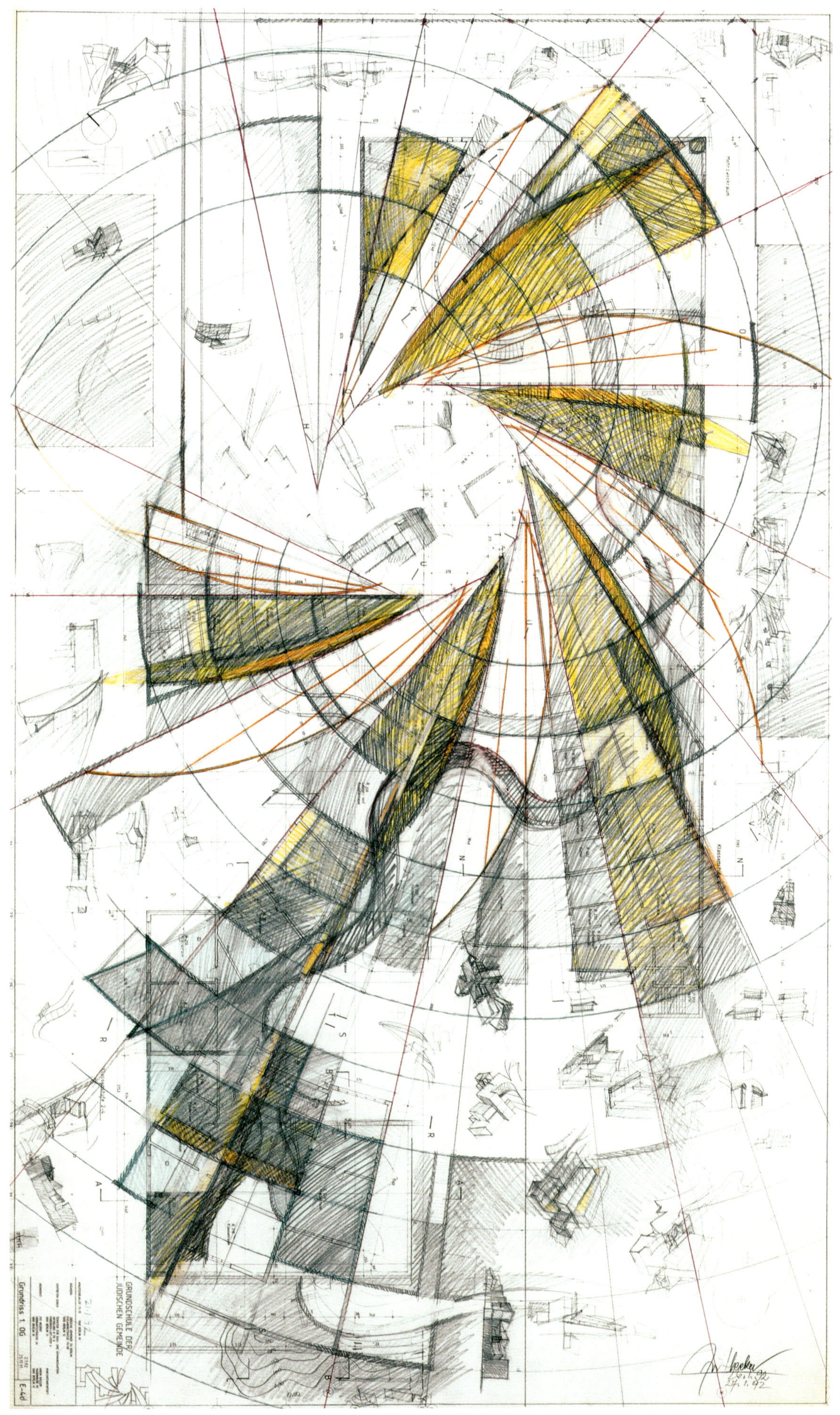

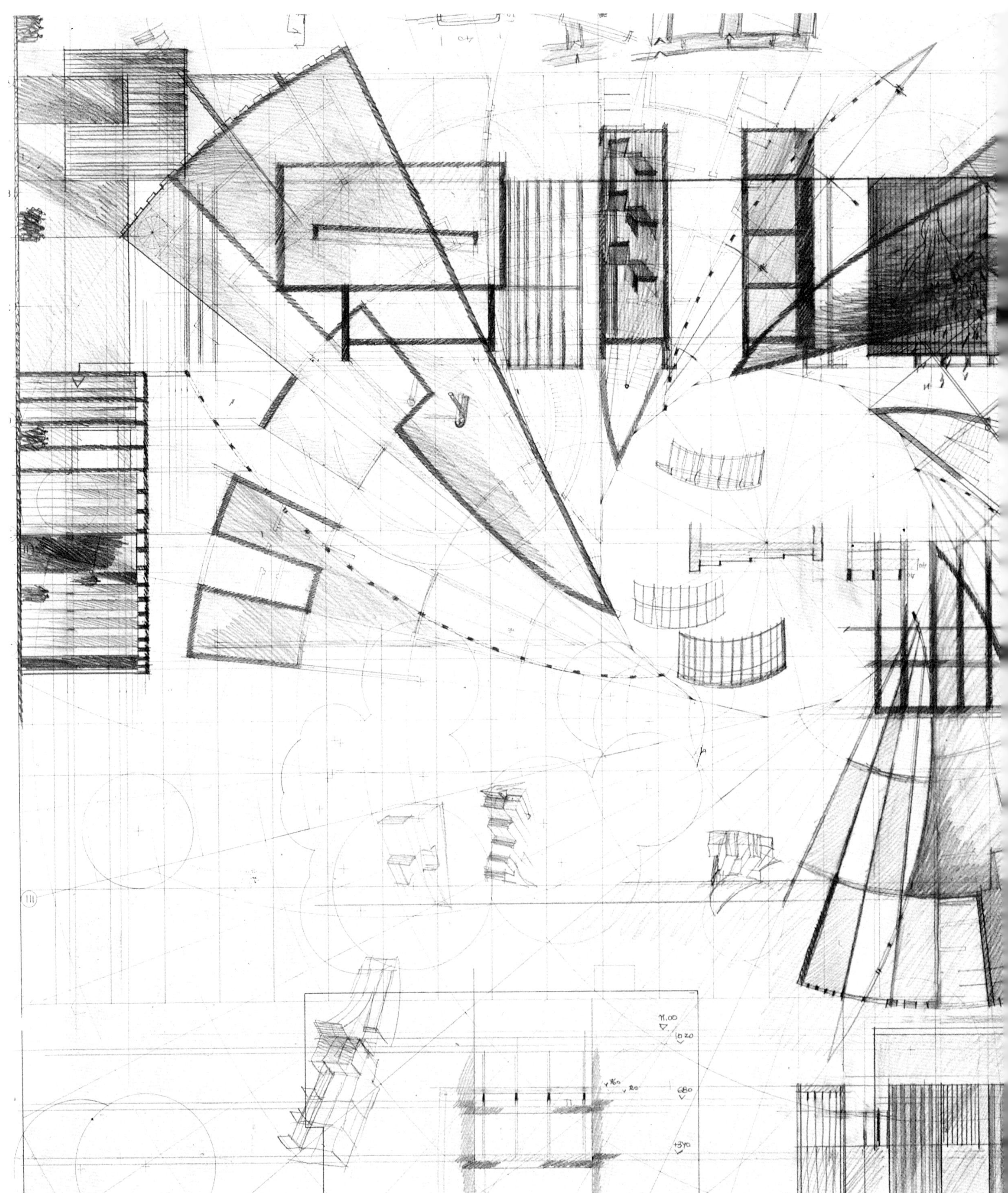

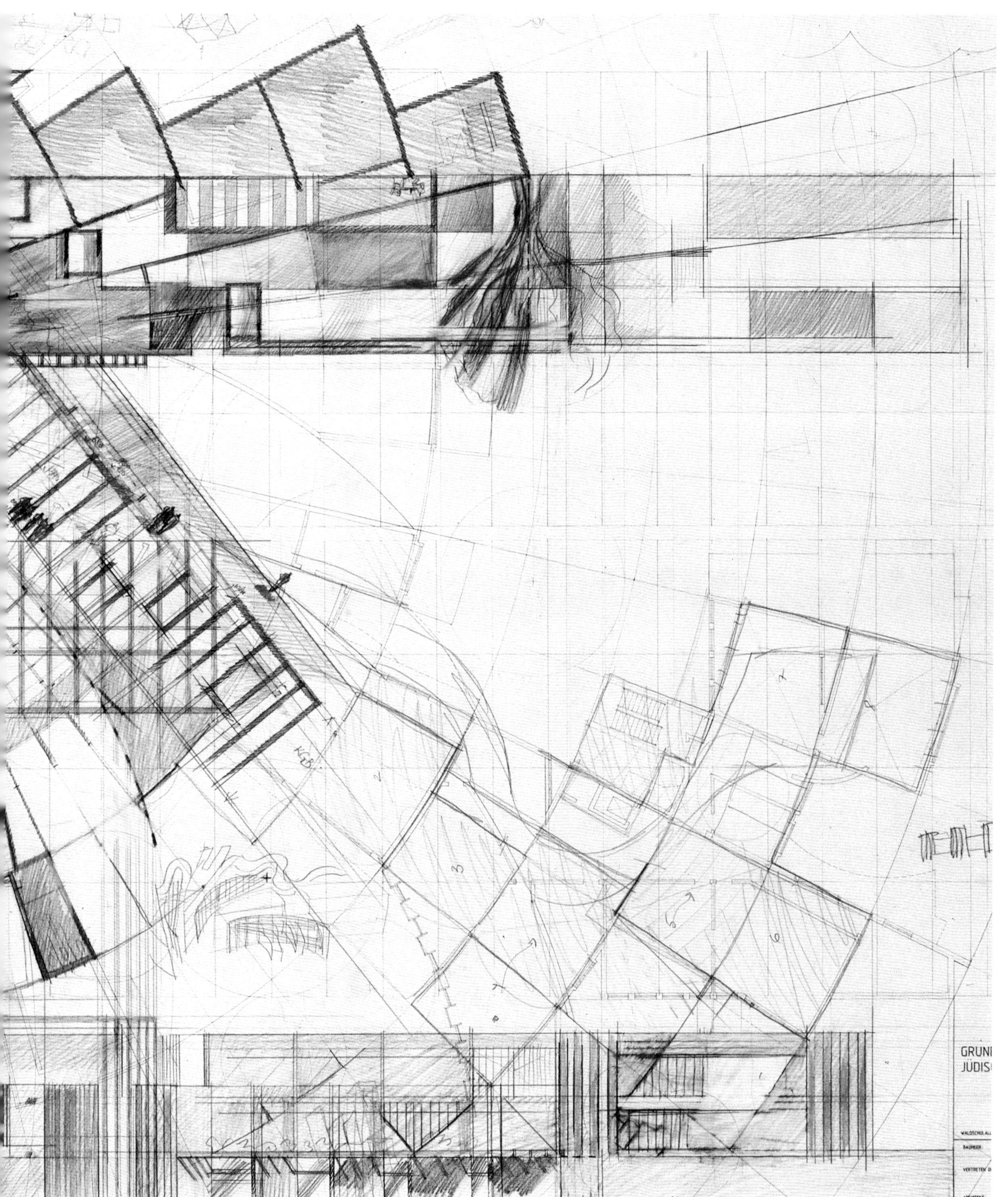

GRUN
JÜDIS

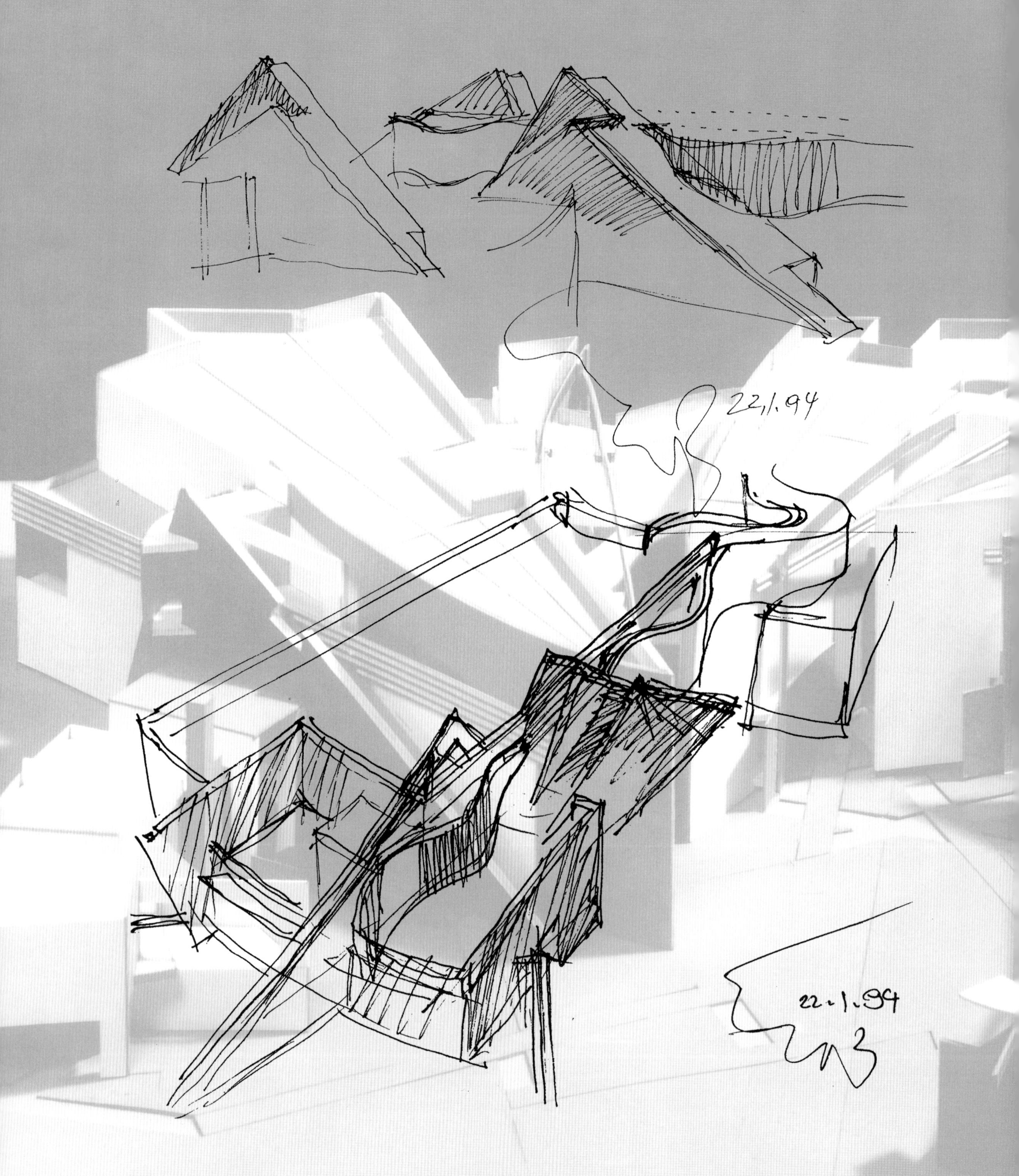

22.1.94
22.1.94

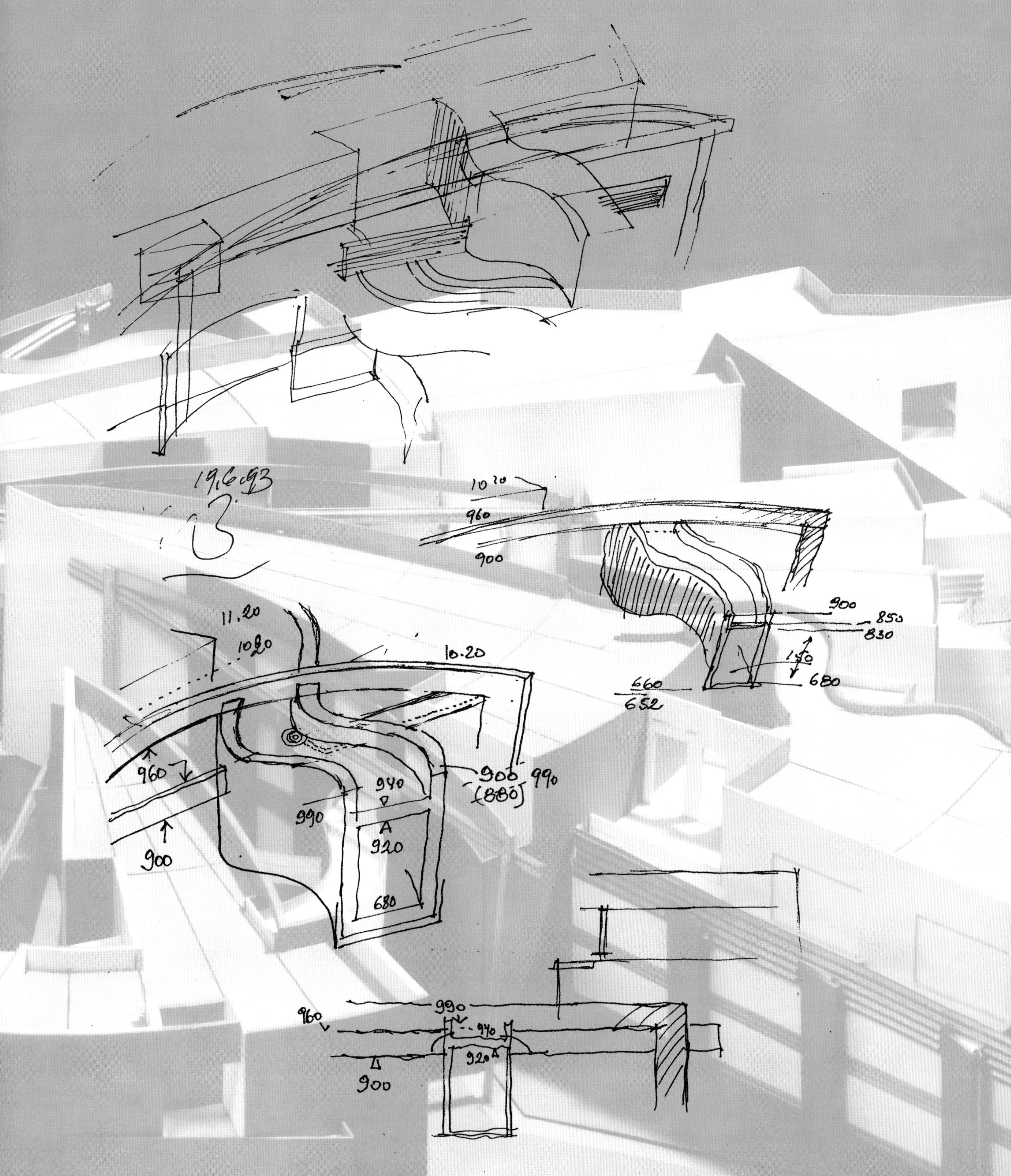

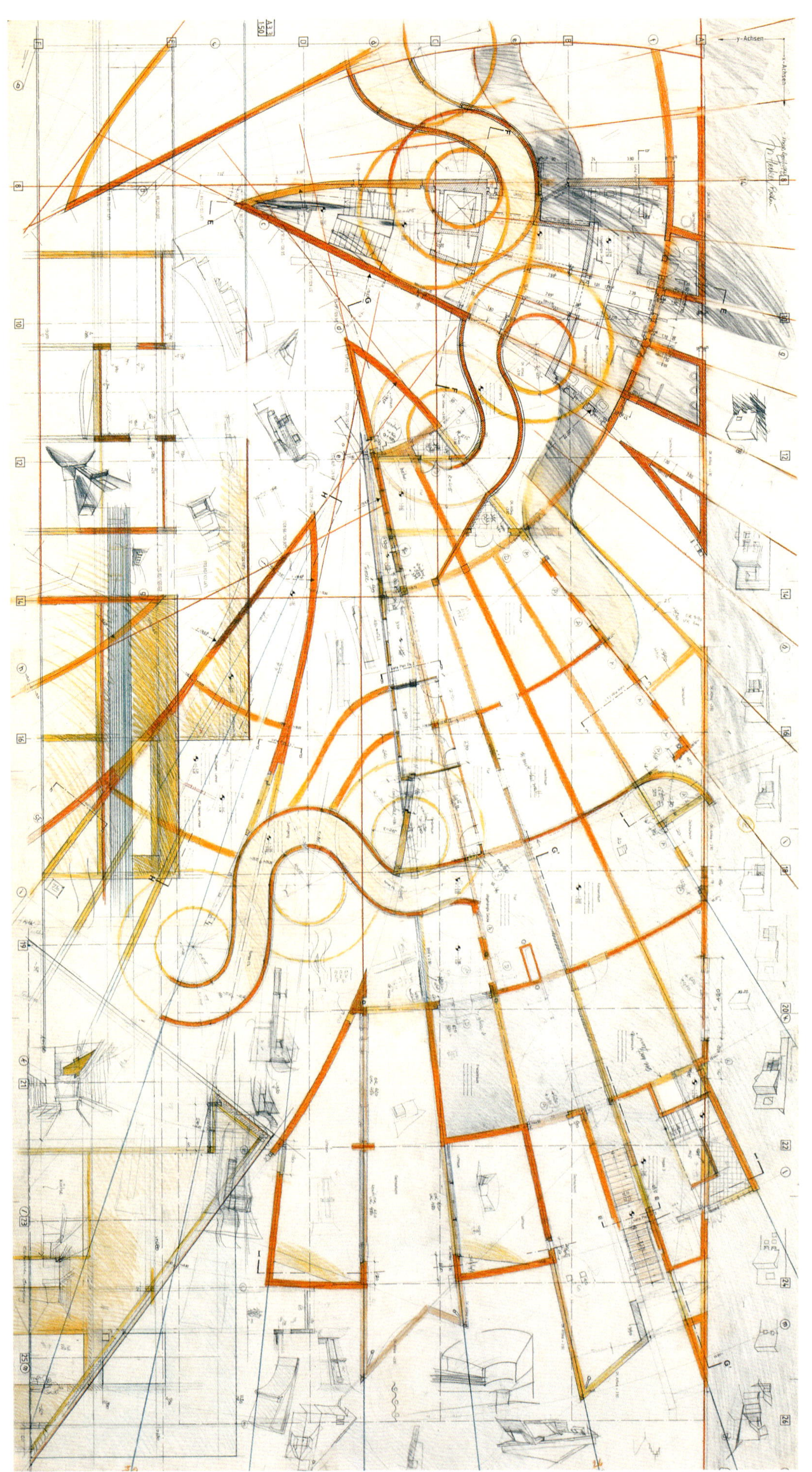

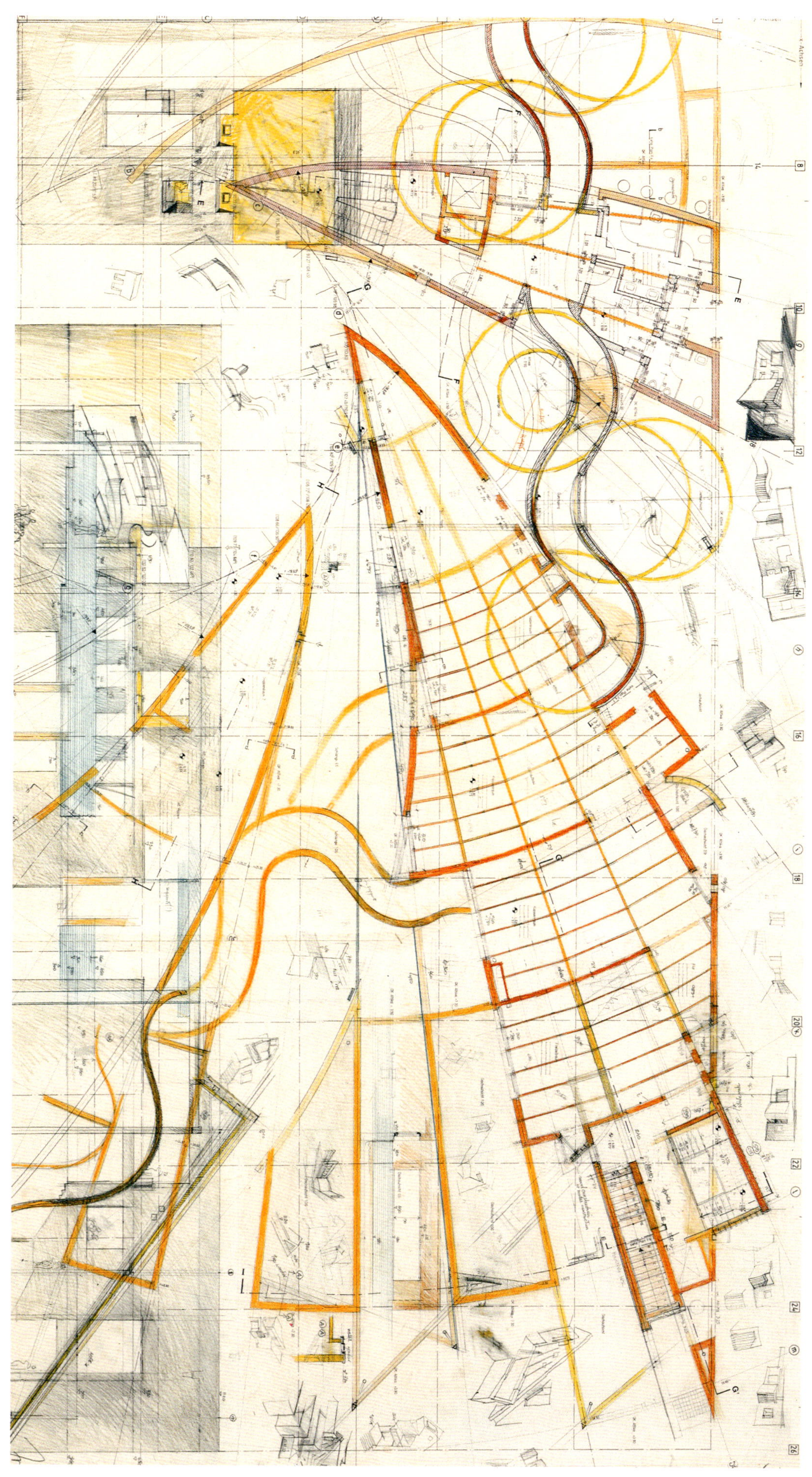

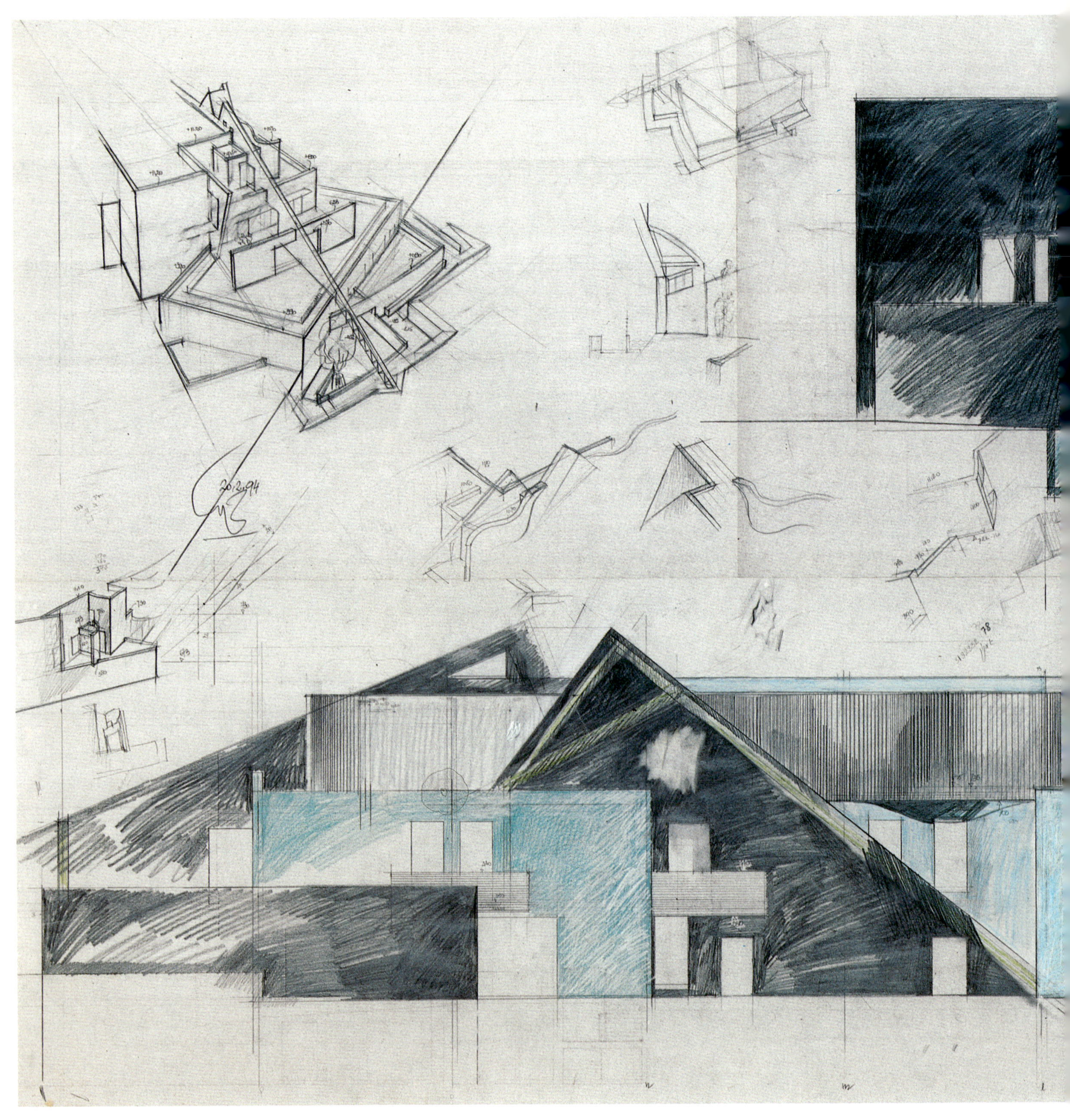

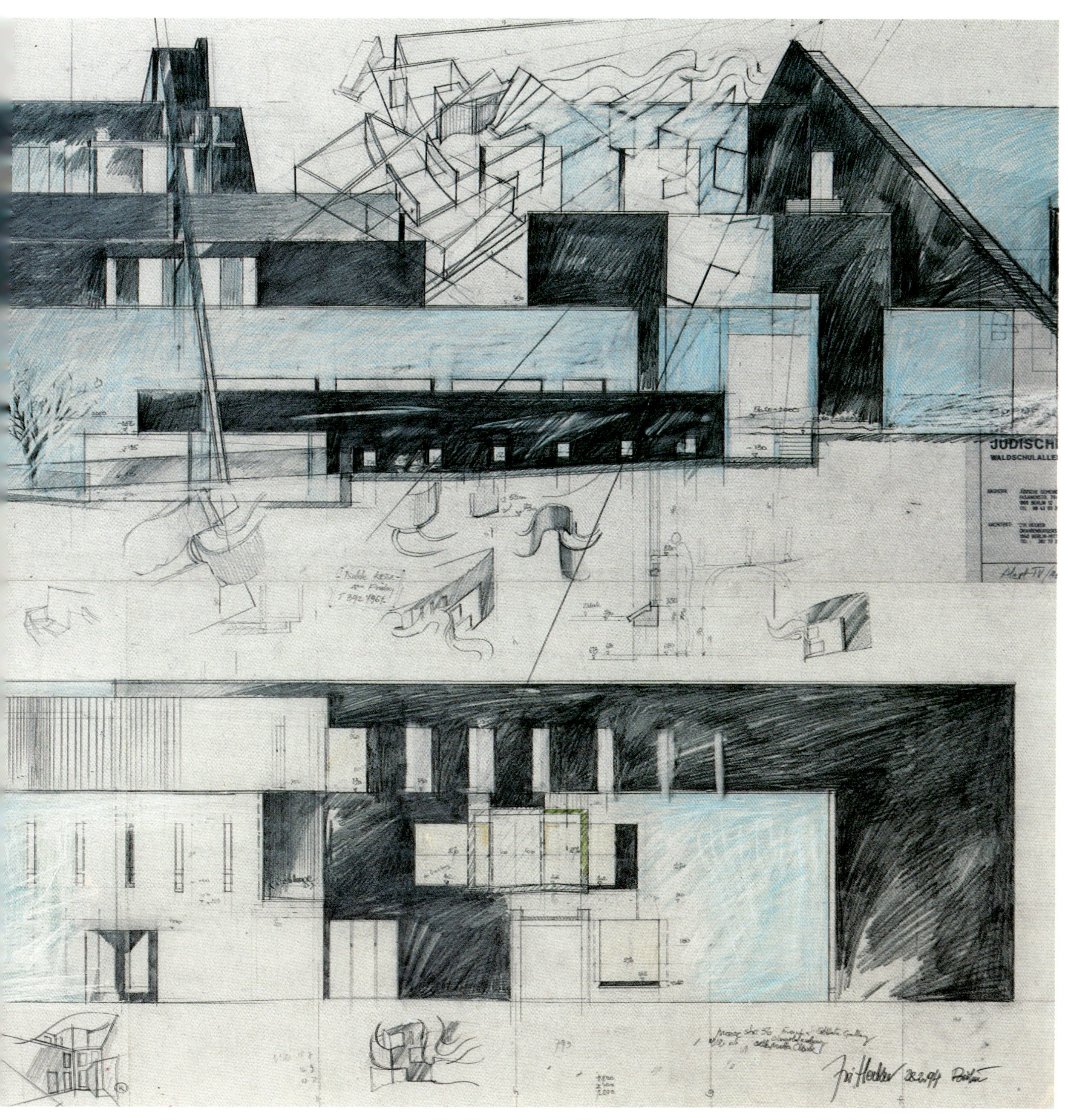

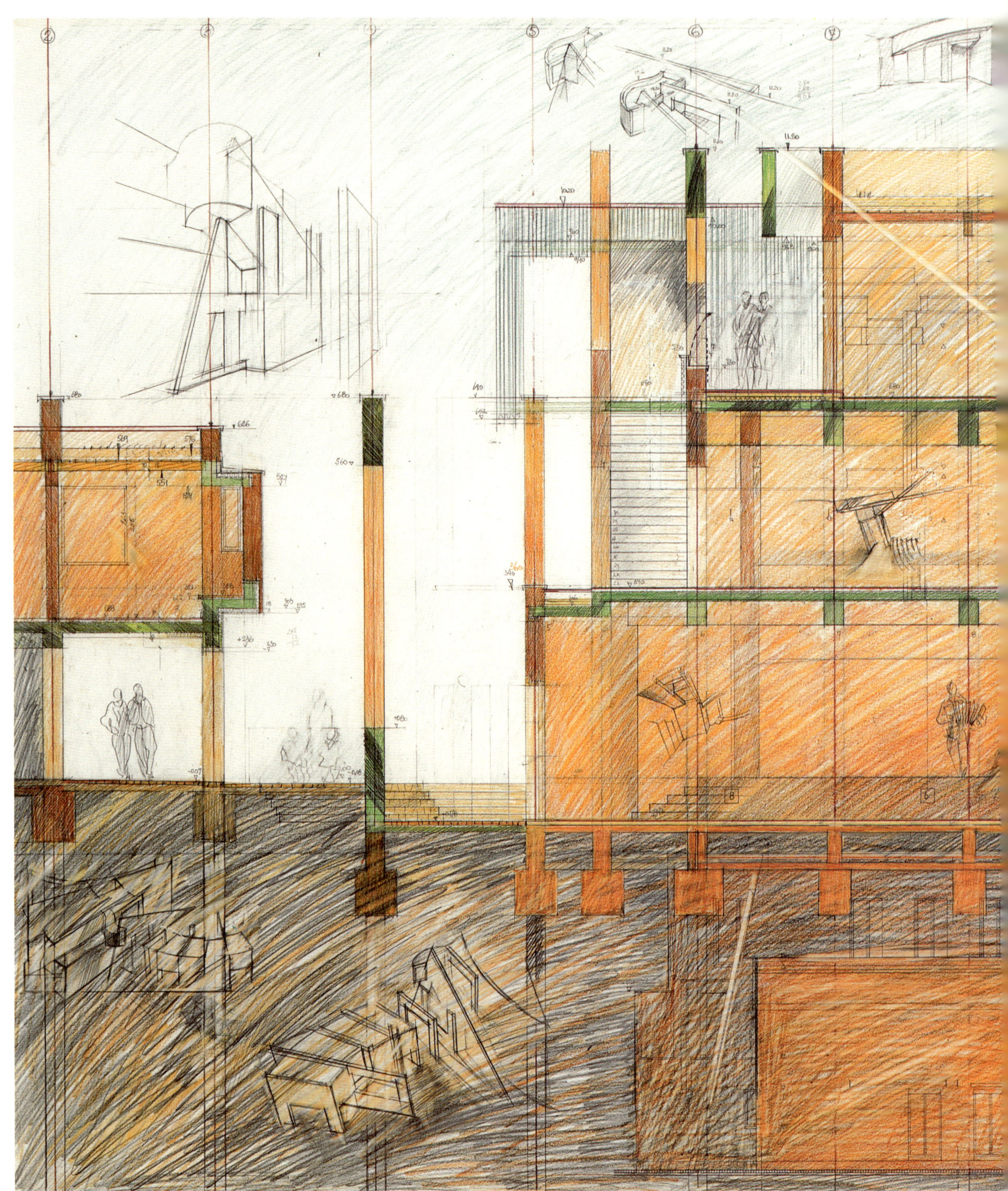

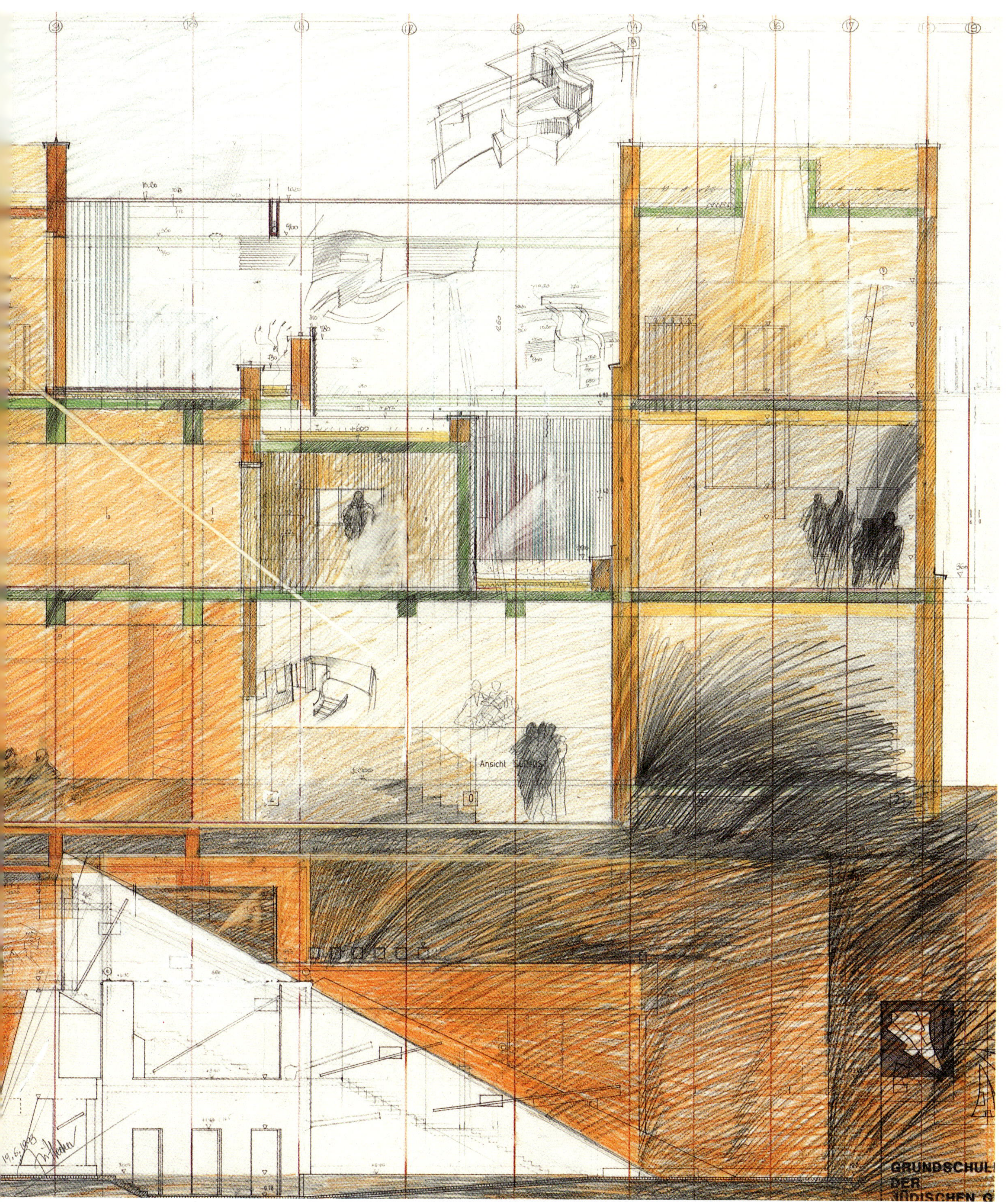

Ansicht SÜDOST
GRUNDSCHULE
DER
JÜDISCHEN G

»Funktionalismus und Schönheit leben hier sozusagen in gegenseitiger Abhängigkeit… glücklich der Künstler, Schriftsteller, Wissenschaftler, Soziologe, der die Erneuerung will, aber der Mode der Zeit nicht opfert – weder heute noch morgen –, der nicht vergißt, daß das Neue die ewigen und begründeten Bedürfnisse des Menschen nicht ausschließen darf. Eines Tages werden sich alle Vernachlässigungen rächen.«

Amédée Ozenfant schrieb das nicht 1995 über die neue Heinz-Galinski-Schule von Zvi Hecker in der Waldschulallee in Berlin, sondern 1932 über das »Haus am Rupenhorn« von Erich Mendelsohn, einem der berühmtesten Architekten Berlins. Mendelsohn muß 1933 nach England auswandern und übersiedelt 1935 nach Jerusalem. Dort überträgt er nicht einfach die in Berlin geprägten Bauformen, er integriert sie durch das Hineinnehmen von lokalen Details und Baumaterialien in die neue Umgebung von Jerusalem und Haifa. Zvi Hecker wird von Erich Mendelsohns Bauten während seiner Studienzeit am Technion tief beeinflußt.

Einflüsse und Wirkungsgeschichten haben etwas Ephemeres. In den Metamorphosen spürt man nur noch ihren Hauch. Man läßt sich anrühren von dem Vergangenen, noch Vorhandenen, das da, so aufregend verwandelt, neu auf einen zukommt. Zvi Hecker baut nicht wie Erich Mendelsohn, aber er bedenkt die »ewigen und begründeten Bedürfnisse des Menschen«. Die Heinz-Galinski-Schule ist kein Wohnhaus wie das »Haus am Rupenhorn«, sondern das erste neu errichtete Schulgebäude für eine jüdische Schule nach der Shoa in Deutschland.

Erziehung ist, so steht es im Lexikon zu lesen, »ein Prozeß, in dem das Individuum Wissen oder innere Einsichten gewinnen kann, Verhaltensweisen und Fähigkeiten erwirbt.« Welchen Prozeß werden die jungen Menschen wohl in den nächsten Jahren in dieser ihrer neuen Schule durchlaufen? Leben heißt immer auch, Einflüssen ausgesetzt zu sein, heißt auch, selber zu reflektieren und zu reagieren.

Philosophen und Sozialwissenschaftler beschäftigen sich mit dem Menschen als einem sozialen Wesen, mit seiner Identität, seinen Fähigkeiten und den verschiedenen Möglichkeiten, im Verbund mit anderen zu leben. Künstler und Architekten bringen die »vierte Dimension, das Unbekannte, ohne das es das Bekannte

nicht gäbe, die künstlerische Seite des Lebens« wie Gaston de Pawlowski in »Die 4. Dimension« schreibt.

Dies sind alles Komponenten, die in Erziehung mit einfließen. Die verschiedenen Theorien über das, was Erziehung vermag oder vermögen sollte, reflektieren die Postulate und Werte, die der jeweiligen Gesellschaft zugrundeliegen.

Dies gilt vornehmlich auch für die jüdische Erziehung. Religiöse Erziehung, der Erwerb von Fähigkeiten und soziales Verhalten waren immer eng miteinander verknüpft. Gruppenverhalten und Verhalten des einzelnen werden durch Erinnern, Erkennen des Willens Gottes in der Geschichte, durch Weitergabe der Gesetze und durch ihre Befolgung tief geprägt. Die Gebote sollen befolgt, im Studium der Texte soll ihr tieferer Sinn erkannt werden. Schon in der frühen Kindheit beginnt ein Konzept des Lernens. Es begleitet das tägliche Leben und endet erst mit dem Tod.

Lernen soll im Kantschen Sinne Selbstzweck sein und nicht der Erlangung eines besonderen sozialen Status dienen (Joshua 1:8).

Wir würden heute sagen, die Erziehung folgt einem ganzheitlichen Ansatz. Praxis und Theorie sollen eine Einheit bilden, die die Gesellschaft und den individuellen Menschen im beispielhaften Zusammenleben zu menschlicher Vervollkommnung hin formen.

Franz Rosenzweig wird 1862, zwanzig Jahre vor Erich Mendelsohn, in Kassel geboren. Er schreibt in seinem Buch »Stern der Erlösung«: »Der jüdische Mensch erfüllt die unendlichen Bräuche und Vorschriften zur Einigung des heiligen Gottes und seiner Schechina. Jede seiner Taten, jede Erfüllung eines Gesetzes vollbringt ein Stück dieser Einigung. Diese Einheit ist Werden zur Einheit und in die Hände des Menschen gelegt.« Für den Philosophen Franz Rosenzweig ist Gott Wahrheit.

In Deutschland entfaltet sich im Mittelalter unter dem Schutz Heinrichs IV (1074) und des Erzbischofs von Speyer, trotz der bitteren Verfolgungen während der Kreuzzüge, das aschkenasische Judentum, dem Franz Rosenzweig und Erich Mendelsohn später entstammen. Im 16. und 17. Jahrhundert verringert sich wegen der Verfolgungen die Anzahl der Juden so drastisch, daß es zum Verfall des kulturellen Wissens und der jüdischen Erziehung kommt. Auch in die Fischerdörfer Cölln und Berlin ziehen die ersten Juden im Mittelalter. Die Auf-

»It is here that functionalism and beauty manifest themselves in mutual dependency, as it were … how happy the artist, writer, scientist, sociologist who strives for renewal without prostrating himself before the fashion of the time – neither today nor tomorrow –, who does not forget that the new must never ignore the eternal and well-founded human needs. There will come a time when we shall have to pay for all that we have neglected.«

Thus Amedée Ozenfant – writing not about Zvi Hecker's new Heinz-Galinski-School at Waldschulallee in Berlin in 1995 but about the famous »Haus am Rupenhorn« by Erich Mendelsohn, one of the greatest Berlin architects, in 1932). Mendelsohn is forced to go into exile in England in 1933 and moves to Jerusalem in 1935. Working in Palestine, he does not simply continue to design buildings in the style that he developed in Berlin – he adapts to the new environment of Jerusalem and Haifa by incorporating into his work local details and materials.

Zvi Hecker is deeply influenced by Erich Mendelsohn's during his studies at the Technion.

Such influences and effects are inevitably ephemeral, manifesting themselves only as a trace in their metamorphoses. One feels the touch of what is still there, although it has long passed, coming back to us anew in an exciting new transformation. Zvi Hecker certainly does not design the same way as Erich Mendelsohn but he addresses »the eternal and still valid needs of human beings« just the same. And of course the Heinz-Galinski-School is not a residential building like the »Haus am Rupenhorn« but the first school building for a Jewish school to be built in Germany after the shoa.

The dictionary defines education as »the process by which the individual acquires knowledge and insight, abilities and certain forms of behavior.« What will the students at this new school experience in the next few years? To live is always a kind of process, is to be exposed to new influences which need to be reflected and responded to.

Philosophers and social scientists turn to human beings as social beings with a unique identity, with individual abilities, and with different ways of living in a group with others. Artists and architects explore the »fourth dimension, the unknown without which nothing would be known, the artistic side of life«, as Gaston de Pawlowski calls it in its article »the 4th dimension«.

All of these are components which enter into education. The different theories on what education can or should achieve always reflect the postulates and values on which a particular society is based.

This is especially true for jewish education. Religious education has always been closely linked with the acquisition of abilities and modes of social behavior. The behavior of groups and individuals is deeply influenced by remembering, by recognizing the manifestation of God's will in history, and by following His laws and passing them on. His commandments are to be followed, their deeper meaning found by studying the texts. The conception of learning begins in early childhood, continues throughout life and ends only in death.

Learning should be an end in itself in the Kantian sense and not aimed at gaining higher social status (cf. Joshua 1:8). Today we would say that education should follow a holistic approach. Theory and practice should be as one, shaping society and the individual through recognition of their interaction and aspiring to lead them to their fullest human potential.

Franz Rosenzweig was born in Kassel in 1862 – twenty years before Erich Mendelsohn. In his most important work entitled »Stern der Erlösung« he writes: »Jewish people practice the endless customs and rules in order to unify the holy God and his Shechina. Each of their deeds, each fulfillment of the law contributes to achieving this unification. This union will be formed in a process towards oneness that has been entrusted into the hands of man.« For the philosopher Franz Rosenzweig, God is the truth.

In medieval Germany, Ashkenazic Jewry, of which both Franz Rosenzweig and Erich Mendelsohn can trace their roots, begins to flourish under the protection of Henry IV (1074) and the archbishop of Speyer, in spite of the extensive persecution during the crusades. In the sixteenth and seventeenth centuries, however, their numbers are decimated dramatically, resulting in the decay of Jewish culture and Jewish education.

It was in the Middle Ages that the first Jews settled in the fishing villages of Cölln and Berlin. The admission of a number of wealthy Jews into the guilds under Prince Elector Joachim I in the Mark Brandenburg in

lehnung der Stände gegen die Zulassung einiger begüterter Juden in ihre Zünfte durch den Kurfürsten Joachim I im Jahre 1510 führt in der Mark Brandenburg zu Pogromen und zur Vertreibung der Juden im Jahre 1573.

Erst hundert Jahre später, nachdem der Dreißigjährige Krieg die Bevölkerung der Mark Brandenburg erheblich dezimiert hat, wird 1671 fünfzig begüterten jüdischen Familien aus Wien von Kurfürst Friedrich Wilhelm von Brandenburg der Zuzug nach Berlin gestattet.

Der Status und das Selbstverständnis der deutschen Juden ändern sich durch die aufklärerischen Ideale, die durch den Code Napoleon nach Deutschland einfließen, und durch die sozialen Veränderungen, die im Zuge der industriellen Revolution erfolgen.

Das zeigt sich an gewandelten Erziehungsformen und -idealen. Die bedeutenden Persönlichkeiten der jüdischen Gemeinschaft, unter ihnen Moses Mendelssohn, David Friedländer und Daniel Itzig, befassen sich mit jüdischer Erziehung und Reformen innerhalb des Kultus, die sie beide als Voraussetzung für ihre Emanzipation in die bürgerliche deutsche Gesellschaft sehen.

Moses Mendelssohn, einer der großen Philosophen der Aufklärung und orthodoxer Jude, übersetzt den Tanach in die deutsche Sprache, wobei er hebräische Buchstaben benutzt. Durch den korrekten Spracherwerb der deutschen Sprache soll den Juden die Emanzipation in die deutsche Gesellschaft erleichtert werden. Im Biur, einem Kommentar zum Tanach, wirbt Mendelssohn aber auch für die Wiederbelebung des Verständnisses der heiligen Schriften.

Er lehrt, die Offenbarung am Berge Sinai habe für das Volk zur Gesetzgebung, zur Befolgung einer bestimmten Art des Zusammenlebens stattgefunden, der Glaubensakt selbst aber sei dem Individuum vorbehalten. Damit umgeht er die erbitterte Auseinandersetzung zwischen der Haskala, der jüdischen Aufklärung, und der offenbarten Religion, untergräbt aber das Glaubensfundament, auf dem die Erhaltung der jüdischen Tradition in einer offenen Gesellschaft ruht.

Der zu seinem engeren Kreis gehörende David Friedländer (1750-1834) vertritt in späteren Jahren, als er sowohl unbesoldeter Stadtrat als auch in der Gemeindeführung tätig ist, eine rein assimilatorische Reformbewegung. Er will den hebräischen Elementarunterricht abschaffen. Jüdische Kinder sollen in staatliche Schulen eingegliedert werden. In der Synagoge soll deutsch, nicht hebräisch gebetet werden, Passagen in den Gebetsbüchern, die an die nationale jüdische Vergangenheit erinnern, sollen getilgt werden.

Die großen Reformer wie Abraham Geiger (1810-1874) und Leopold Zunz (1794-1886) wollen in der Auseinandersetzung mit der Lehre und der Aufklärung die Halacha von innen heraus und von da Kultus und Erziehungsziele reformieren. Eine ganz andere Reformbewegung vertritt Samson Raphael Hirsch (1808-1888). Seine Neunzehn Briefe über das Judentum vermitteln Skeptikern und Zweiflern den inneren Geist der jüdischen Orthodoxie. Sein Ideal ist eine Verknüpfung moderner Erziehung mit talmudischer Weisheit – der aufgeklärte Jude, der dennoch die Torah befolgt und sich mit seiner Umwelt auseinandersetzt. Die Befolgung eines Gebots soll nicht nur aus Pflichtbewußtsein erfolgen, sondern aus dem Verständnis für den religiösen, ethischen Gedanken, der in symbolischer Form durch dieses Gebot repräsentiert wird. Für Hirsch repräsentieren alle Gebote trotz ihrer Vielfalt den Geist der Einheit. Sie können auf drei Grundprinzipien zurückgeführt werden: Gerechtigkeit, Liebe, Erziehung der eigenen Persönlichkeit und der der anderen. Es ist eine Rückbesinnung auf die Verknüpfung von Theorie und Praxis auf der Glaubensgrundlage der Offenbarung am Sinai.

Zu den Positionen der Reformer und der Neo-Orthodoxie kommt die der frühen Zionisten um 1860. Alle drei Positionen nähren sich aus den Gedanken und der Auseinandersetzung mit der Aufklärung und Moses Mendelssohn. Die rationalistische, aufklärerische Komponente führt zur Transition vom traditionellen Wunder-Messianismus zu einem bevorstehenden realistischen Messianismus. Der Zionismus wird als Lösung des zunehmenden Konflikts zwischen Reform und Orthodoxie verstanden. Im frühen Zionismus konnte der Glaubensakt des Individuums wieder mit der Lebensführung der Gemeinschaft zu nationaler Einheit zusammenfallen. Solange der Kampf um die politischen Bürgerrechte andauerte, fand der Zionismus bei den deutschen Juden kaum ein Echo. Die Idee einer »Jüdischen Nation« wurde vor allem von den Antisemiten dazu mißbraucht, Juden die Bürgerrechte zu verweigern.

1510 meets the guilds' opposition to protest and results in pogroms, persecution and expatriation of the Jews in 1573. It is only in 1671, almost a hundred years later, that Prince Elector Friedrich Wilhelm of Brandenburg permits fifty wealthy Jewish families from Vienna to move to Berlin, as the population of the Mark Brandenburg had been decimated in the Thirty Years War.

The status of German Jews, and with it their self-image, is influenced by the ideals of enlightenment entering into Germany in the wake of the Code Napoleon and by the social changes brought on by the industrial revolution. This development leads to new forms of education and new ideals. The leading personalities in the Jewish community, among them Moses Mendelssohn, David Friedländer and Daniel Itzig, turn their efforts to reforming both Jewish education and the religious liturgy and rites which they regard as the first step towards emancipation and integration into German society.

Moses Mendelssohn, an orthodox Jew and one of the great philosophers of the Age of Enlightenment, translates the Tanach into German, continuing to use Hebrew letters. Learning the German language in this way is seen as an important step toward emancipation. In his Biur, a commentary on the Tanach, he also argues for the revival of the study of the Holy Scriptures.

Mendelssohn teaches that the Revelation at Mount Sinai was revealed legislation, teaching them to live together in a certain way, whereas the actual creed of faith was up to the individual. While circumventing thus the bitter controversy between the haskalah, the Jewish enlightenment, and the established religion, Mendelssohn's teachings tend to erode the religious foundations on which the continuation of Jewish tradition in an open society rests.

In later years, David Friedländer (1750–1834) who is part of Mendelssohn's immediate circle and serves as an honorarytown councillor as well as in the leadership of the community, proposes a purely assimilationist reform movement. He argues for abolishing the study of Hebrew and for integrating Jewish children into the state-run schools. German, not Hebrew, is to be spoken in the synagogue, and all passages relating to the national Jewish past are to be deleted from the prayer books.

Great reformers like Geiger and Zunz subsequently aim at reforming the Halachah and thus religious practice and education from the inside. A different type of reform movement is represented by Samson Raphael Hirsch (1808–1888) whose Nineteen Letters on Jewry are aimed at sceptics and doubters, trying to teach them the true spirit inherent in Jewish orthodoxy.

Hirsch's ideal is to combine modern education with the wisdom of the Talmud – the enlightened Jew who, while still living according to the Torah, is an active part of his environment. The commandments are to be followed not out of a sense of duty but out of an understanding of the religous and ethical principles symbolically represented by these commandments. In spite of their diversity, all commandments are seen by Hirsch as representing the spirit of unity. They are seen to be based on three basic principles: righteousness, love, and the education of oneself and others – thus returning to the idea of the unity of theory and practice on the religious basis of the Revelation at Mount Sinai.

In addition to the reformers and the neo-orthodoxy, the early Zionists enter the picture around 1860. All three positions go back to the principles of enlightenment and to Moses Mendelssohn. The rationalist, enlightened element influences the transition from the prevalent miraculous messianism to the emerging rationalistic messanism. Zionism is seen as resolving the increasing conflict between the reformers and the orthodoxy. Early Zionism attempted to merge the creed of faith of the individual with the revealed legislative regulations for Community life into a new national unity.

While the struggle for political rights continued, Zionism had little attraction for German Jews. The idea of a »Jewish nation« was used by anti-semites to deny Jews their civil rights. Only after it became clear that equal civil rights did not result in true integration did the idea of a Jewish nationalism gain new strength.

On April 25, 1933, a »Law against the Overcrowding of German School and Universities« was passed, banning Jewish students from German schools and universities. In 1936, the preparation for emigration became an integral part of the curriculum in Jewish schools. At that time there were 22 Jewish elementary, secondary, middle schools and schools of higher education in Berlin. On June 30, 1942, the last Jewish schools were clos-

Erst als im Zuge der bürgerlichen Gleichberechtigung deutlich wurde, daß sie nicht zu wirklicher Integration führte, konnte die Idee eines Jüdischen Nationalismus an Kraft gewinnen.

Am 25. April 1933 trat das »Gesetz gegen die Überfüllung deutscher Schulen und Hochschulen« in Kraft. Jüdische Schüler und Studenten wurden aus deutschen Schulen und Universitäten ausgegrenzt. 1936 wurde die konkrete Vorbereitung auf Auswanderung zu einem Bestandteil des Curriculums jüdischer Schulen. Zu dieser Zeit gab es in Berlin 22 jüdische Grund-, Mittel- und Oberschulen. Am 30. Juni 1942 wurden die letzten jüdischen Schulen von den Nationalsozialisten geschlossen. Im Jahre 1925 lebten 172.672 jüdische Gemeindemitglieder in Berlin.

Nach dem Ende des Zweiten Weltkriegs und der systematischen Ermordung der Juden bildete sich die Jüdische Gemeinde zu Berlin am 15. Juli 1945 wieder offiziell unter der Leitung von Alfred Schoyer, Julius Meyer und Heinz Galinski. Anfang 1946 zählte die Gemeinde 7.070 Mitglieder.

Sie verstanden sich als eine Schicksalsgemeinschaft Überlebender, aus der sich im Laufe der Zeit die Bereitschaft entwickelte, wieder ein zu Deutschland gehöriger Teil zu werden. Die Erfahrungen der ungeheuren Katastrophe der in der Shoa ermordeten Angehörigen und der daraus resultierenden Notwendigkeit der Existenz des Staates Israel nicht nur als geistiges Zentrum, sondern als Garant eines Zufluchtsortes sind ein Teil der jüdischen Identität der Gegenwart geworden.

Im Jahre 1986 wurden vom Gründungsdirektor Micha Bar Kol die ersten beiden Klassen der Jüdischen Grundschule in der Bleibtreustraße eröffnet, die nunmehr in die von Zvi Hecker gebaute Heinz-Galinski-Schule einzieht.

Und wieder stellt sich die Frage nach den Grundlagen der jüdischen Erziehung. Was wollen wir den Kindern im Jahre 1995, fünfzig Jahre nach der Befreiung der Konzentrationslager in Deutschland, vermitteln? Im Schulgebäude entfaltet sich die organische Idee einer Sonnenblume in steingewordenen Blütenblättern zu einer »kleinen Stadt für Kinder« um den Kelch des kommunikativen rundförmigen, offenen Foyers.

Samson R. Hirschs drei Grundprinzipien – »Gerechtigkeit, Liebe, Erziehung der eigenen Persönlichkeit und die der anderen« – zusammen mit der »Vielfalt in der Einheit« assoziieren sich spontan mit ihm. Es ist ein Gebäude, in dem die klare Sprache der Mathematik und Geometrie die kompliziertesten Details formt, in der die Statik gleichsam die Masse aufhebt, sie scheinbar schwerelos wie in der Natur zu einem organischen Ganzen fügt; ein Gebäude, in dem die Sprache der Architektur sich dem Körper und der Seele einschreibt, so wie das gesprochene Wort sich dem Ohr, dem Logos und der vierten Dimension entdeckt. In der Arbeitssprache der Architektur werden die Sonnenblumenblätter zu »Schiffen«, die die Klassenräume ent- und verbergen. Sie sind individuell geformt und führen die Kinder behutsam zu sich selbst. Gewundene Schlangen schlingen sich als Taue und verbinden die »Schiffe«, so daß sie nicht zu Inseln werden. Sie schenken nicht nur grandiose Ausblicke auf und durch Ausschnitte, sondern so manche Nische für das Kind, das einmal für sich sein will in einem Leben, wo es viel Einsamkeit, doch kaum Ruhe gibt.

Welche jüdische Erziehung soll es sein?

Einen Teil der Antwort geben das Gebäude und der Architekt, die Geschichte und der Namensgeber. Zvi Hecker wurde 1931 in Polen geboren. Seine Eltern verbrachten die furchtbaren Kriegsjahre mit ihm in Samarkand, kehrten dann für wenige Jahre nach Polen zurück, ehe sie 1950 nach Israel zogen. In einer Stadt, in der die erste Realschule 1747 vom Prediger Johann Julius Hecker eröffnet wird, gewinnt der jüdische Architekt Zvi Hecker, der aus Osteuropa stammt und in Israel seine Heimat gefunden hat, einen vom Senat von Berlin ausgeschriebenen Wettbewerb für den Neubau einer Jüdischen Schule. Viele der Schulkinder sind in Osteuropa geboren und haben in Berlin wieder eine Heimat gefunden.

In der Begründung für den Zuschlag im Wettbewerb heißt es: »Der Entwurf zeichnet sich durch hohe Individualität und dennoch gelungene Einbindung in den besonderen Charakter der Umgebung aus. Das Bauwerk verkörpert Dynamik, Lebensfreude und Optimismus.«

Die Jüdische Gemeinde zu Berlin ist keine gewachsene, homogene Gemeinde, sie kann es gar nicht sein. Die zahlreichen Kultur- und Sprachenbrüche haben sich auf die Kinder übertragen. Viele Eltern können ihren Kindern kaum noch die einfachsten Grundlagen

ed by the nazis. In 1925, 172,672 members of the Jewish Community lived in Berlin. After the end of World War II and the systematic annihilation of the Jews, the Jewish Community of Berlin was officially reestablished on July 15, 1945, under the leadership of Alfred Schoyer, Julius Meyer and Heinz Galinski. In early 1946, the Community counted 7,070 members.

They saw themselves as a group of survivors bound together by fate. In due course, they changed their attitude to a readiness to try and become a part of German society again. Part of the Jewhish identity of today is based not only on the horrible experiences of the monstrous catastrophe of having lost most friends and relatives who were murdered in the Shoah, but also on the knowledge of the necessity of existence of the state of Israel as a spiritual center and a safe haven in time of need.

In 1986 Micha Bar Kol, the founding principal, celebrated the opening of the first two classes of the Jewish Primary School at Bleibtreustraße which is now moving into the new Heinz-Galinski-School built by Zvi Hecker.

Once again we are facing the question as to what the foundations of Jewish education should be. What are we to teach our children in the year 1995, fifty years after the liberation of the concentration camps in Germany?

The design of the school building is based on the organic principle of a sunflower unfolding its petrified petals to form a »village for children« around the calyx of the communicative circular entrance plaza.

One immediately thinks of Samson R. Hirsch's three fundamental principles – »righteousness, love, education of oneself and others« – and of »diversity in unity.« It is a building in which the exact language of mathematics forms the most complex details, suspending the mass in the load-bearing structure and turning it, much like Nature herself, into a seemingly weightless organic whole – a building in which the vocabulary of architecture imprints itself onto body and soul alike, much like the spoken word reveals itself to the ear, the logos and the fourth dimension. In the working language of architecture, the petals of the sunflower are transformed into »naves« which release or conceal the classrooms. Each one showing a slightly different shape,

they will assist the children in discovering themselves. Undulating »snakes« enmesh rope-like the different naves together and keep them from being isolated. They offer not only impressive vistas to and through various apertures but also a multitude of corners and hiding places for children who feel the need to withdraw for a while from a life in which there is so much loneliness and yet so little tranquility. What kind of Jewish education is it going to be?

Part of the answer is provided by the building itself and its architect, by its history and its namesake. Zvi Hecker was born in Poland in 1931. His family spent the war years in Samarkand and later returned to Poland before moving to Israel in 1950. As fate would have it, it is in a city in which the first middle school was opened in 1747 by a preacher named Johann Julius Hecker, that a Jewish architect named Zvi Hecker, who came from Eastern Europe and found a new home in Israel, should win the competition for the design of the first new Jewish School after the Second World War. Many of the students attending this school also came from Eastern Europe before finding a new home in Berlin.

The jury's justification of its decision reads as follows: »The design was found to be outstanding in combining a marked individuality with a sensitive integration into the particular character of the surroundings. The building projects an image of dynamics, joy of living and optimism.«

The Jewish Community of Berlin is by no means a homogeneous or organic entity. It couldn't be. The tension between the different cultures and languages have rubbed off onto the children. Many parents are no longer able to communicate to their children even the rudiments of Jewish religious tradition. What these children need is truly a sense of »dynamics, joy of life and optimism.« After all, they are growing up in Berlin – the city that has become their home. This school was designed to help them find an identity of their own and to establish roots in this city, in this community, in their being Jewish and in themselves.

From the start, the organization of the different spaces and functional units was set out in the design brief. In keeping with the concept of the school as an all-day facility, the building was to provide a lively space for a

ihrer jüdischen religiösen Tradition vermitteln. Diese Kinder brauchen »Dynamik, Lebensfreude und Optimismus«. Sie wachsen in Berlin auf, einer Stadt, die ihnen Heimat ist. Diese Schule soll ihnen bei ihrer Identitätsfindung helfen. Sie soll sie in dieser Stadt, in diese Gemeinde, in ihrem Judentum und in ihrem eigenen Selbst verwurzeln.

Die Organisation der Räume und ihre klaren Funktionseinheiten waren dem Architekten vorgegeben. Die Konzeption der Schule als Ganztagsschule versteht den Lernort als Erlebnisraum. Erst der geschärfte Blick erkennt bei erneutem Hinsehen die strenge Funktionalität. Sie wurde Teil der schöpferischen Umsetzung – so wie der Naturraum, in den hinein die steingewordene Sonnenblume integriert ist. Beim Bau in der Waldschulallee wurden ökologische Materialien verwandt – darunter auch Stein aus Jerusalem. Bei der Grundsteinlegung des Vielzweckraums, der auch als Synagoge dient, wurde ein Exemplar der Festschrift zum einhundertjährigen Bestehen der ehemaligen Jüdischen Knabenschule der Jüdischen Gemeinde von Berlin in der Großen Hamburger Straße 27 miteingemauert. Die Knabenschule ist die Fortführung der ehemaligen ersten »Jüdischen Freyschule« nach den Ideen von Moses Mendelssohn. In diesem historischen Gebäude ist heute die Sekundarstufe I der weiterführenden jüdischen Schulen untergebracht.

Jüdische Erziehung in Berlin bedeutet auch die Anknüpfung und Auseinandersetzung mit der Geschichte des jüdischen Schulwesens, des jüdischen Lebens, der jüdischen Erziehung und ihrer Transformation in die Gegenwart. Dabei ist es unmöglich, die Leere, die der Verlust der 173.000 Menschen dieser Stadt und der Jüdischen Gemeinde hinterlassen hat, zu ignorieren. Das Lehrer- und Erzieherkollegium gehört heute zu einem großen Teil nicht der Jüdischen Gemeinde an. Viele Religionslehrer kommen aus Israel. Es gilt, an das lebendige Judentum, dessen Zentren heute Israel und Amerika sind, wieder anzuknüpfen und Grundlagen für eine potentielle neue Eigenständigkeit des Judentums in Deutschland zu schaffen. Dazu gehört eine wachsende Jüdische Gemeinde. Dazu gehört viel Wissen, Dialogbereitschaft, kämpferische Toleranz und Offenheit für Neues auf allen Seiten. Dazu gehört Wärme, Anerkennung und Achtung für den Mitmenschen und für das Leben. Viel wird von der Qualität der zukünftigen Lehrer und der Lehre abhängen. Viel hängt von den jüdischen Menschen in Deutschland ab, die sich mit der jüdischen Erziehung befassen. Dr. h.c. Heinz Galinski, der Auschwitz überlebt hat und zu dessen Gedenken die Schule ihren Namen trägt, hat die Jüdische Gemeinde von Berlin zur größten Jüdischen Gemeinde in Deutschland nach dem Krieg aufgebaut. Er war einer der Visionäre, dem die wichtige Stellung der jüdischen Erziehung für die Zukunft der Jüdischen Gemeinden in Deutschland bewußt war. Er hat, zusammen mit dem Senat von Berlin und dem Bezirk Charlottenburg, die Weichen in die richtige Zukunft gestellt. Zvi Hecker hat mit seinem Bau den Kindern, den Lehrern und den Erziehern Raum für schöpferische Auseinandersetzung und für die Ruhe geschaffen, die dazu nötig ist. Gemeinsam muß nun am Bau der Erziehung und des jüdischen Lebens weitergearbeitet werden. Das Leben ist ein fortwährender Prozeß. Zu ihm gehören Gerechtigkeit, Liebe und Achtung.

Worterklärungen

Shoa: Der systematische Massenmord an den Juden in Europa während der Zeit des Nationalsozialismus.
Synagoge: Jüdisches Gebetshaus.
Schechina: Gottes Aufenthaltsort, die Immanenz Gottes in der Welt in raumzeitlichen Termini, die Enthüllung des Heiligen im Profanen.
Halacha: Jüdisches Religionsgesetz. Kodifikation in der Periode des 2. Tempels nach der Rückkehr aus dem Babylonischen Exil.
Talmud: Niedergelegter Gesetzeskomplex.
Tora: Die Lehre.
Tanach: Die hebräische Bibel.
Mischna: Die ursprünglich mündlich überlieferte religiöse Lehre.
Gemara: Interpretation durch die Rabbiner.

wide range of experiences and activities. It takes a second, educated look to recognize the truly functional quality which has become an integral part of the design – much like the natural environment into which this petrified sunflower has been integrated. It should be added that ecological materials were used in the construction of the new Heinz-Galinski-School at Waldschulallee 73/75 – including stones that came all the way from Jerusalem. When the ceremony of laying the foundation stone was staged for the multi-purpose hall which also serves as a synagogue, the capsule buried in the ground also contained a copy of the official document celebrating the centennial of the former Jewish School for Boys at Große Hamburger Straße No. 27 – an extension of the first »Jewish Free School« inspired by the ideas of Moses Mendelssohn. Today this historic building houses the Jewish schools of higher education in Berlin.

Jewish education in Berlin is synonymous with the attempt to revive and continue the history of Jewish schools, Jewish life and Jewish education and its adaptation to the needs of the present situation. Of course it is impossible to ignore the fact that the city and the Jewish community suffered a dramatic loss of 173,000 human beings. A large part of the faculty of the school are no longer members of the Jewish community. Many religious teachers have come from Israel. The challenge we are facing is to re-establish close ties with living Jewish culture, whose centers are now in Israel and in the United States, and to provide a foundation for potential new German Jewry in its own right today. That requires a healthy and growing Jewish community. It requires a lot of knowledge, dialogue, tolerance and open minds on the part of all those involved. That requires warmth, appreciation and respect for others and for life itself. Much will depend on the quality of our teachers and their teachings. Much will also depend on all those Jewish people in Germany who are involved in the field of education. It was Dr. h.c. Heinz Galinski, a survivor of Auschwitz and the patron of this school, who led the way in rebuilding the Jewish Community of Berlin into the largest Jewish community in Germany after the War. He was one of those great visionaries who were painfully aware of the central role which Jewish education would play in determining the future of

Jewish culture in Germany after the War. Together with the Senate and the Borough of Charlottenburg he was instrumental in paving the way for the future. And with this building Zvi Hecker has created, for the children, the teachers and the educators a suitable space both for creative activities and for the relaxed atmosphere they require. Together we must now continue working on rebuilding Jewish education and Jewish life. Life is a continuous, never-ending process. It involves righteousness, love and respect.

Glossary of terms
Shoa: the systematic mass murder of European Jews during the period of Nazi rule in Germany
Synagogue: house of worship and communal center of a Jewish congretation
Shechina: God's abode; God's immanence in the world in time-space categories; the manifestation of the sacred in the profane
Halacha: Jewish religions law; codified in the period of the second temple following the return from Babylonian exile
Talmud: the authoritative body of Jewish tradition
Tanach: the Hebrew Bible
Mishnah: orally transmitted religious teachings
Gemara: Rabbinic commentary on the Mishnah

Literatur. Bibliography
Erich Mendelsohn: Briefe eines Architekten. Buchdruckerei AG Passavia, Passau 1961
Erich Mendelsohn. Staatliche Museen Preußischer Kulturbesitz, Berlin 1987
Pawlowsky, Gaston de: Die vierte Dimension. In: DuMonts Chronik der Kunst im 20. Jahrhundert. DuMont, Köln 1990, p. 229
Encyclopedia Judaica. Jerusalem
Encyclopaedia Judaica. Verlag Eschkol A.G., Berlin
Franz Rosenzweig: Der Stern der Erlösung. Suhrkamp Verlag, Frankfurt am Main 1990 (First published in 1921)
Grözinger, Karl E. (ed.): Judentum im Deutschen Sprachraum. Frankfurt am Main 1991
»Grundschule der Jüdischen Gemeinde zu Berlin«. Städtebau u. Architektur, Bericht 3/1991. Senatsverwaltung für Bau- und Wohnungswesen, Berlin, Dr. Ing. Hans Stimman (ed.)
Von der Heidereutergasse zum Roseneck. Jüdische Schulen in Berlin 1712-1942. Ed.: Arbeitsgruppe Pädagogisches Museum e.V., Edition Hentrich, Berlin 1993

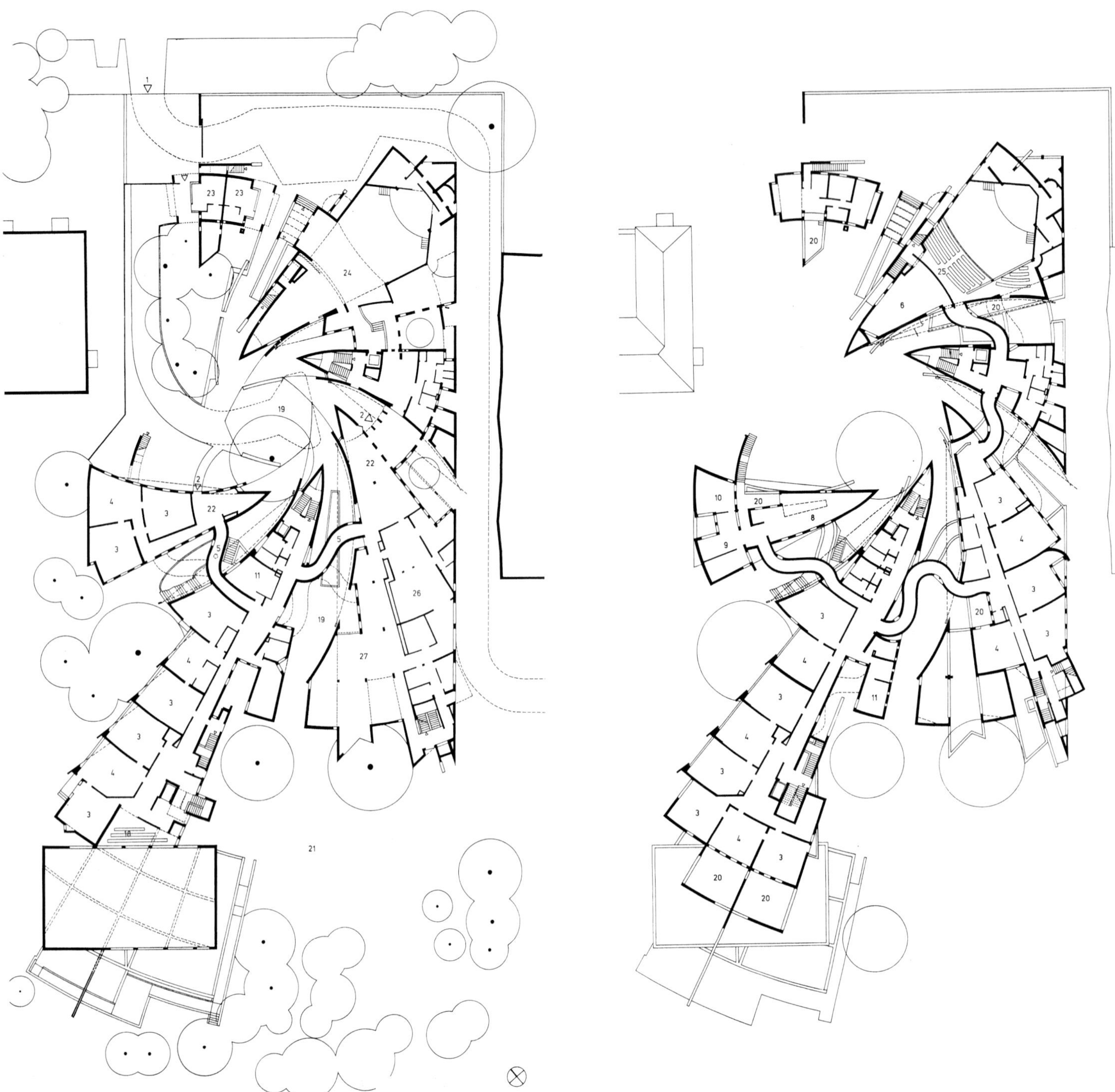

Grundriß Erdgeschoß. Ground floor plan

Grundriß 1. Obergeschoß. 1st floor plan

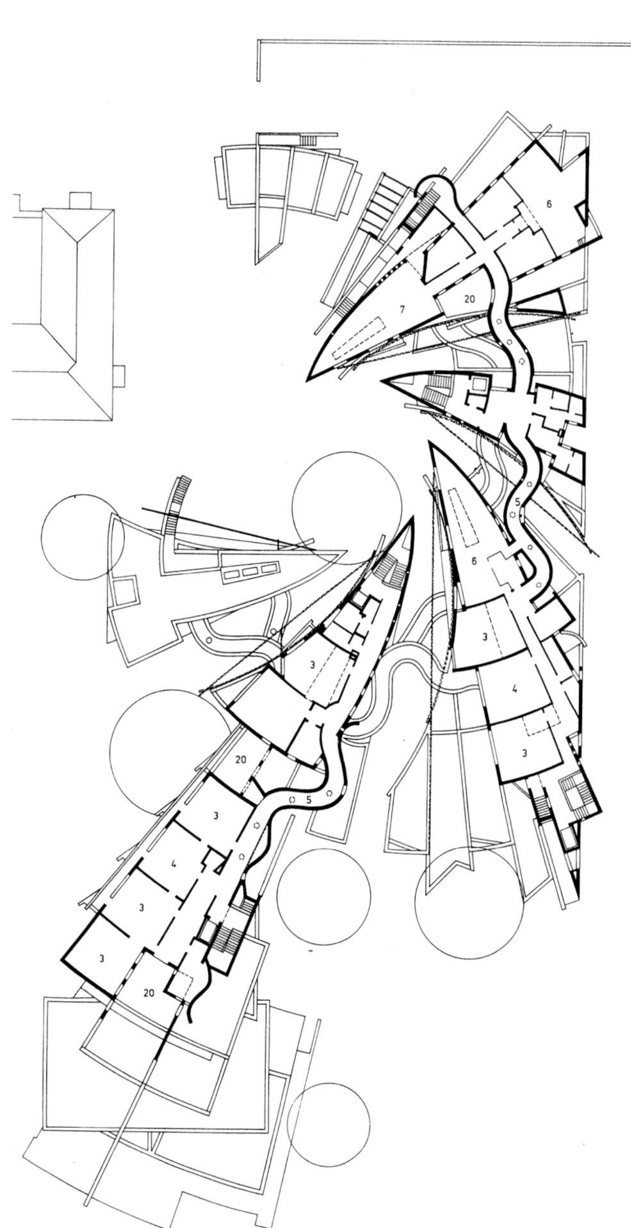

1 Haupteingang. Main entrance
2 Eingang. Entrance
3 Klassenraum. Classroom
4 Freizeit- und Gruppenraum. Free-time classroom
5 Flur. Corridor
6 Werk- und Bastelraum. Art and crafts workshop
7 Bibliothek. Library
8 Konferenzraum. Conference room
9 Verwaltung. Administration
10 Schulleiter. Headmaster
11 Personalraum. Staff room
12 Arztraum. Doctor's office
13 Abstellraum. Storage room
14 Technikraum. Plant room
15 Umkleide- und Duschräume. Locker room and showers
16 Sporthalle. Gymnasium
17 Geräteraum. Equipment store
18 Tribüne. Stands
19 Pausenfläche. Courtyard
20 Terrasse. Terrace
21 Spielplatz. Play court
22 Eingangshalle. Entrance hall
23 Technikraum. Maintenance room
24 Aula und Versammlungsraum. Auditorium and assembly hall
25 Galerie. Gallery
26 Küche. Kitchen
27 Speiseraum. Dining hall

Grundriß 2. Obergeschoß. 2nd floor plan

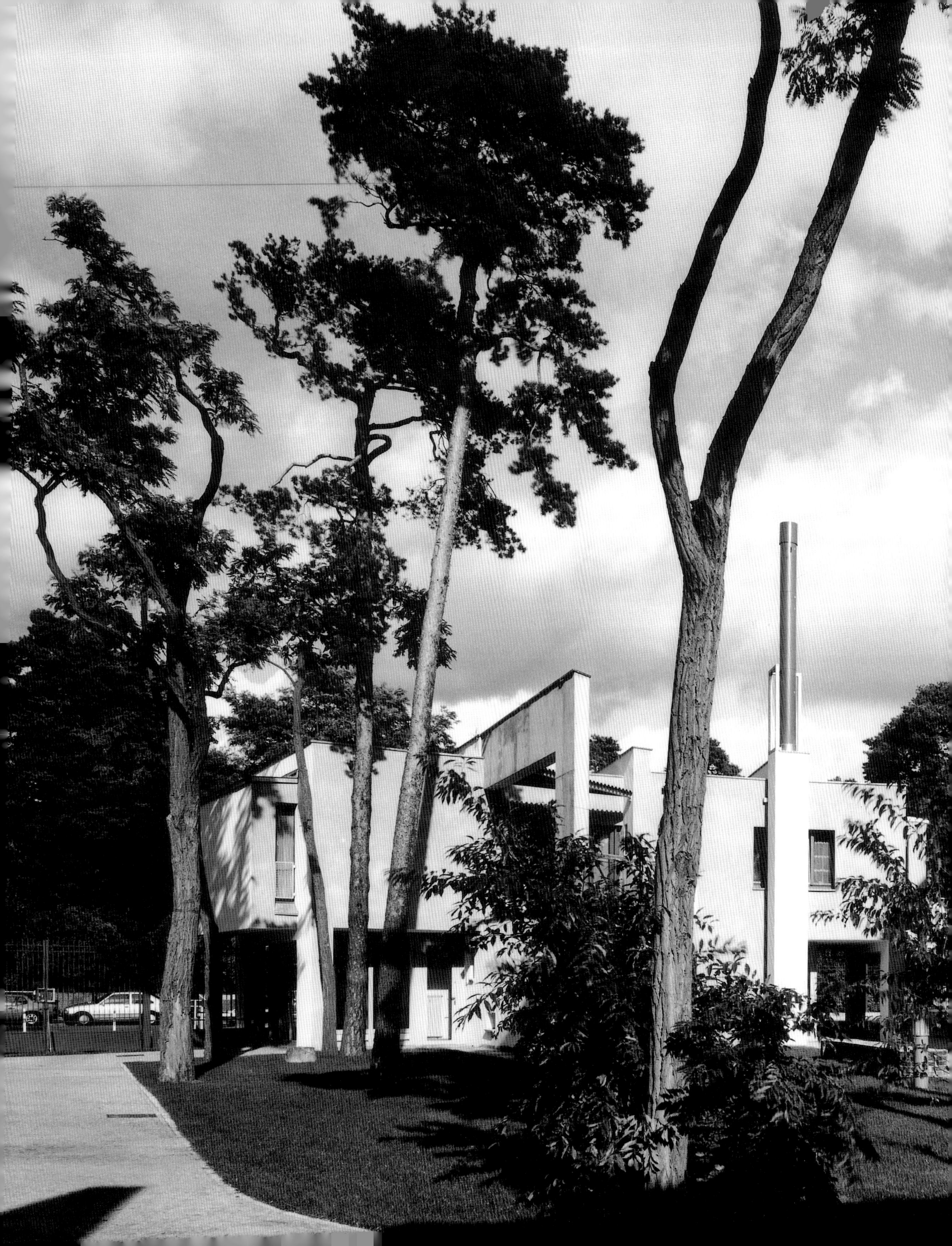

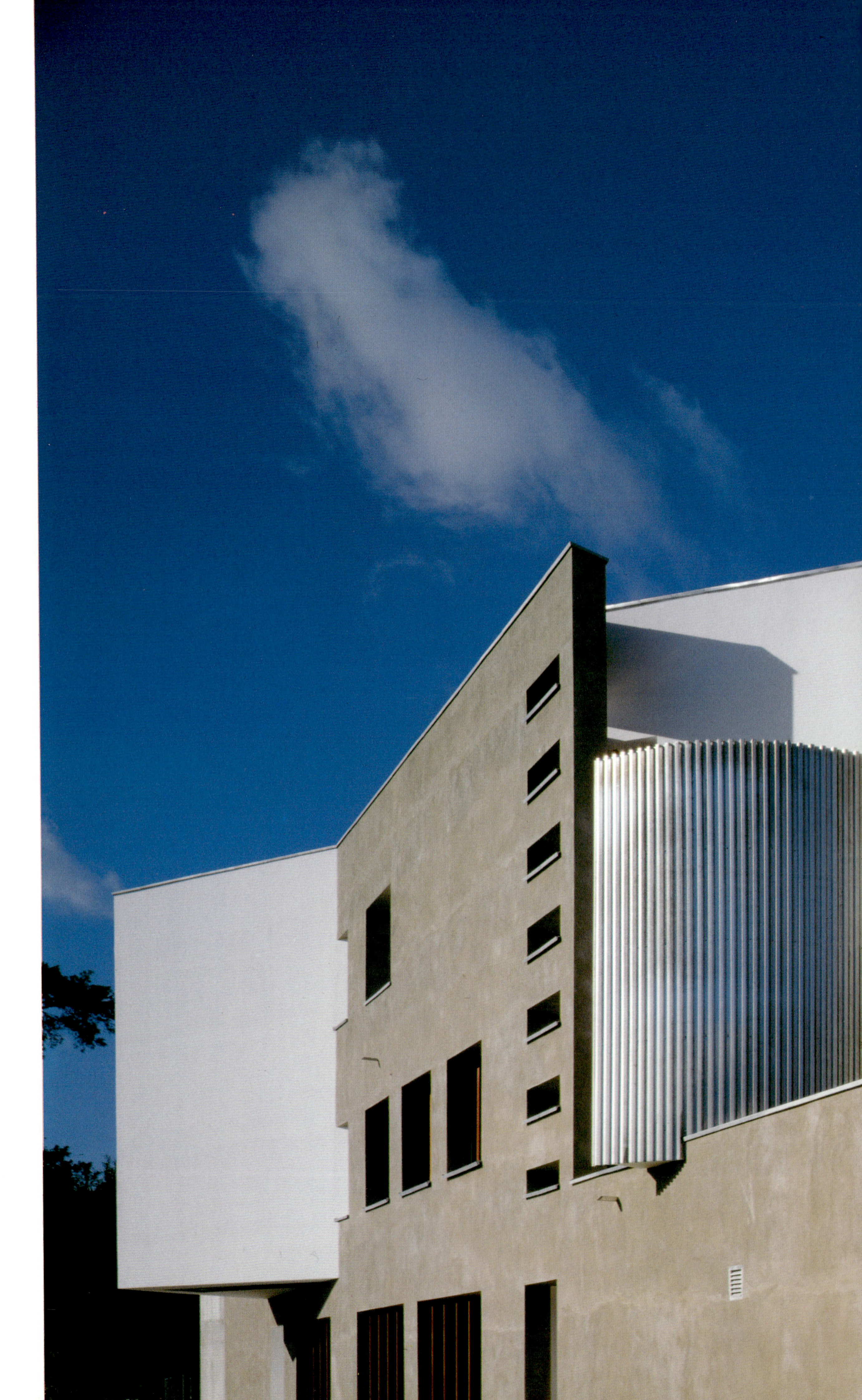

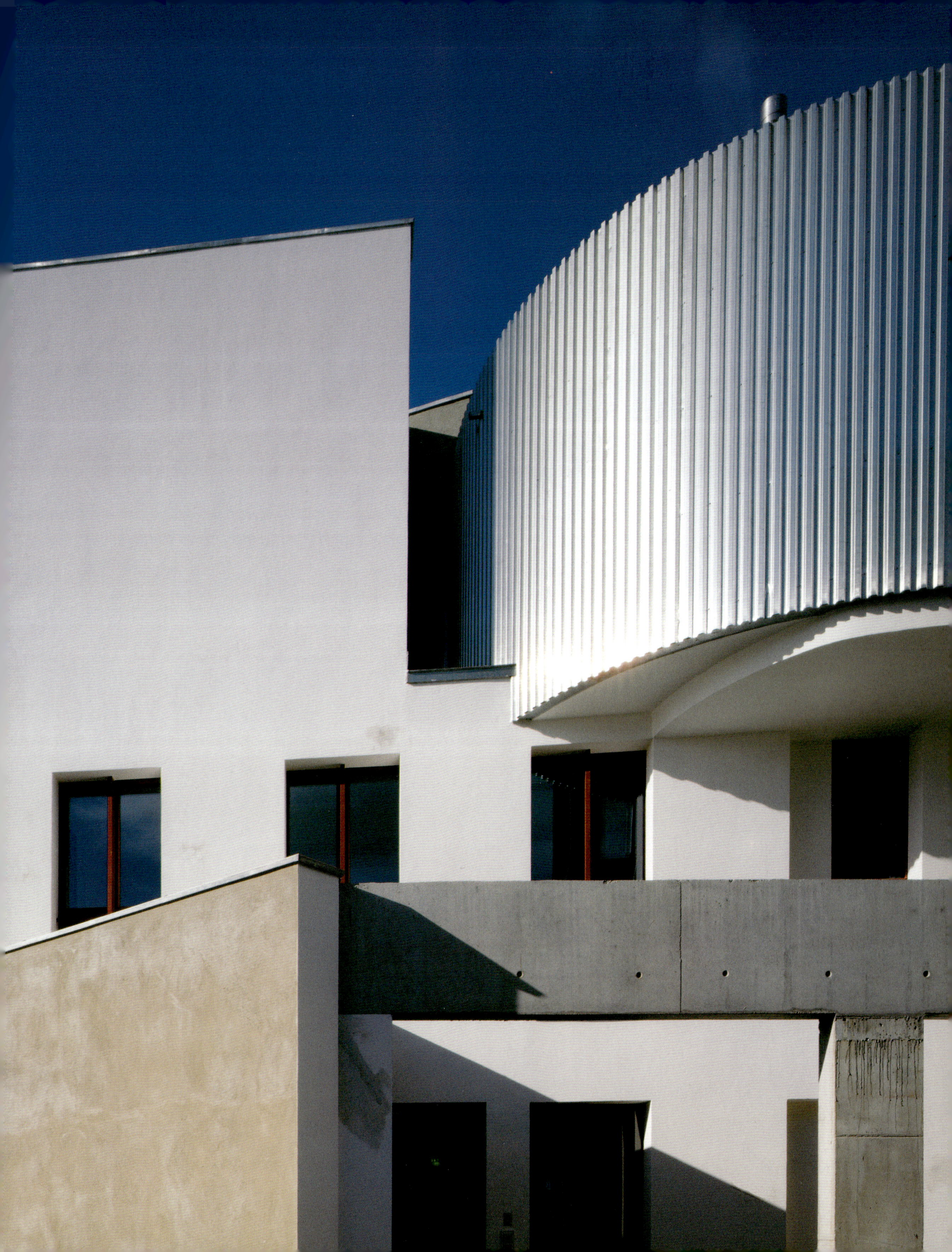

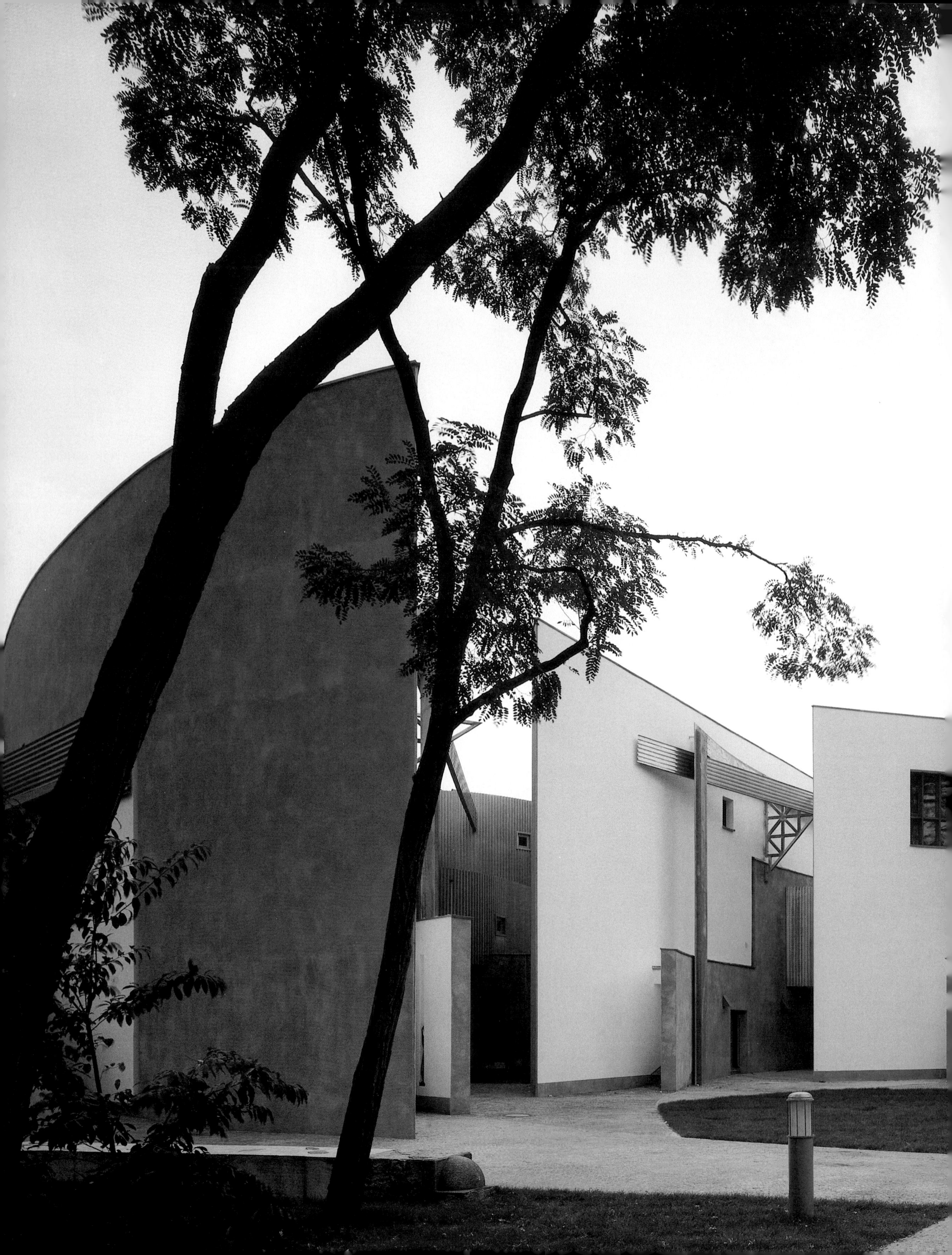

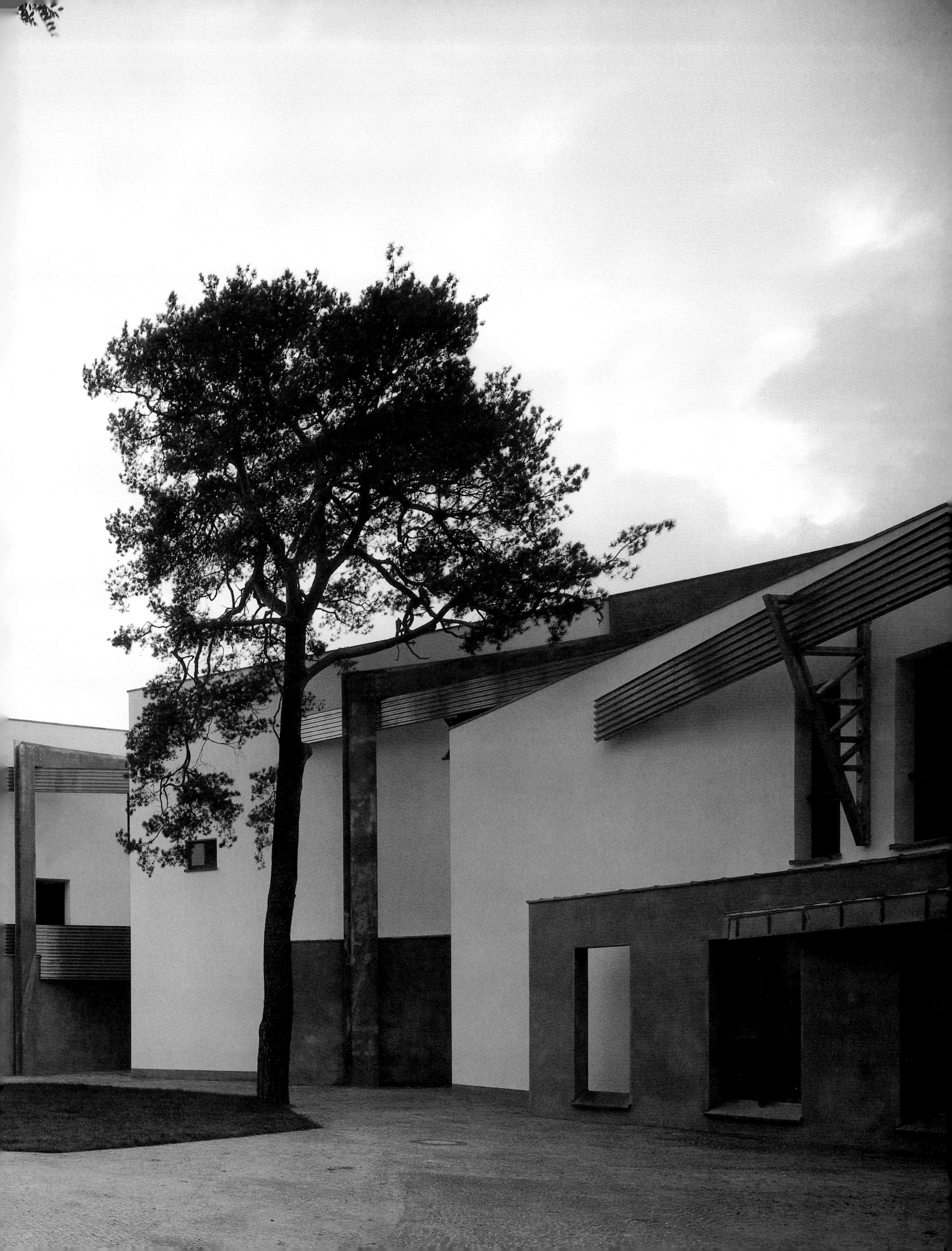

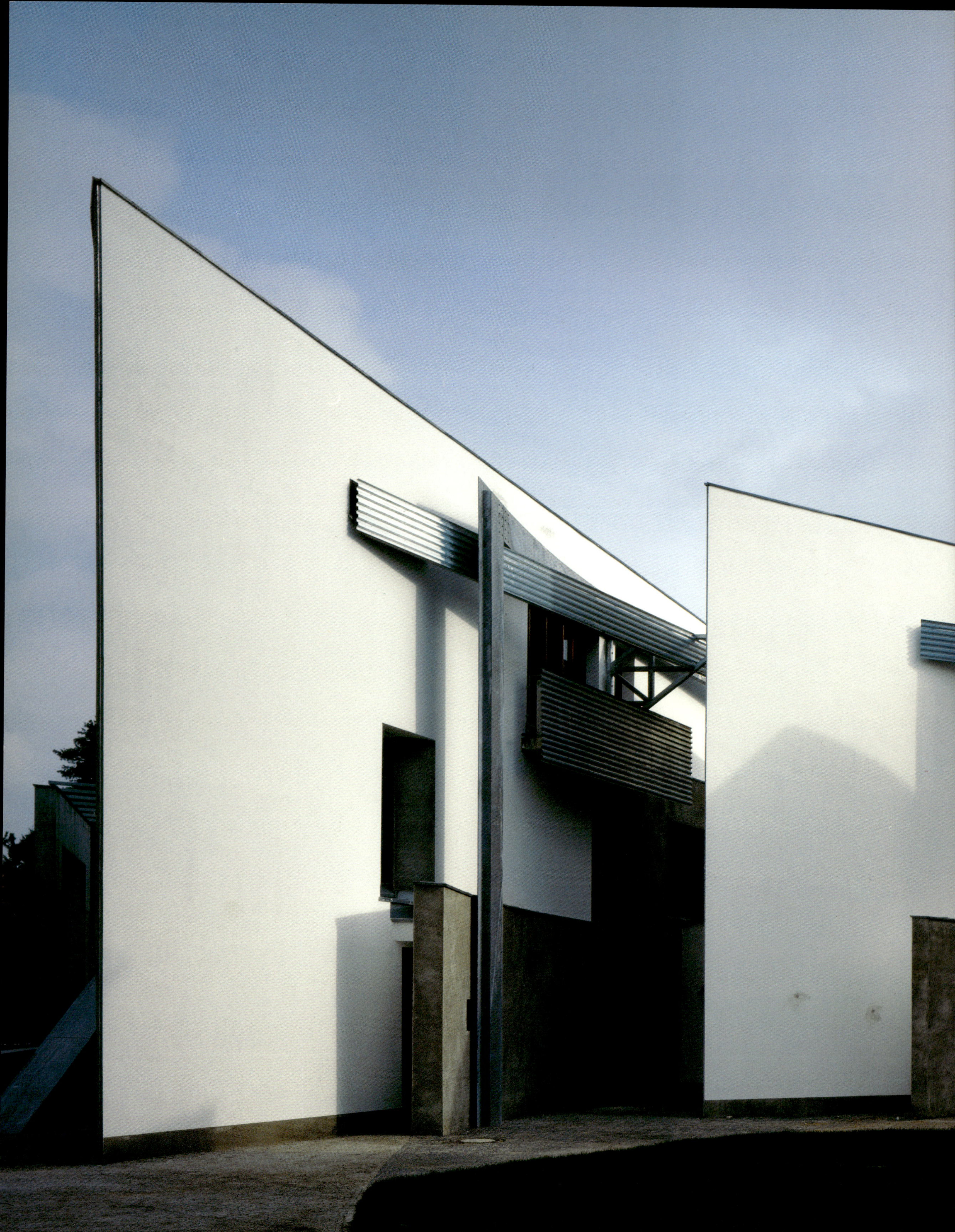

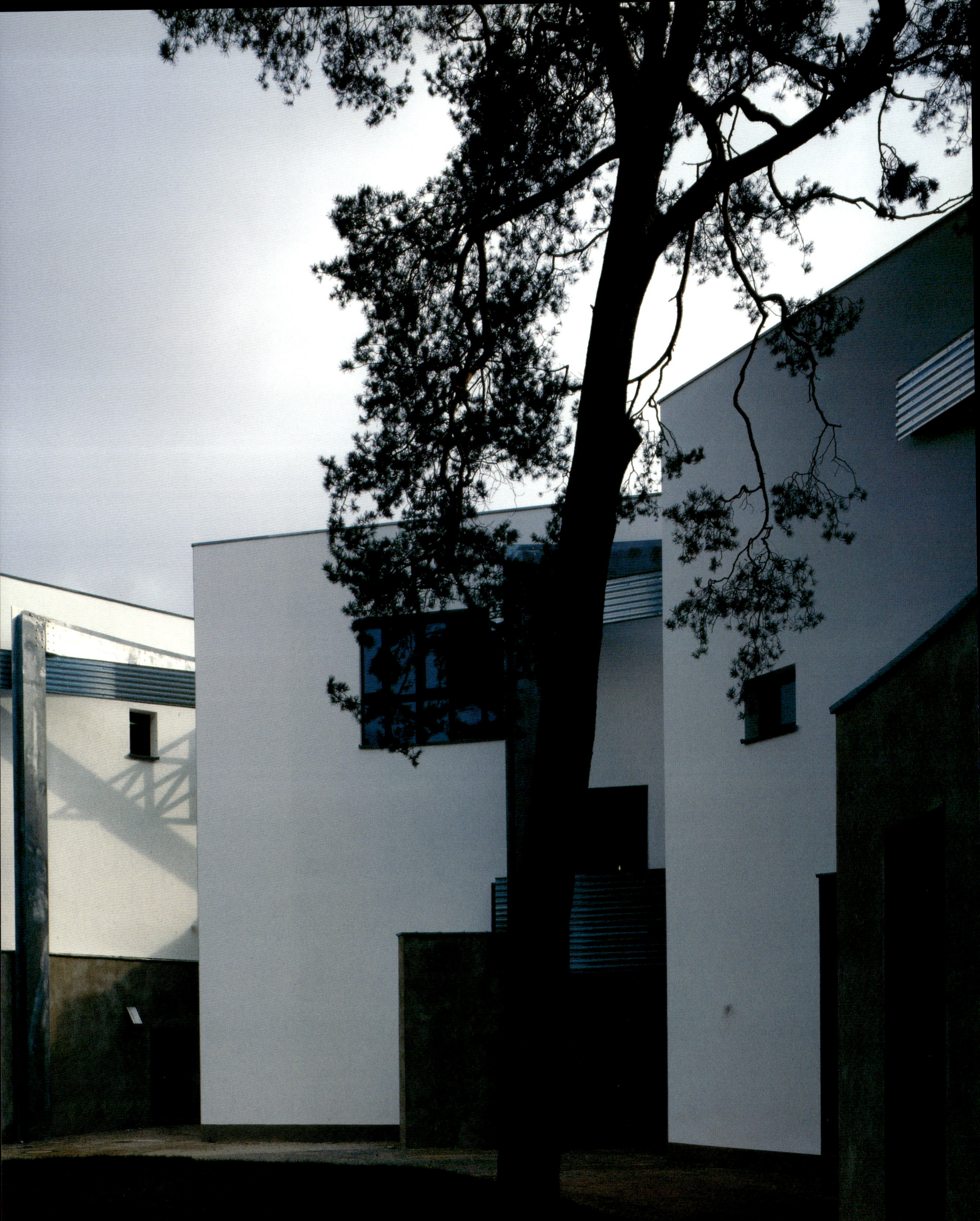

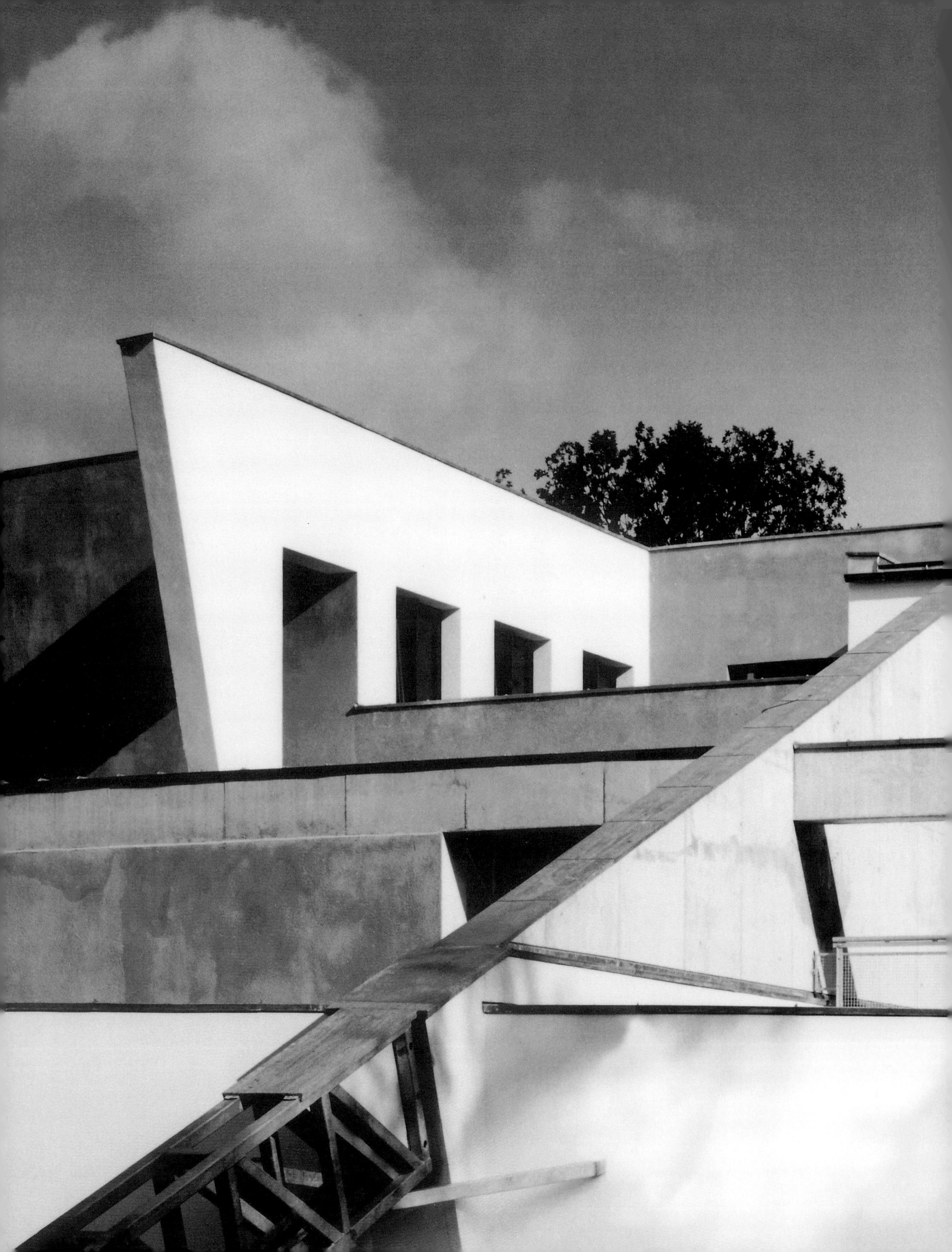

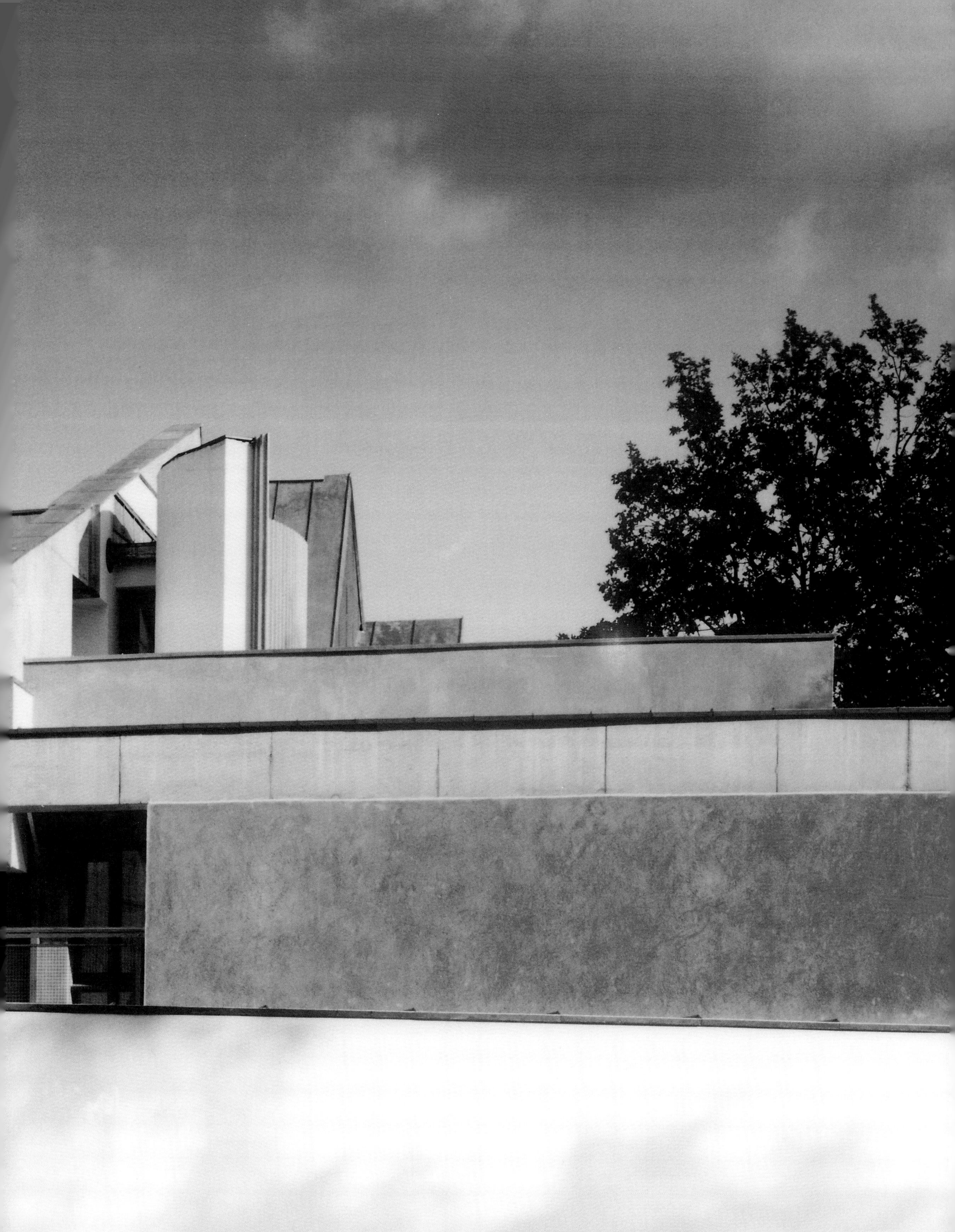

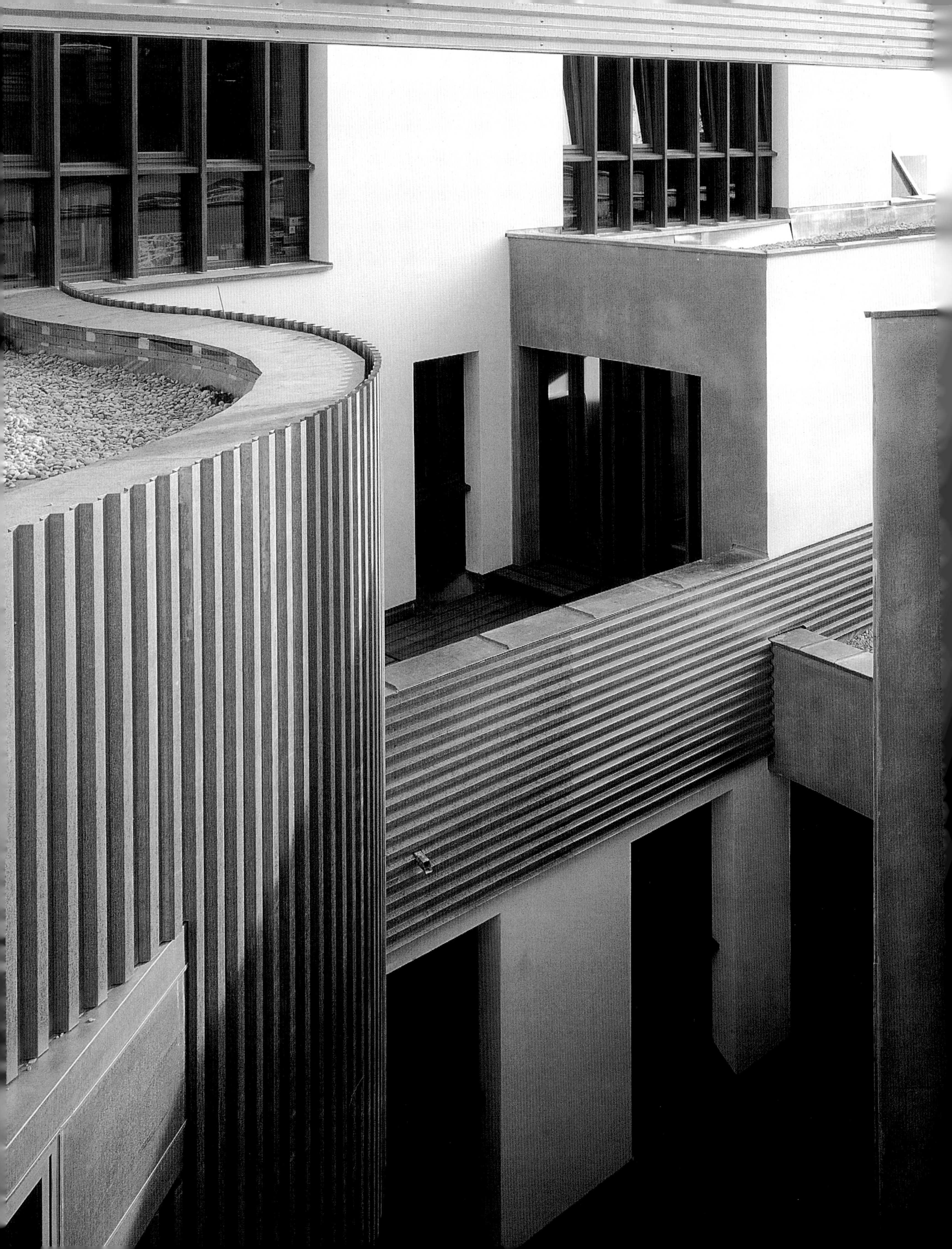

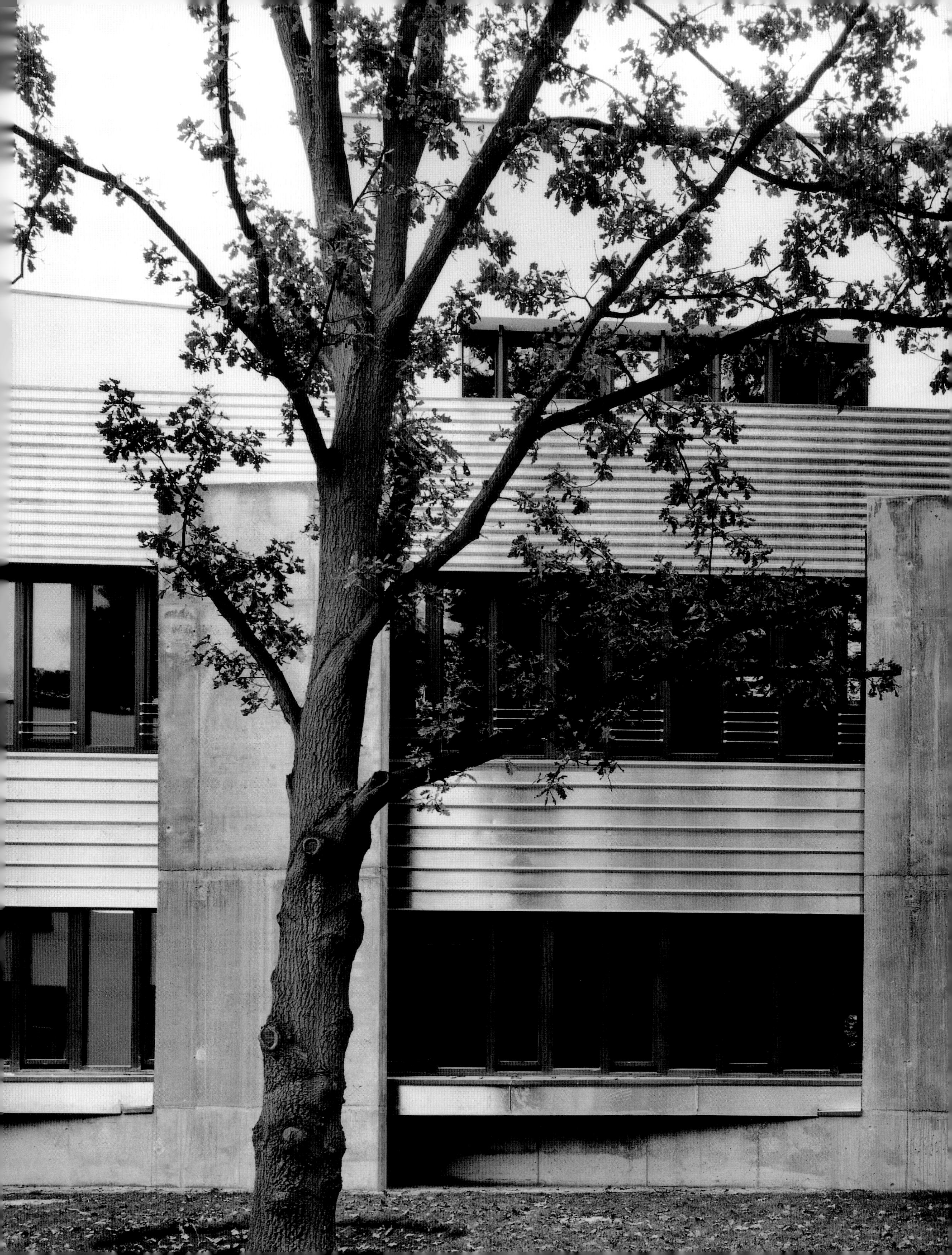

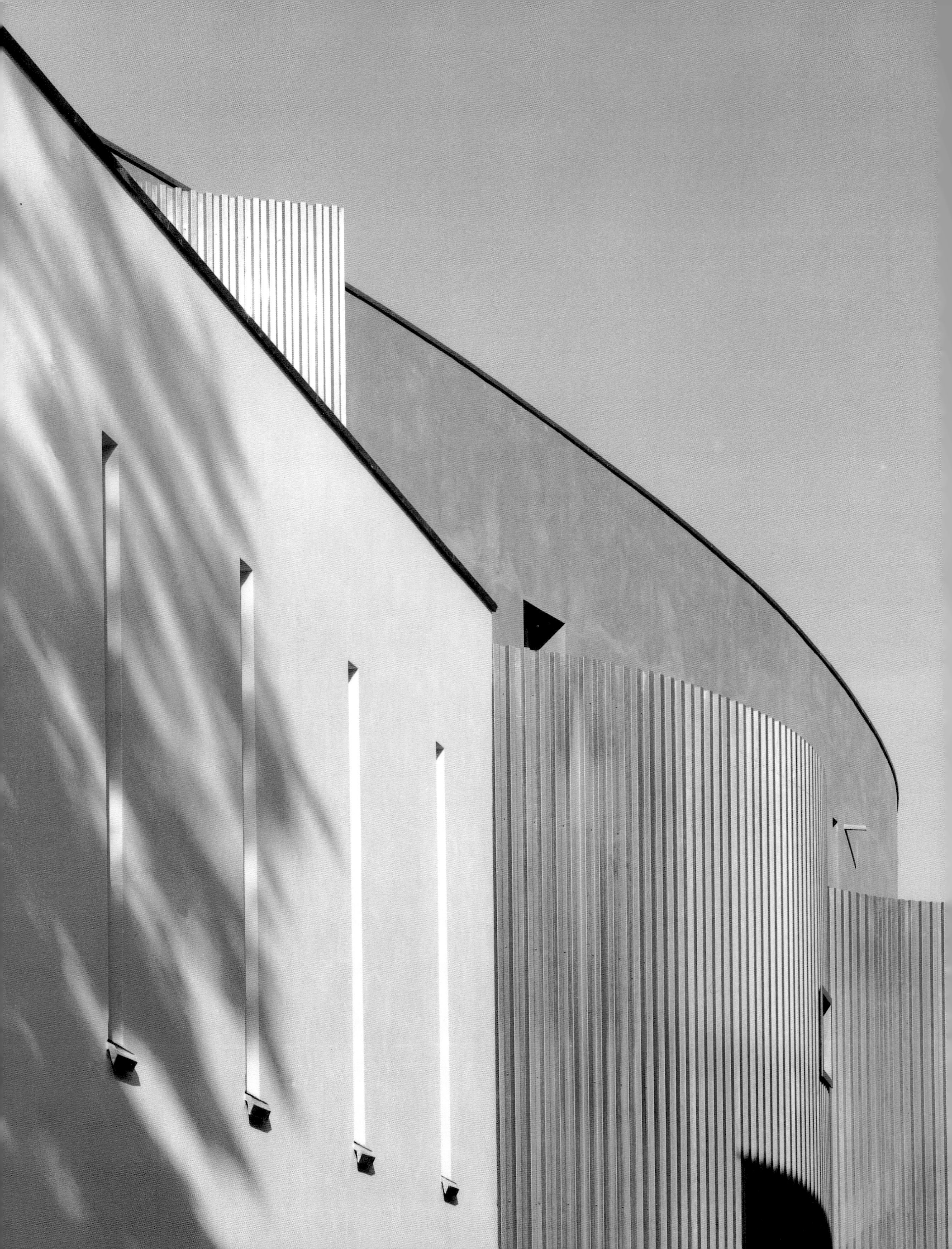

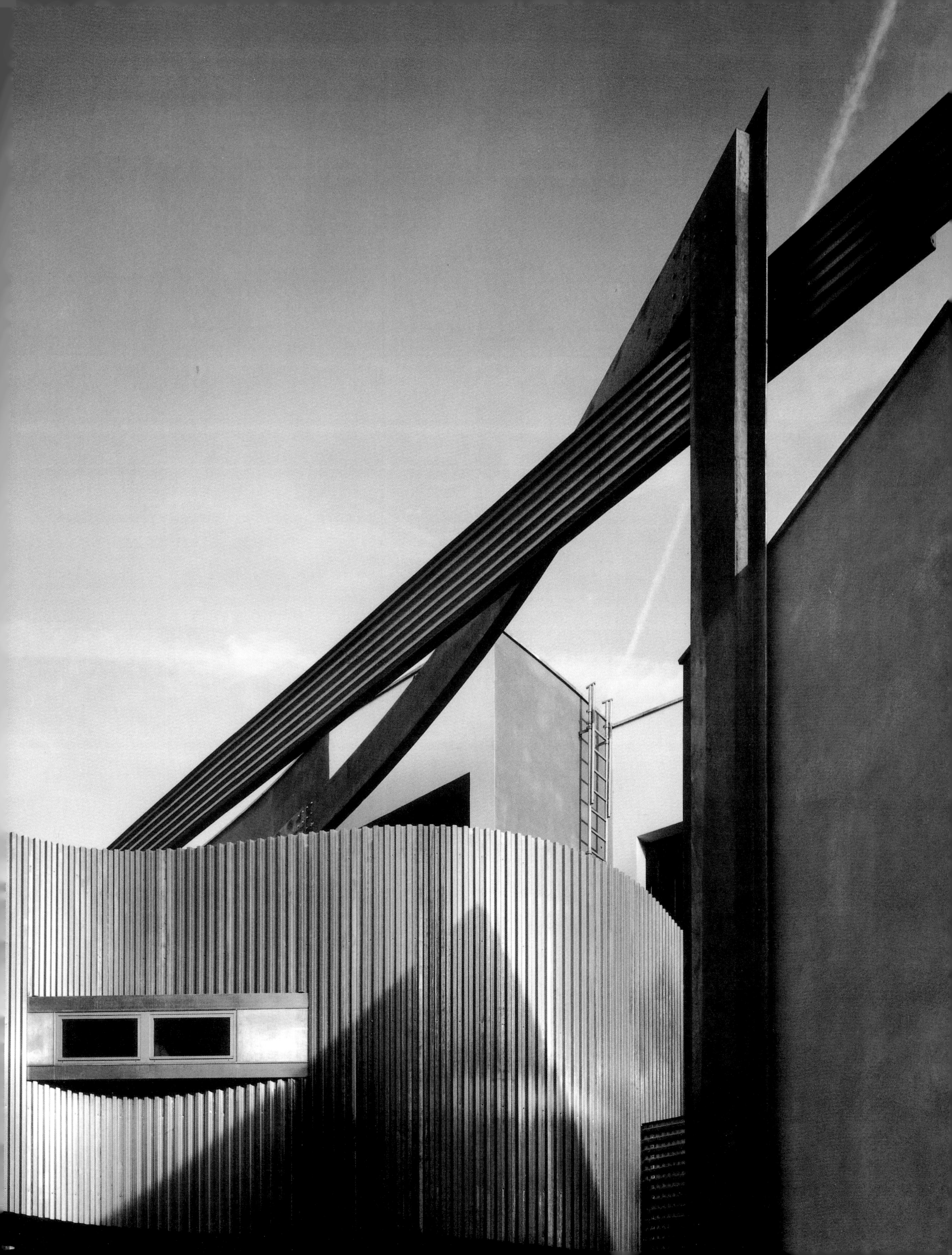

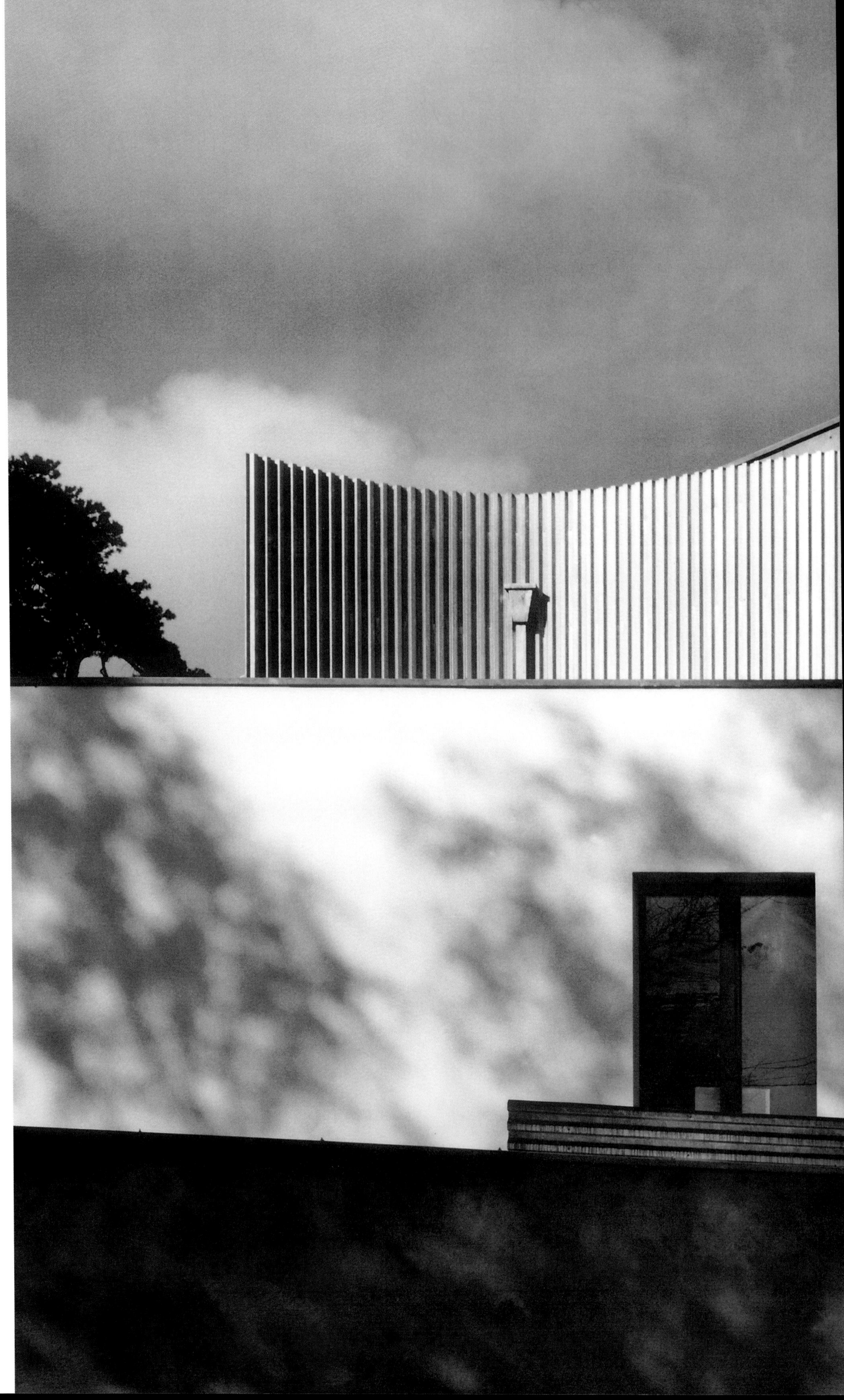

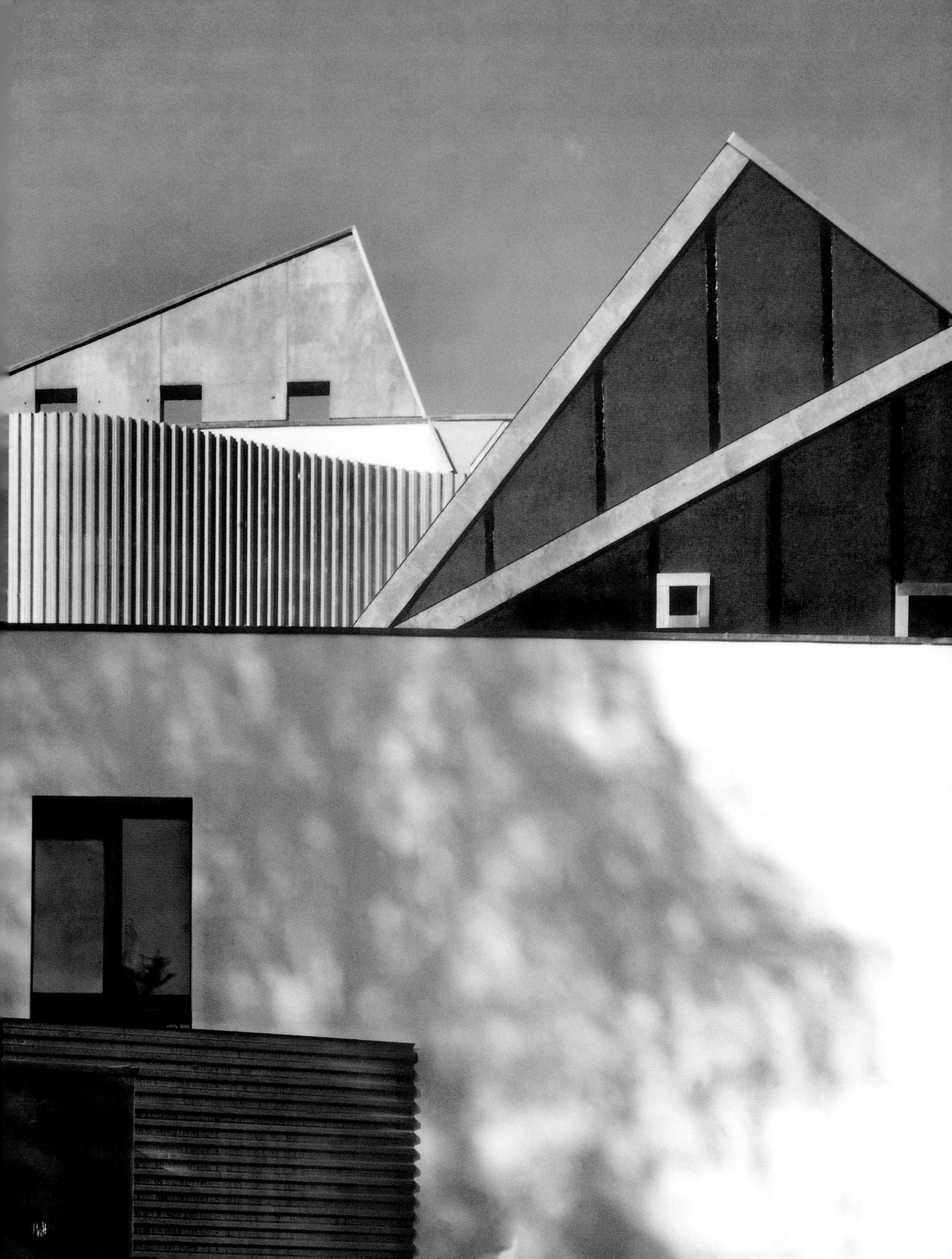

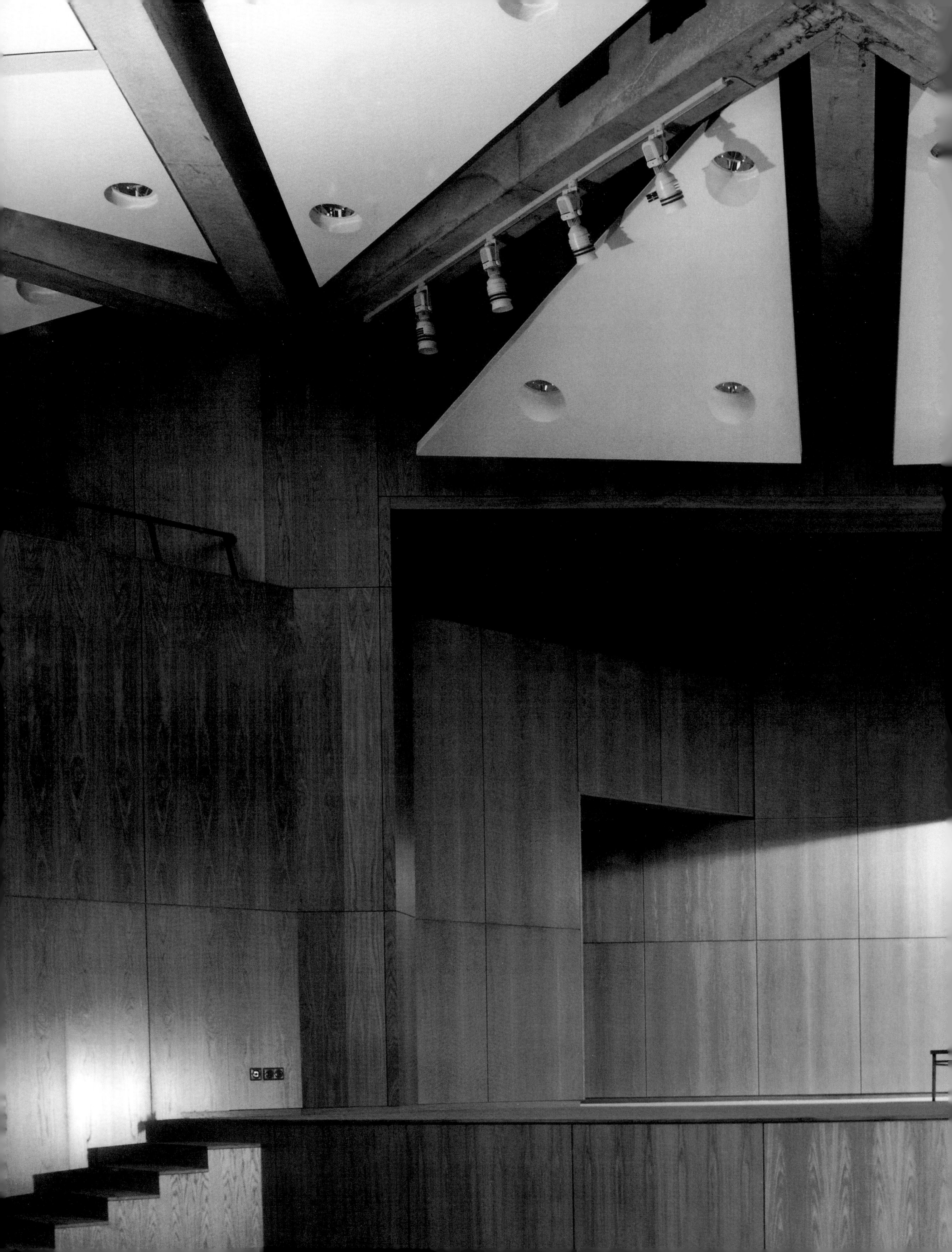

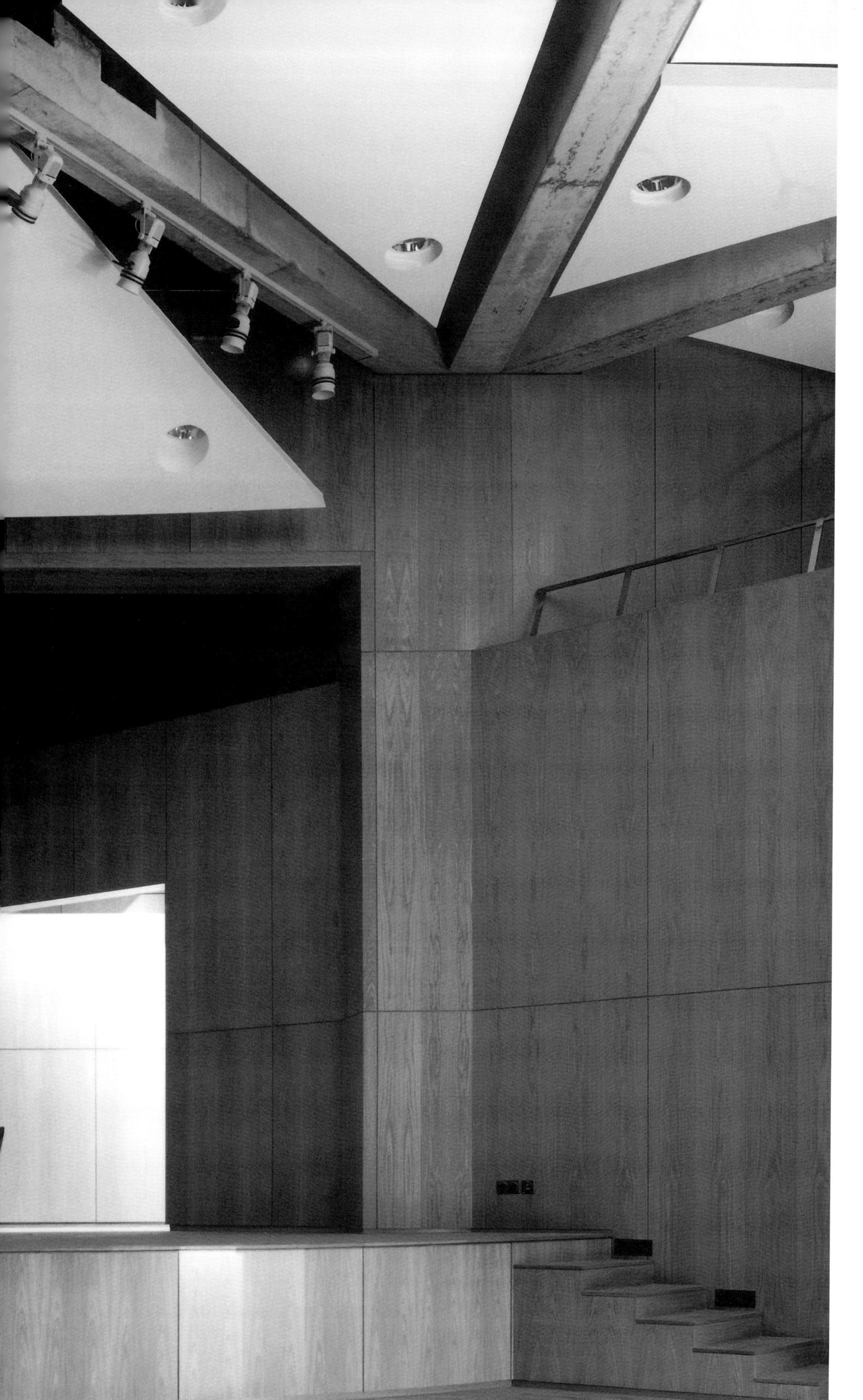

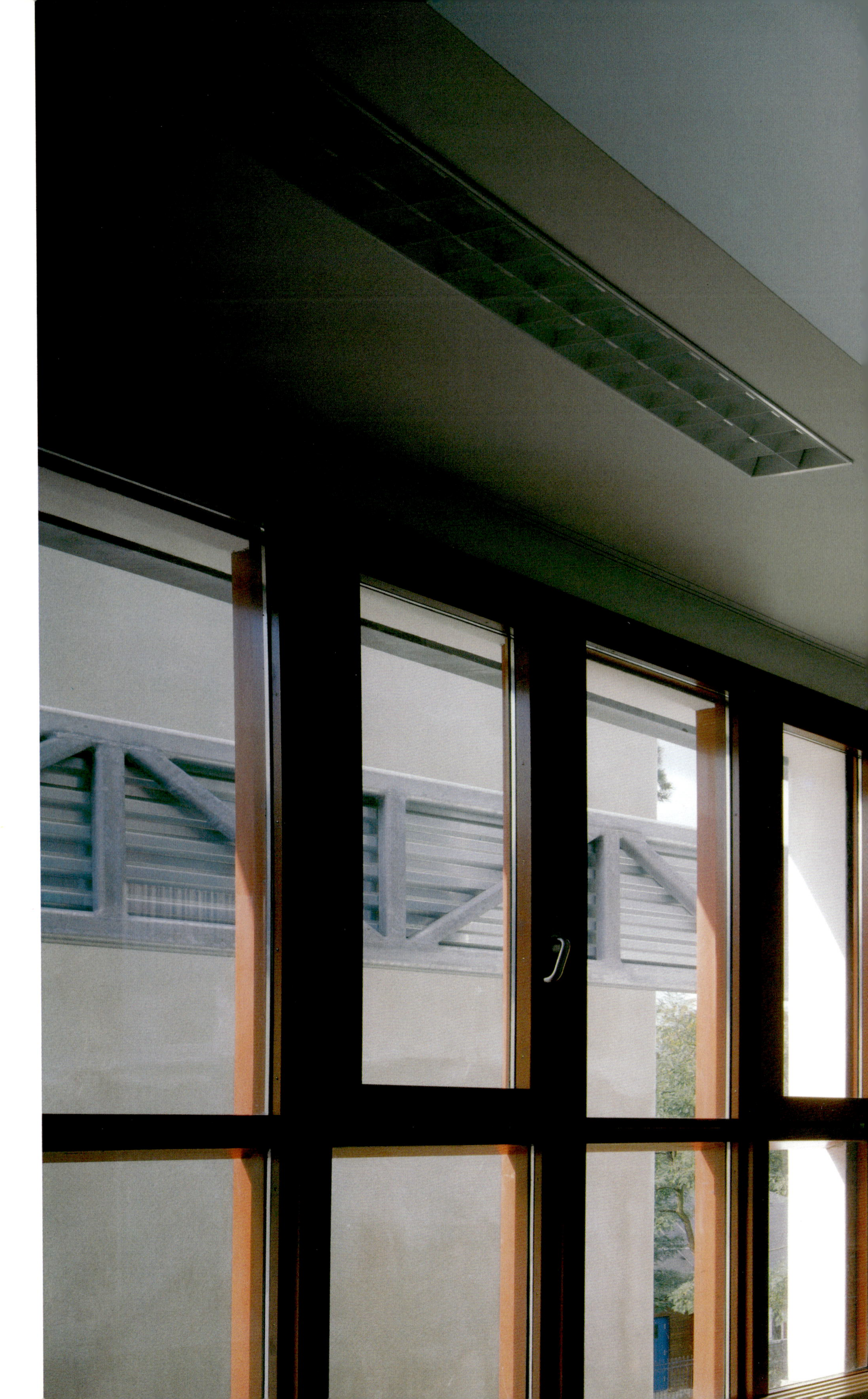

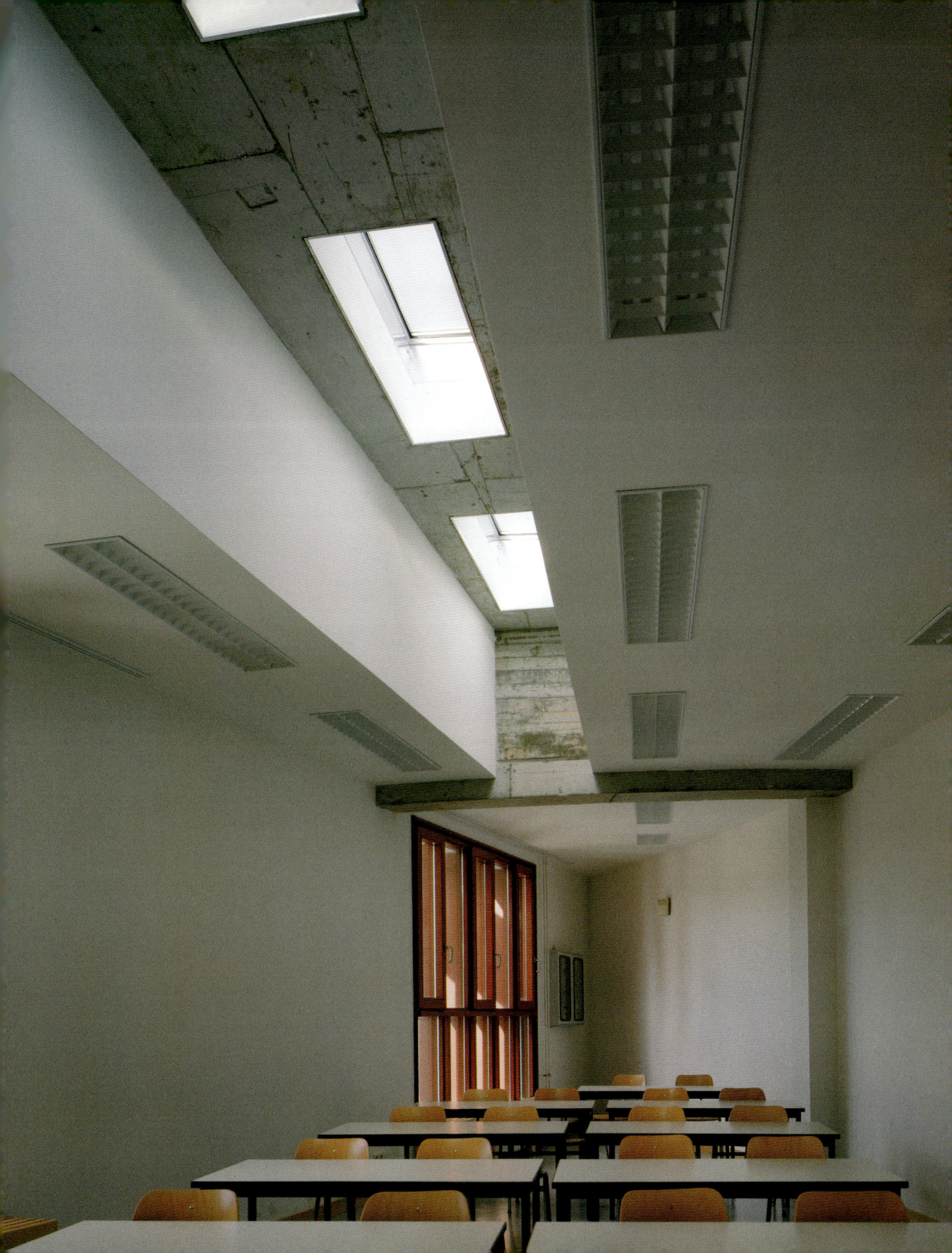

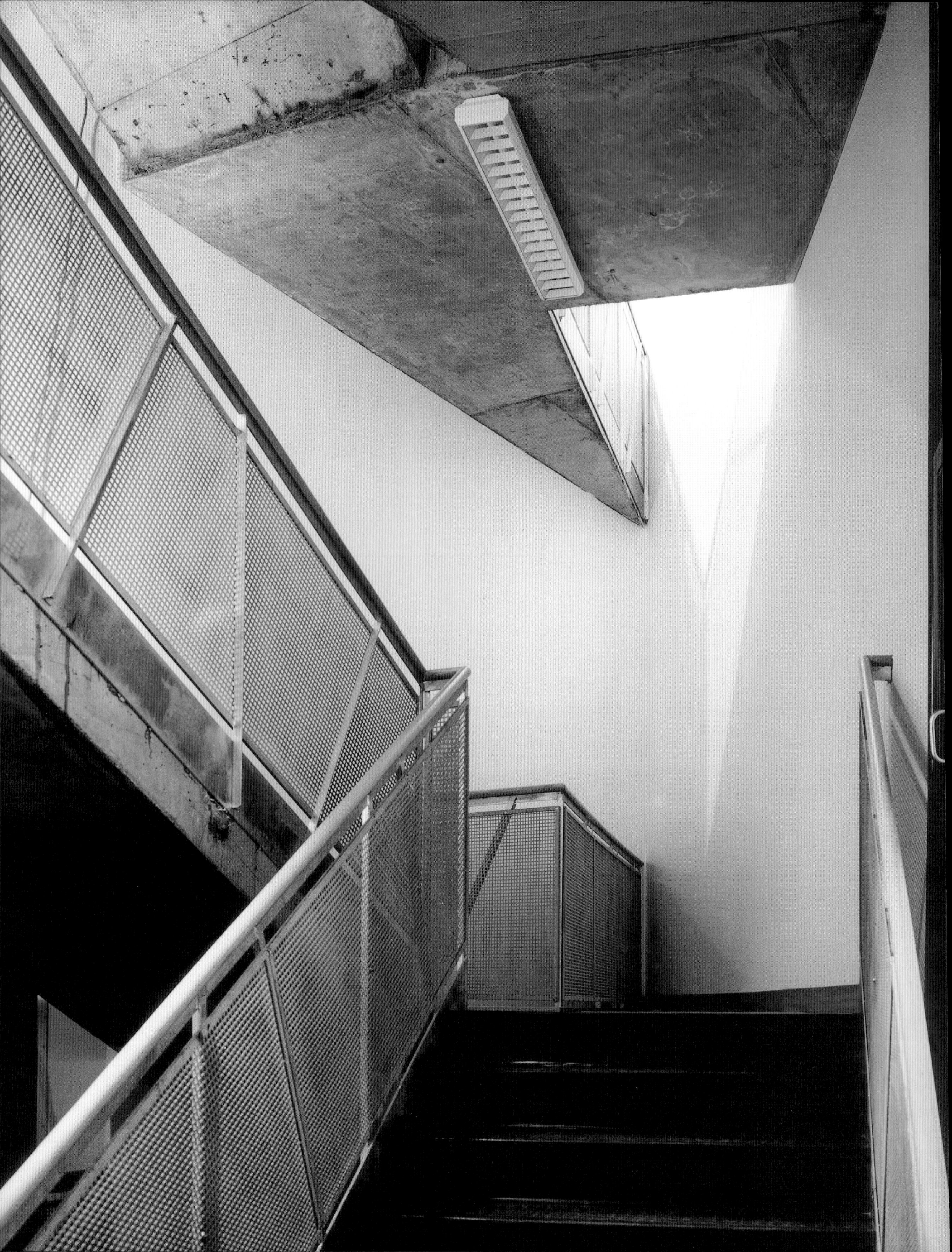

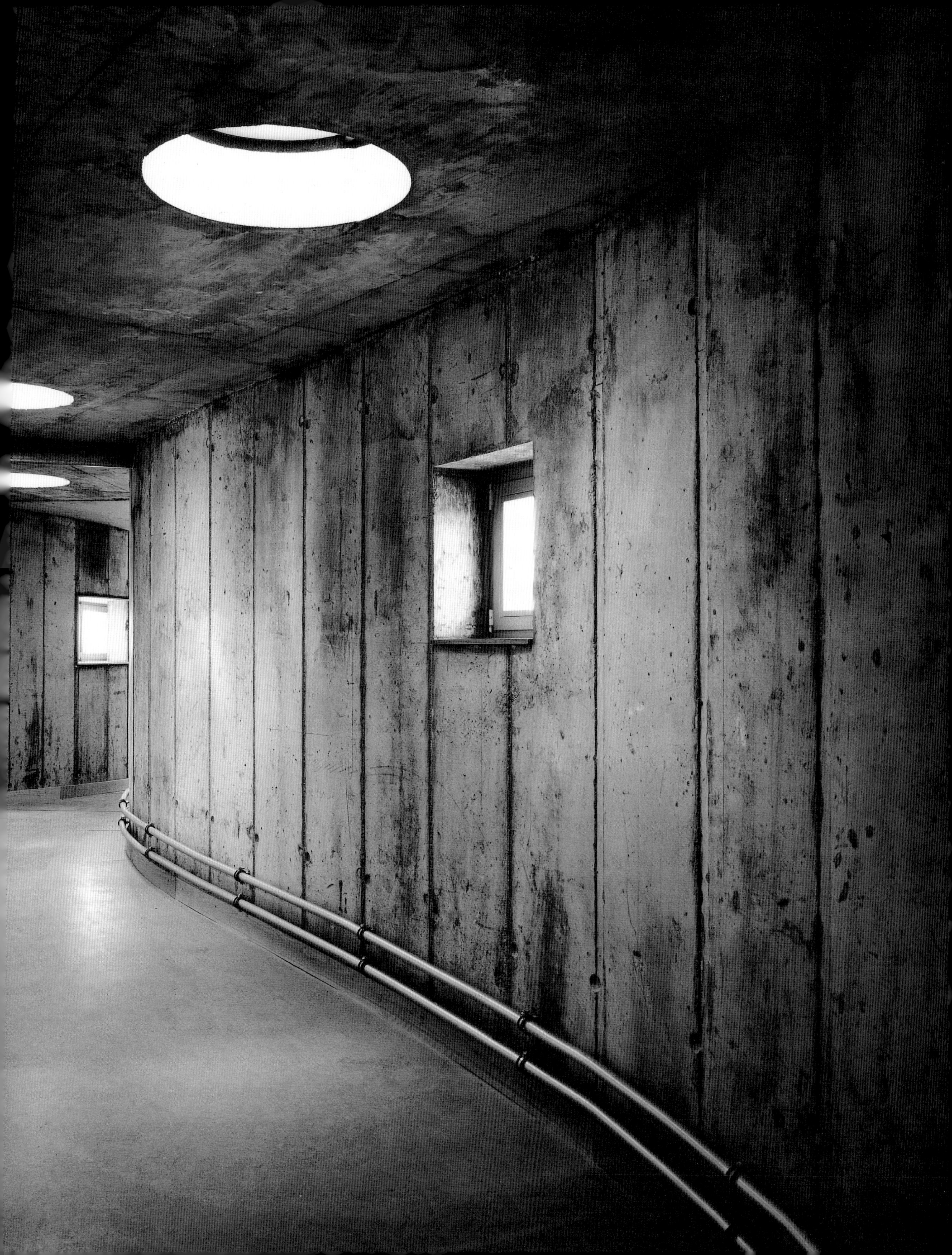

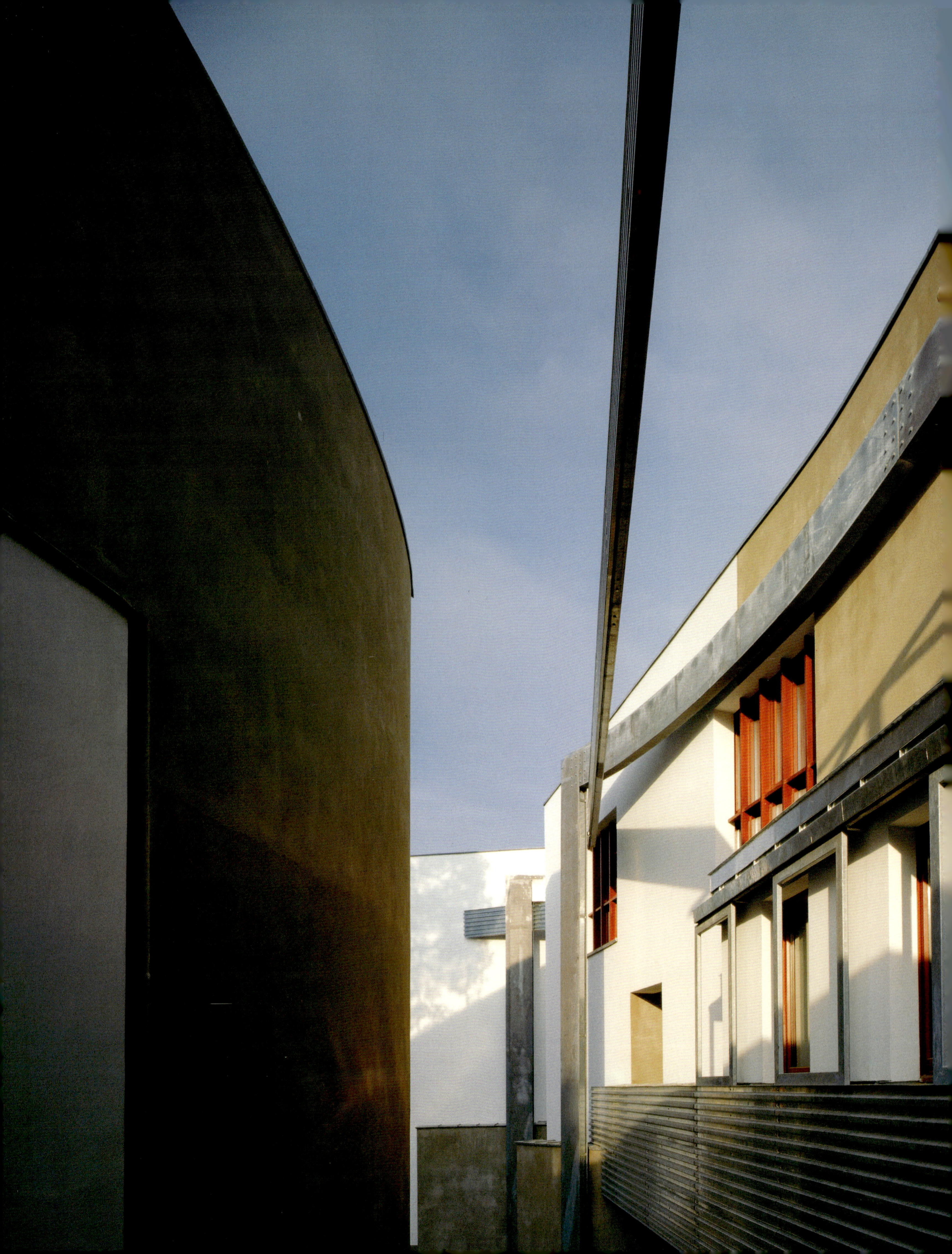

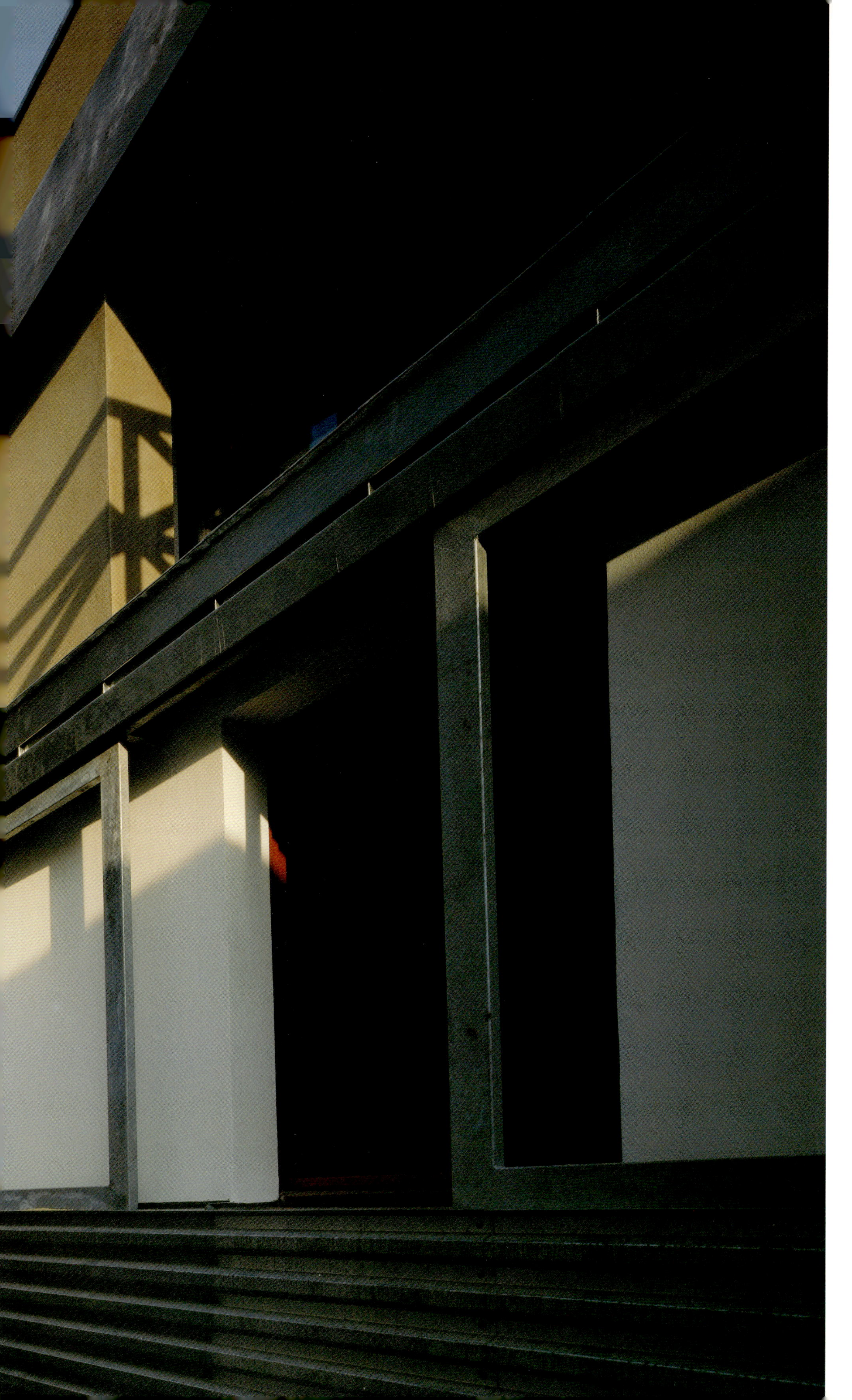

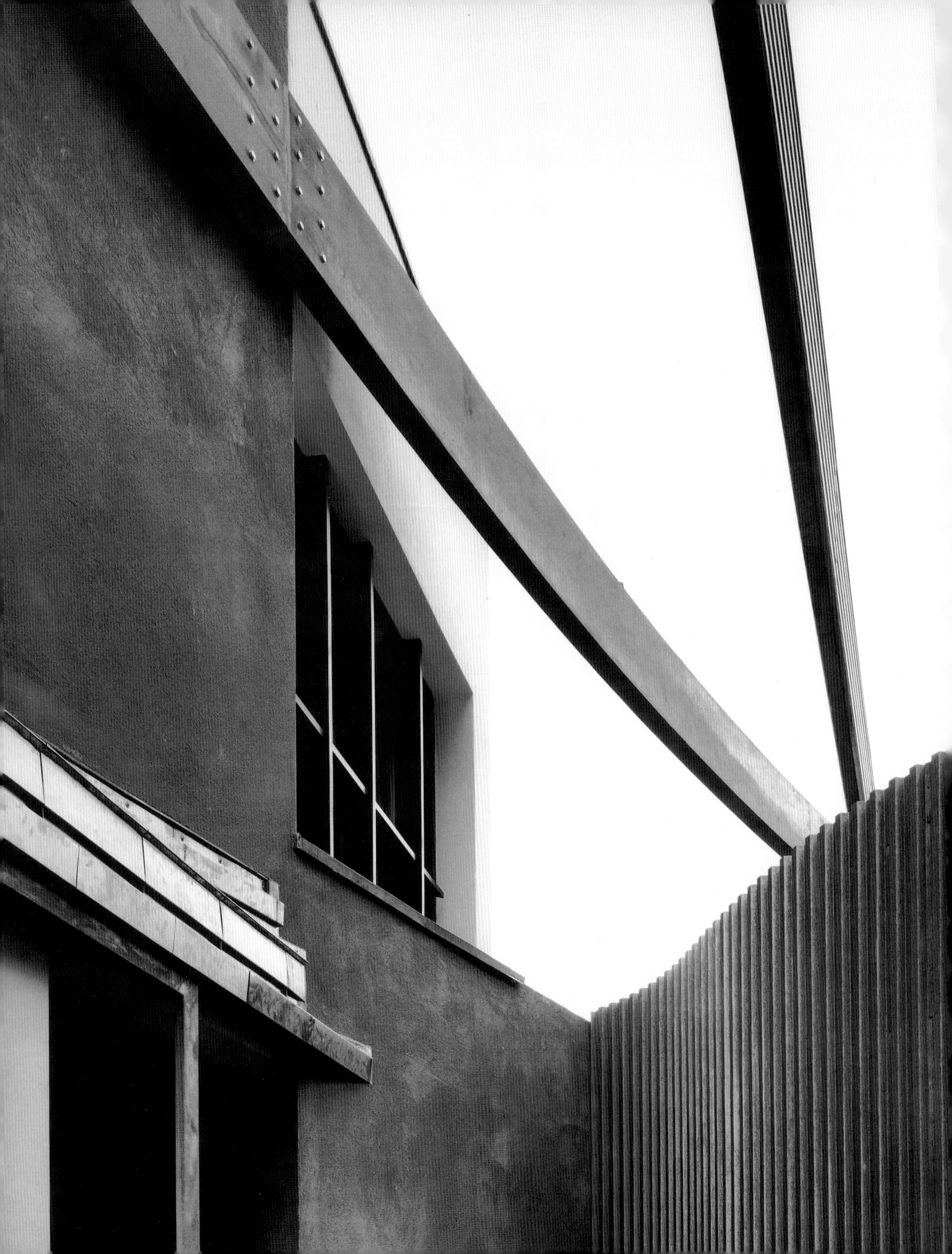

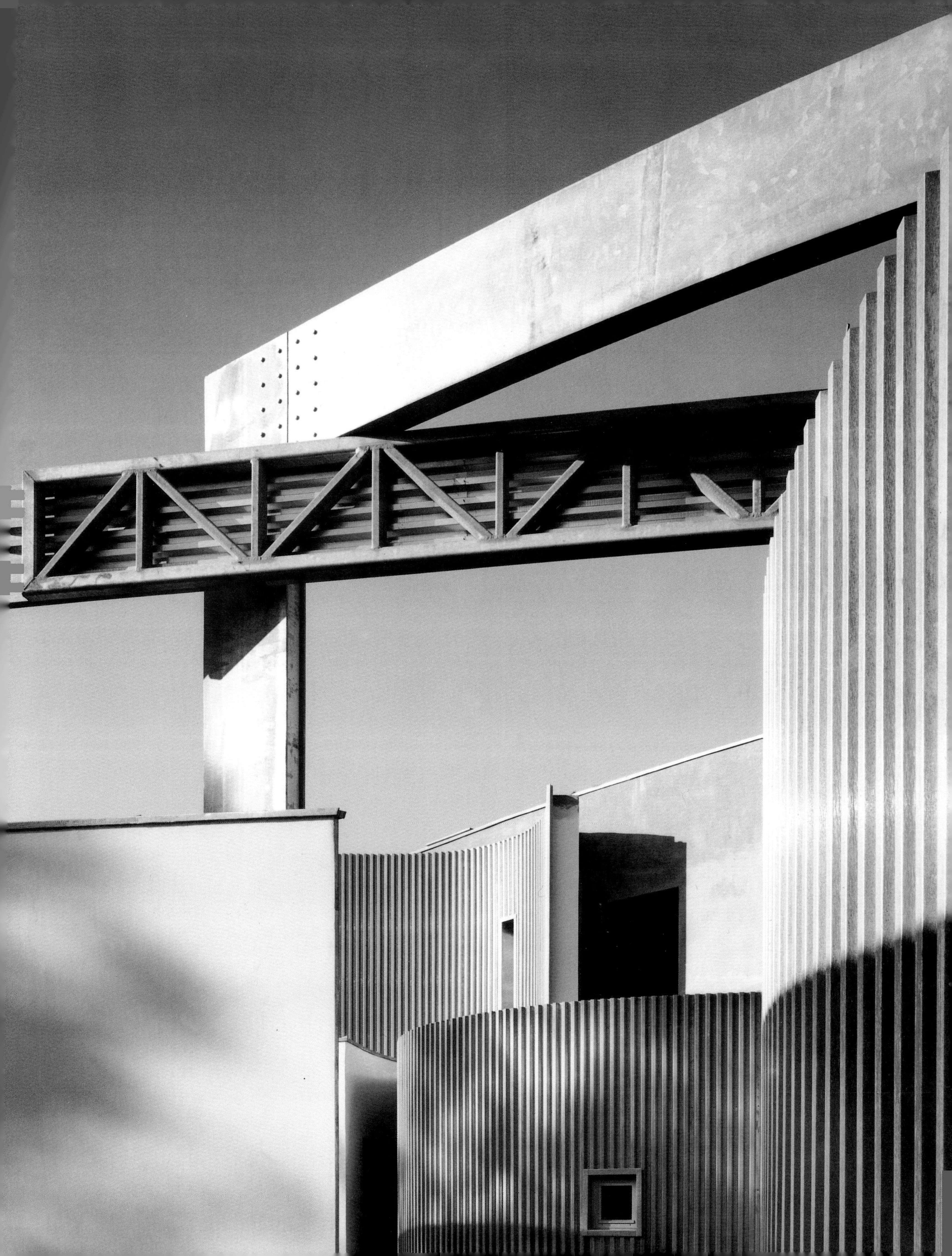

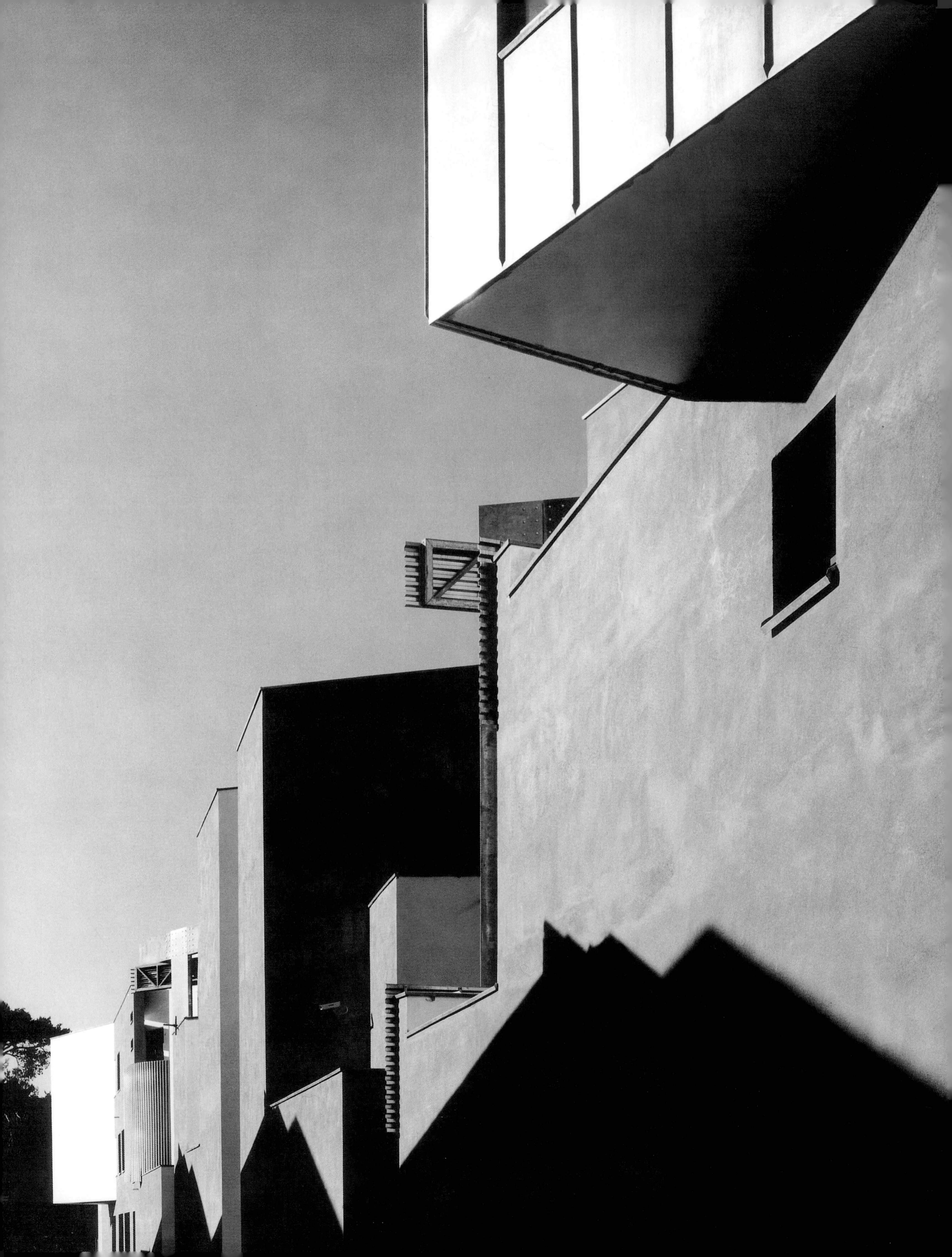

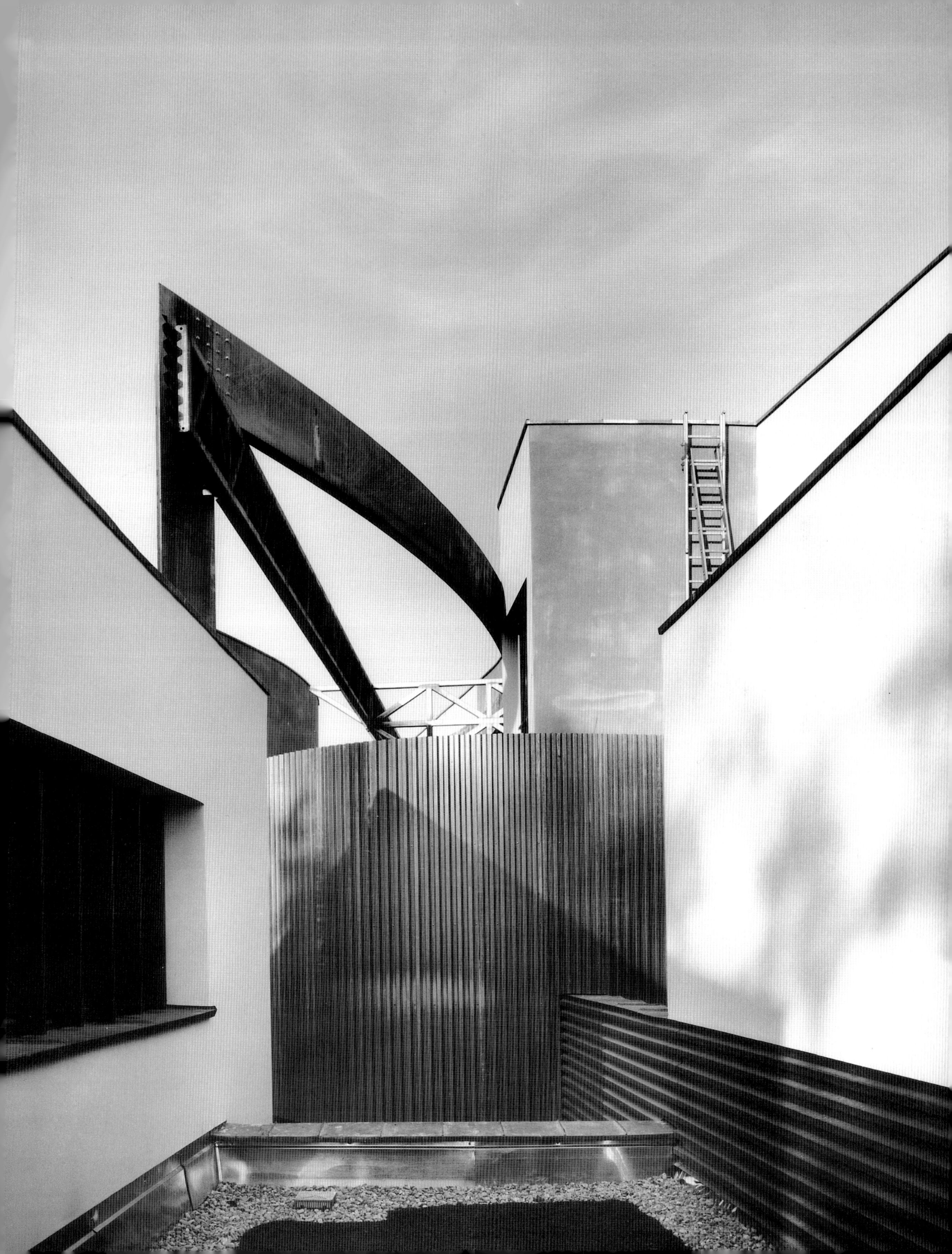

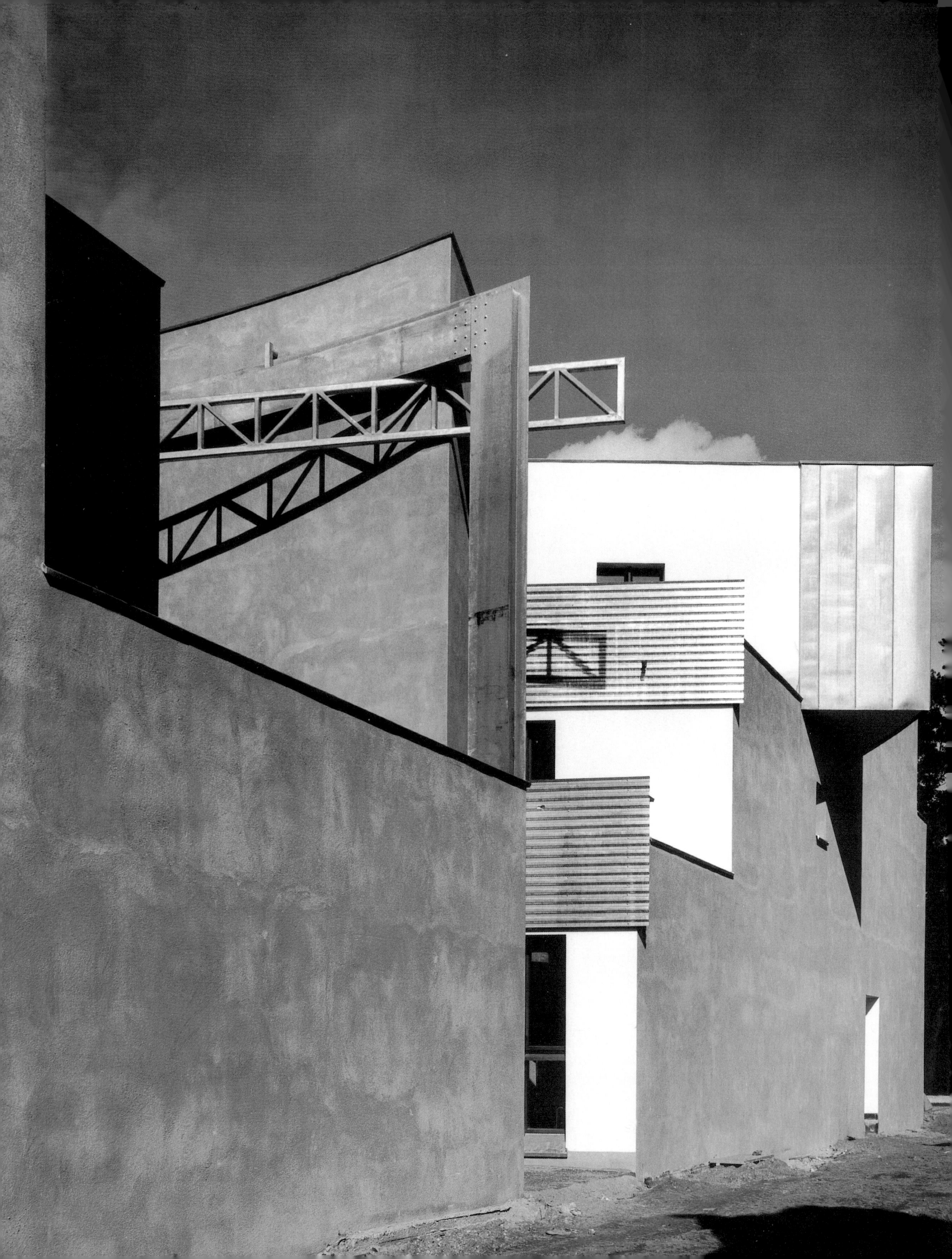

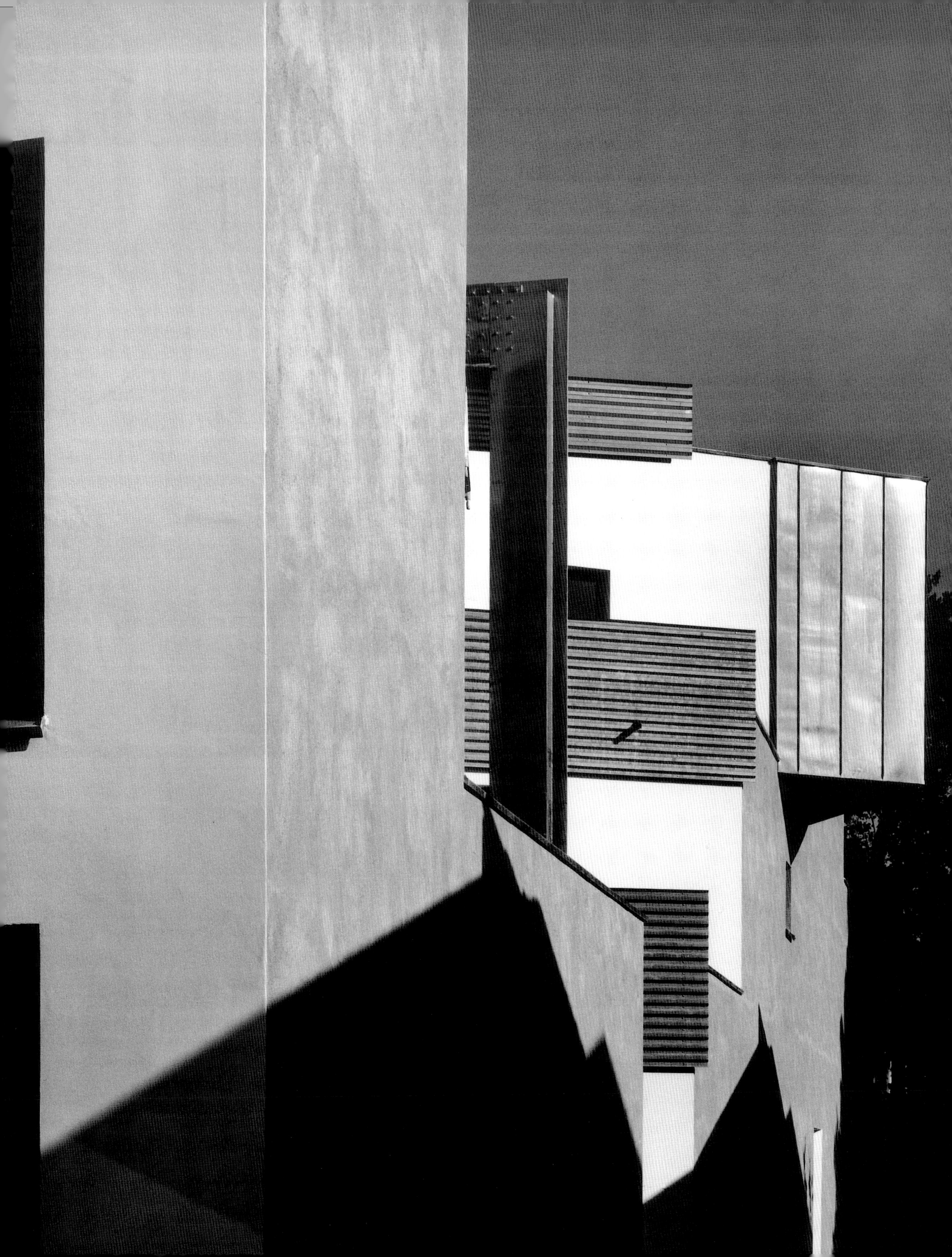

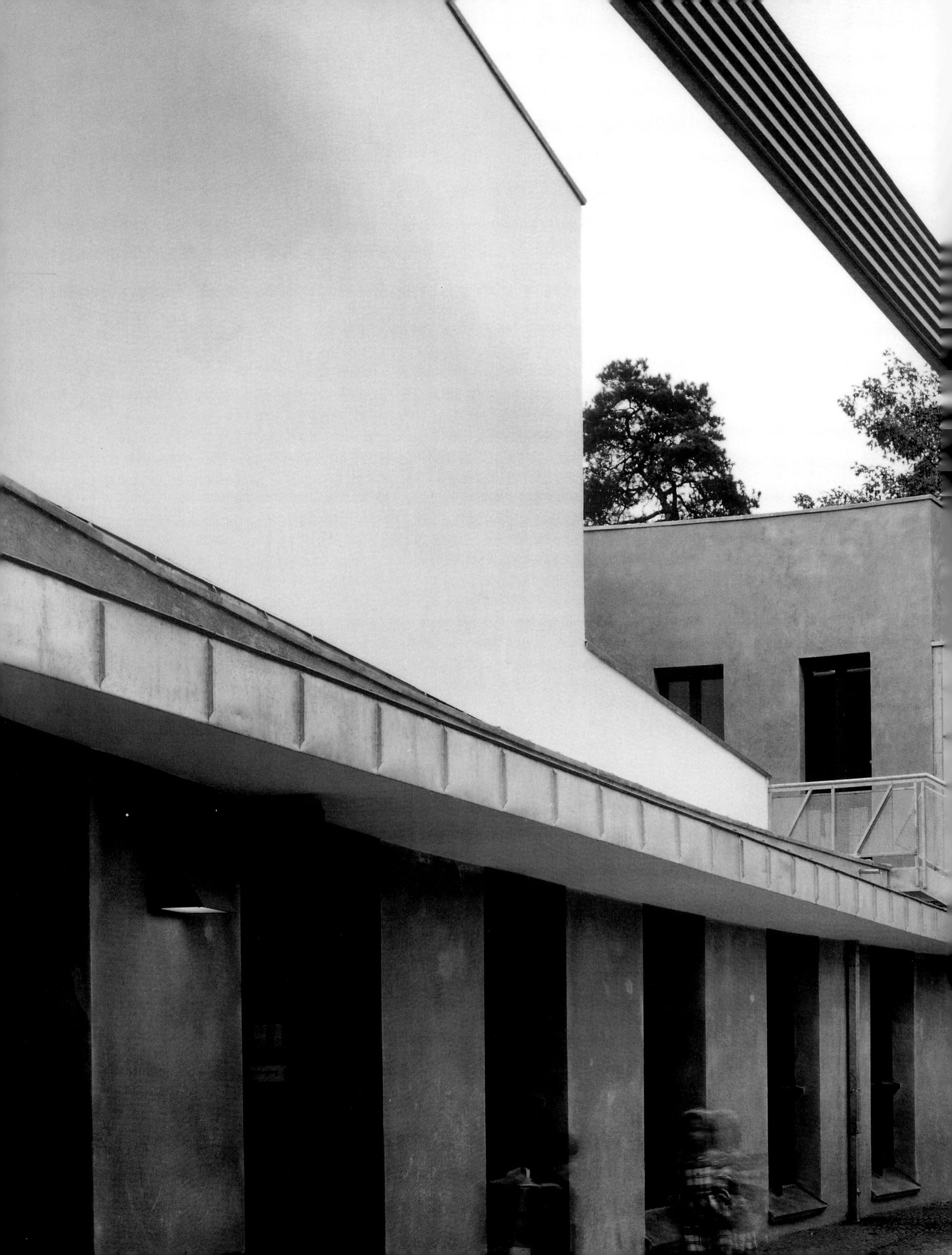

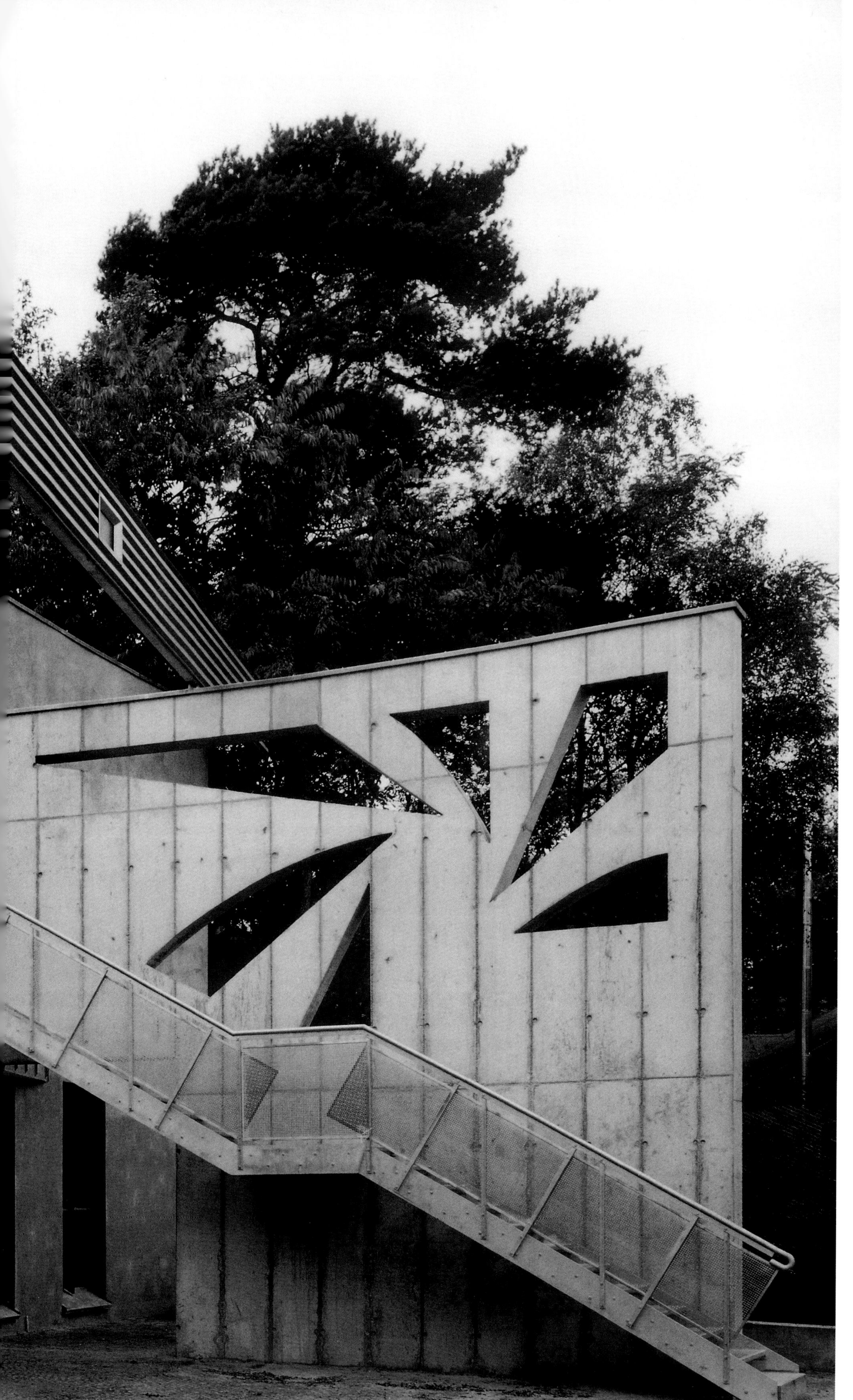

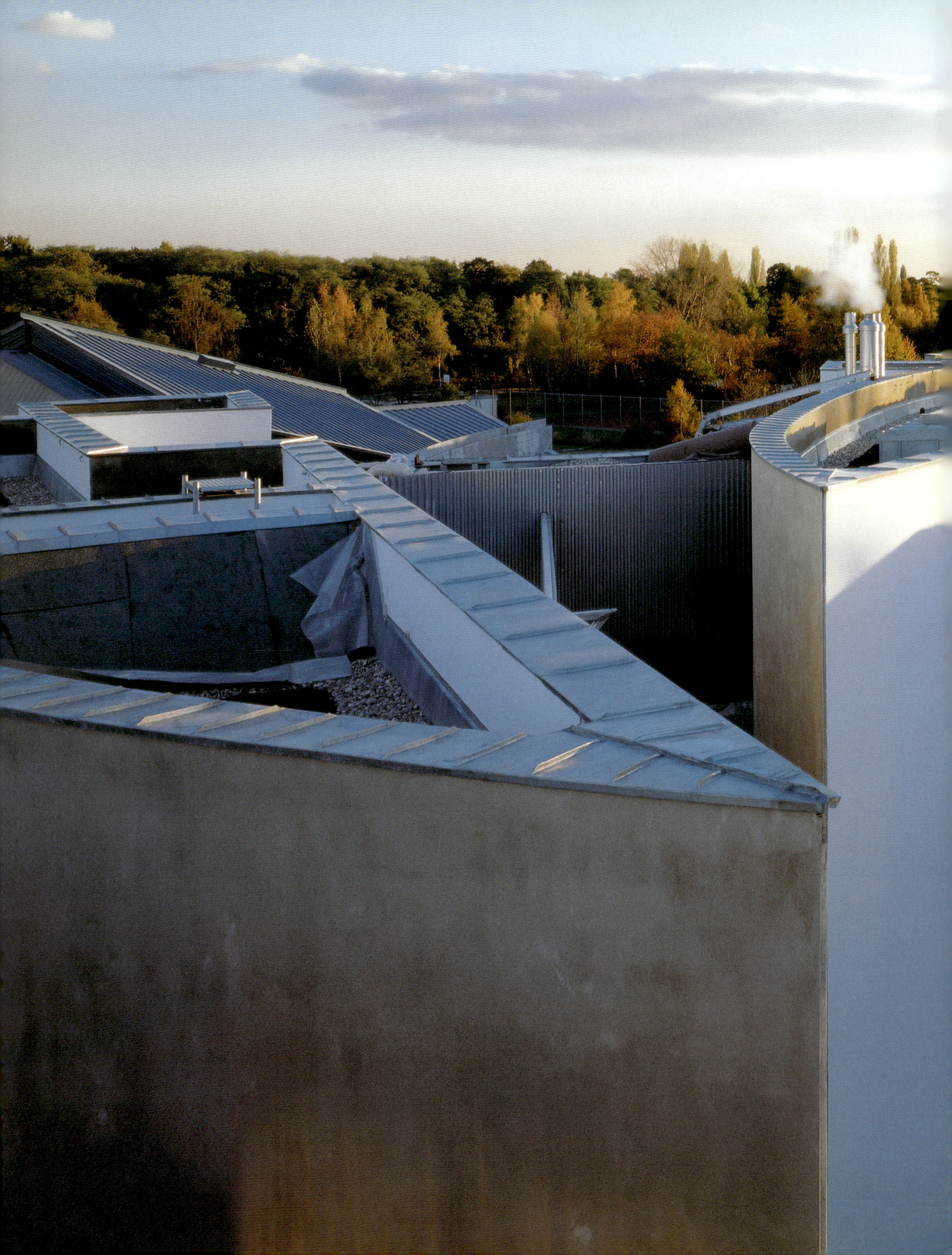

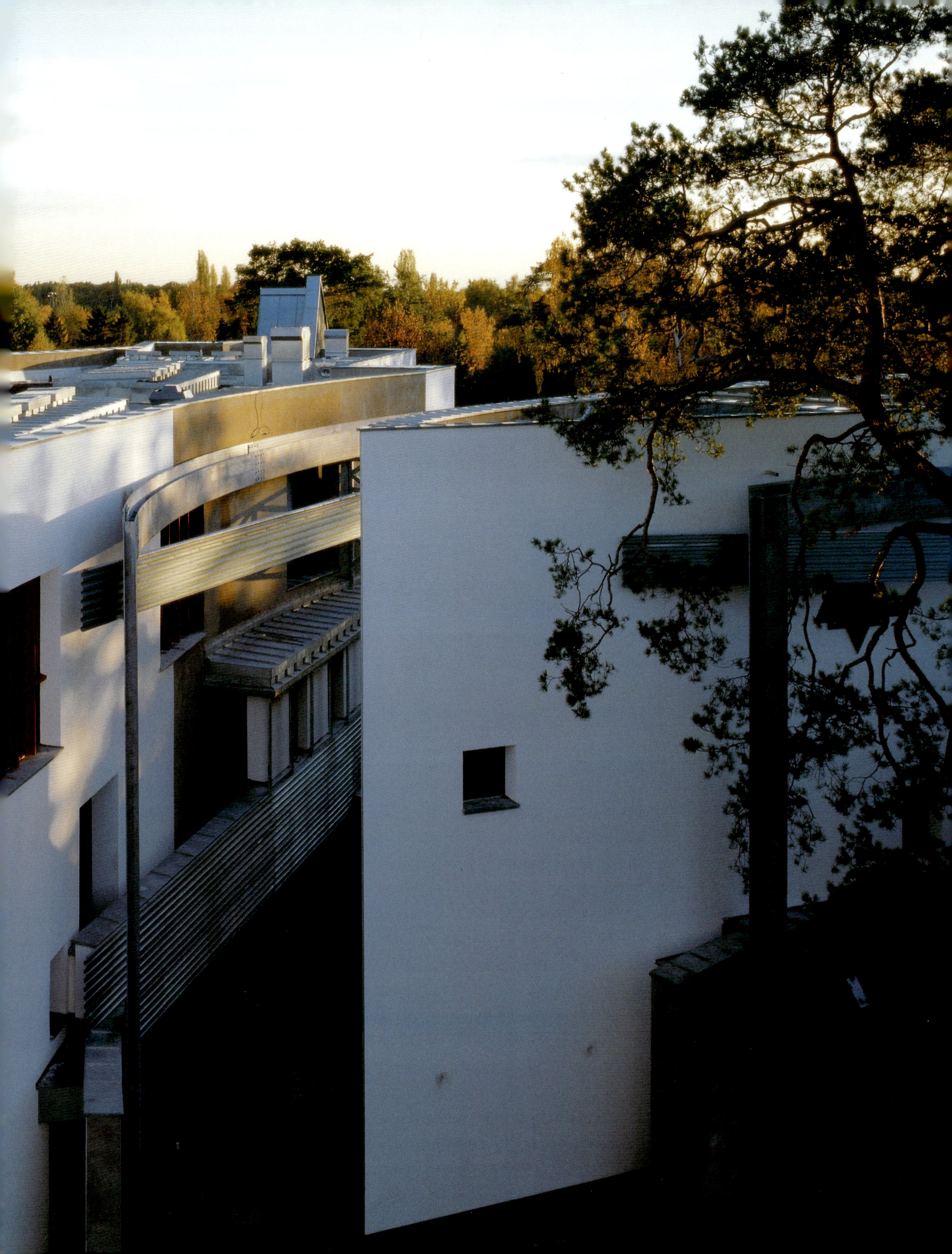

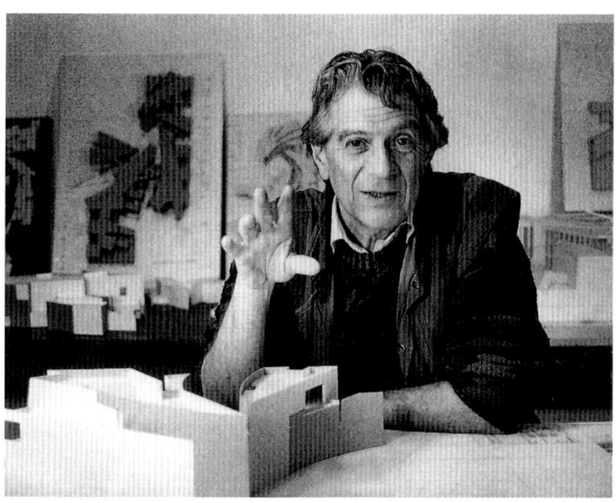

Zvi Hecker wurde 1931 in Polen geboren und verbrachte seine Jugend in Samarkand und später in Krakau, ehe er 1950 nach Israel übersiedelte.

Er studierte Architektur am Polytechnicum in Krakau (1949-1950) und am Israeli Institute of Technology (Technion) in Haifa (1950-1954) sowie Malerei an der Avni Akademie in Tel Aviv (1955-1957). Nach seinem Abschluß als Dipl.-Ing. und Architekt 1955 diente er zwei Jahre in der israelischen Armee und führte seit 1959 zusammen mit Alfred Neumann (bis 1964) und Eldar Sharon (bis 1966) ein eigenes Architekturbüro.

Seine ersten realisierten Bauten waren der Club Mediterranée in Arziv, das Rathaus von Bat-Yam, die Militärakademie in der Wüste Negev, das Dubiner-Wohngebäude in Ramat Gan und das Laborgebäude des Technion in Haifa.

Zvi Hecker war Gastprofessor an der Laval University School of Architecture im kanadischen Quebec (1969-1972), Gastdozent an der University of Texas in Arlington (1977) und der Washington University in St. Louis (1979) sowie der Iowa State University (1980) und hält regelmäßig Vorträge in den USA und in Europa. Seine Arbeiten wurden in zahlreichen Städten ausgestellt, unter anderem in Tel Aviv, Jerusalem, New York, Florenz, Berlin, Wien und Kiew. 1991 vertrat er Israel auf der Biennale Venedig.

Zu seinen neueren Bauten gehören die Wohnsiedlung Ramot in Jerusalem, die »Sonnenblume«, ein Mehrzweckzentrum für Ramat Hasharon, und die »Spirale«, ein Wohngebäude in Ramat Gan. Zvi Hecker hat eine Vielzahl von Architekturwettbewerben gewonnen, darunter den für die Jüdische Grundschule in Berlin und das Palmach Museum of History in Tel Aviv, die sich derzeit im Bau befinden.

Born in Poland in 1931, Zvi Hecker spent his teenage years in Samarkand and in Krakow before moving to Israel in 1950.

He studied architecture at the Krakow Polytechnic (1949-1950) and the Technion, the Israel Institute of Technology at Haifa (1950-1954), where he received his degree in engineering and architecture in 1955. He also studied painting at the Avni Academy of Art in Tel Aviv (1955-1957). Following two years of military service in the Corps of Engineers of the Israeli army, he set up private practice in 1959, working with Alfred Neumann until 1966 and with Eldar Sharon until 1964.

Zvi Hecker was Visiting Professor at the Laval University School of Architecture in Quebec, Canada (1969-1972); Distinguished Foreign Lecturer at University of Texas School of Architecture in Arlington (1977); Visiting Architect at the Washington University School of Architecture, St. Louis (1979), Visiting Professor at the Iowa State University School of Architecture (1980); and visiting lecturer at numerous architecture schools throughout Europe and the United States.

Among his early works were: the Club Mediterranée in Arziv, the City Hall of Bat-Yam, the Military Academy in the Negev Desert, the Dubiner Apartment House in Ramat Gan, and the Laboratory Building at the Technion, Haifa.

Zvi Hecker's work has exhibited widely in various cities including Tel Aviv, Jerusalem, New York, Florence, Berlin, Vienna and Kiev. He also represented Israel at the 1991 Venice Biennale.

His more recent work includes the Ramot Housing Project in Jerusalem, the Sunflower Multipurpose Center for Ramat Hasharon, and the Spiral Apartment House in Ramat Gan. He has won a number of architectural competitions, including the Jewish Community School in Berlin and the Palmach Museum of History in Tel Aviv, now under construction.

Bauten und Projekte

1954
Denkmal für den Unabhängigkeitskrieg, Haifa. Wettbewerb.
1958
Stadtzentrum Beer Sheva, Israel. Wettbewerb.
1959
Polizeihauptquartier, Tel-Aviv. Wettbewerb.
1960/63
Rathaus, Bat-Yam. (N&S).
1960/61
Club Mediterranée, Arzhiv. (N&S).
1961/62
Arabisches Dorf, Ein Raffa, Jerusalem. (N&S).
1961/63
Dubiner Wohngebäude, Ramat-Gan. (N&S).
1963/67
Militärakademie, Wüste Negev. (S).
1964
Rathaus, Natania. Projekt. (N).
1964/67
Konstruktionstechnisches Labor, Technion, Haifa. (N).
1965
Stadtzentrum, Asdod. Wettbewerb.
1969
Haus Dissentshik, Tel-Aviv. Projekt.
1969/70
Jugendlager, Beit Zait, Jerusalem.
1969/71
Synagoge, Campus der Militärakademie, Wüste Negev.
1970
Stadtzentrum, Montreal. Projekt.
1971
Polyhedrische Möbel.
1972
Synagoge, Ben-Gurion Flughafen, Tel-Aviv. Projekt.
Strand-Pavillons, Tel-Aviv. Wettbewerb.
1973
Ramot Wohnsiedlung, Jerusalem. Erste Stufe.
1974/76
Bootshafen Restaurant, Coral Beach, Eilat. Unvollendet.
1975
Denkmal, Wüste Negev. Projekt.

1976/78
Konzertmuschel, Hatikva Park, Tel-Aviv.
1978
Pahlavi Nationalbibliothek, Teheran. Wettbewerb.
1979/82
Ramot Wohnsiedlung, Jerusalem. Zweite Stufe.
1983
Unterkünfte, Militärakademie, Wüste Negev. Erweiterung.
1981/89
Spirale (Wohngebäude), Ramat Gan.
1982-87
Ohel-Joseph Synagoge, Ramot, Jerusalem. Projekt.
1984/86
Ramot Wohnsiedlung, Jerusalem. Dritte Stufe.
1986
Serpent Art Museum, Palm Springs, California. Projekt.
1987/90
Sunflower Civic Center, Ramat Hasharon. Projekt.
1989
Bibliotheca Alexandrina, Ägypten. Wettbewerb.
Tokyo International Forum, Japan. Wettbewerb.
1990
Neues Akropolis-Museum, Athen, Griechenland. Wettbewerb.
1990/95
Jüdische Grundschule, Berlin. Wettbewerb und Ausführung.
1992
College Anatol France, Drancy, Frankreich. Wettbewerb.
Palmach Museum of History, Tel-Aviv. Wettbewerb.
Spreebogen, Berlin. Wettbewerb.
1993
Sporthalle, Berlin. Wettbewerb.
1994/95
»Die Berliner Berge«, Berlin. Projekt.
1995
Friedrich Kiesler Ausstellung, Centre George Pompidou, Paris.

(N&S) mit/with Alfred Neumann und Eldar Sharon
(N) mit/with Alfred Neumann
(S) mit/with Eldar Sharon

Buildings and Projects

1954
Monument Independence War, Haifa. Competition.
1958
City Center Beer Sheva, Israel. Competition.
1959
Police Headquarters, Tel-Aviv. Competition.
1960/63
City Hall, Bat-Yam. (N&S).
1960/61
Club Mediterranée, Arzhiv. (N&S).
1961/62
Arab Village, Ein Raffa, Jerusalem. (N&S).
1961/63
Dubiner Apartment House, Ramat-Gan. (N&S).
1963/67
Military Academy, Negev Desert. (S).
1964
City Hall, Natania. Project. (N).
1964/67
Mechanical Engineering Laboratory, Technion, Haifa. (N).
1965
City Center, Asdod. Competition.
1969
Dissentshik House, Tel-Aviv. Project.
1969/70
Youth Camp, Beit Zait, Jerusalem.
1969/71
Synagogue, Military Academy Campus, Negev Desert.
1970
City Center, Montreal. Project.
1971
Polyhedric Furniture.
1972
Synagogue, Ben-Gurion Airport, Tel-Aviv. Project.
Temporary Beach Structure, Tel-Aviv. Competition.
1973
Ramot Housing, Jerusalem. First stage.
1974/76
Marine Restaurant, Coral Beach, Eilat. Unfinished.
1975
Monument, Negev Desert. Project.

1976/78
Band Shell, Hatikva Park, Tel-Aviv.
1978
Pahlavi National Library, Teheran. Competition.
1979/82
Ramot Housing, Jerusalem. Second stage.
1983
Dormitories, Military Academy, Negev Desert. Extension.
1981/89
Spiral Apartment House, Ramat Gan.
1982-87
Ohel-Joseph Synagogue, Ramot, Jerusalem. Project.
1984/86
Ramot Housing, Jerusalem. Third stage.
1986
Serpent Art Museum, Palm Springs, California. Project.
1987/90
Sunflower Civic Center, Ramat Hasharon. Project.
1989
Bibliotheca Alexandrina, Egypt. Competition.
Tokyo International Forum, Japan. Competition.
1990
The New Acropolis Museum, Athens, Greece. Competition.
1990/95
Jewish Primary School, Berlin. Competition and construction.
1992
College Anatol France, Drancy, France. Competition.
Palmach Museum of History, Tel-Aviv. Competition.
Spreebogen, Berlin. Competition.
1993
Sports Hall, Berlin. Competition.
1994/95
»Mountains in Berlin«. Project.
1995
Friedrich Kiesler Exhibition, Centre George Pompidou, Paris.

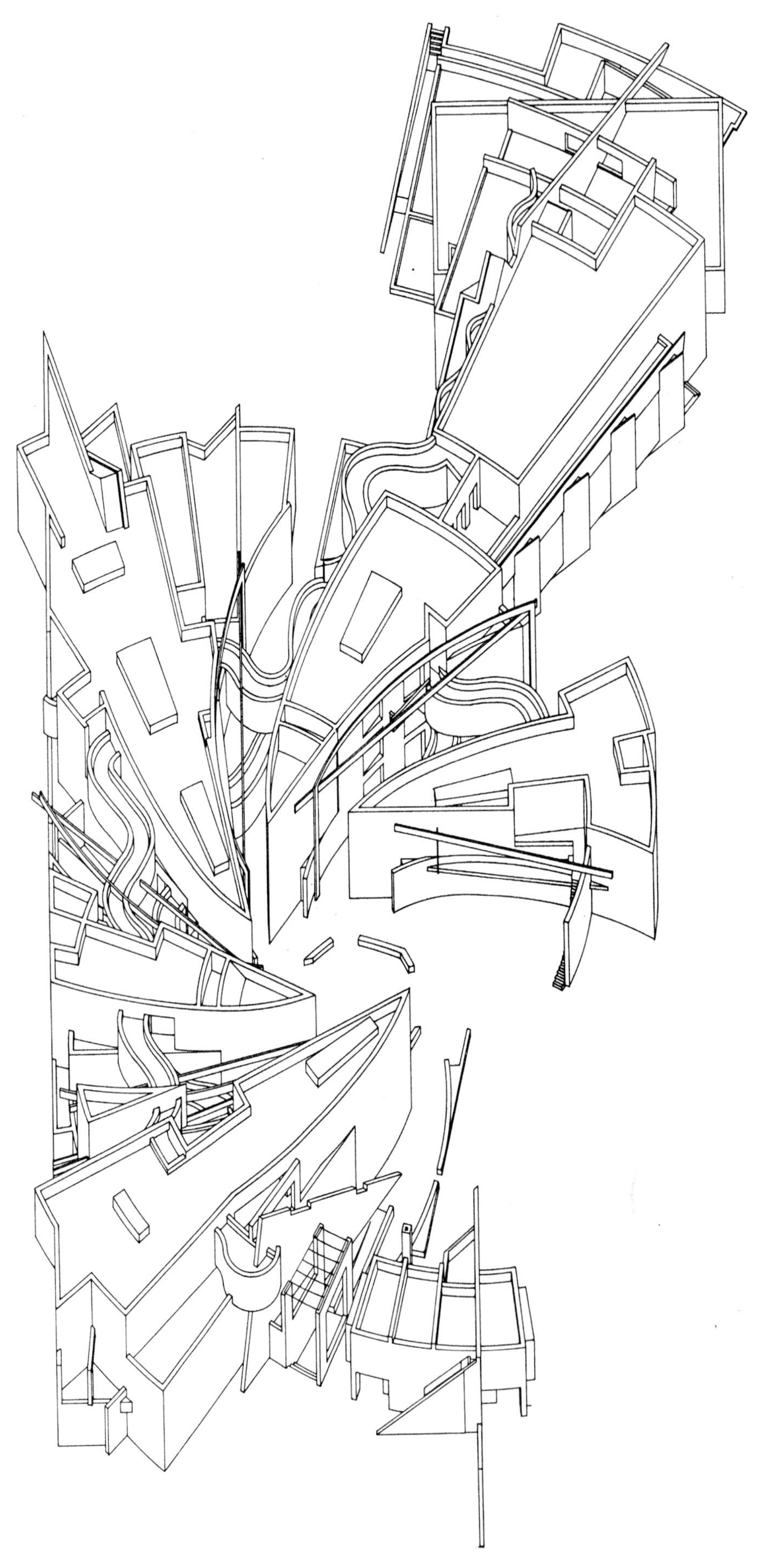

התהליך. אין דבר גרוע יותר מלהסתתר באופן סטרילי מאחורי חומרים יקרים ופרטים מתוחכמים. אני מעדיף
צורות ביטוי שנובעות מרעיונות. לא אכפת לי אם מלבישים עליהם חומרים צנועים.
כ.פ.
מהו המסר שאתה מנסה להעביר, במיוחד כשאתה מרצה לסטודנטים לאדריכלות?
צ.ה.
אני מנסה להסביר שהידע שצוברים באוניברסיטה מאוד חשוב ומאוד מועיל ככל שהוא אינו מגביל את החופש
שלנו לשכוח ממנו. לשכוח ולא לדעת הם שני דברים שונים. אמן אמיתי עושה רק מה שהוא באמת אינו יודע,
וזה בדיוק מה שמצפים ממנו לעשות. בכל מקרה אינני עוסק בלמכור פוליסות ביטוח.
כ.פ.
זכית בתחרות לעיצוב בית-הספר היהודי בברלין בדיוק בסוף מלחמת המפרץ. האם היה לך קשה לעבוד בזמן
המלחמה?
צ.ה.
מלחמת המפרץ תפסה אותי באמצע השלב השני בתחרות. רוב הזמן היינו צריכים להיות במקלט היות וטילי
הסקאד נחתו לא הרחק מ"בית דובינר" (13) שם אני מתגורר. רבים מחברי עזבו את תל אביב, אבל במשרד שלי
כולם המשיכו לעבוד. המצב הזכיר לי את מה שעברתי במלחמת העולם השנייה. לעבוד על תכנון בית-ספר יהודי
לברלין במקלט - זה היה גם אירוני וגם סמלי.
כ.פ.
אני זוכרת שבטקס הנחת אבן הפינה לבניין אמרת שבית-הספר היהודי היא אבן ראשונה ביסוד חדש לשיקום
התרבות היהודית בברלין. למה אתה מתכוון בכך?
צ.ה.
כיהודים אנו טוענים שבעצם העובדה ששרדנו, למרות שלא רבים מאיתנו שרדו, למעשה ניצחנו את הנאצים.
כאמן אני אומר שאין די בכך. עלינו להמשיך להיות יצירתיים. עד מלחמת העולם השנייה תרמו היהודים כקבוצה
את התרומה המפרה ביותר לתרבות הגרמנית. אז אם כיום אנחנו רק מצליחים לשרוד, אפשר לומר שהנאצים
הצליחו לסרס אותנו. עלינו לשוב ולהיות יצירתיים. הישרדות איננה רק עניין פיזי אלא גם עניין רוחני.
כ.פ.
מה הניע אותך לבוא לברלין ולהתחיל לעבוד בעיר הזאת?
צ.ה.
אני יודע שזה היה בלתי אפשרי מבחינתי לבנות את בית-הספר היהודי מבלי להיות נוכח כאן בברלין. לא רק
משום שצריך לשתף פעולה עם כל אלו שמעורבים בפרויקט, אלא בעיקר משום שהייתי צריך לספק תשובות
מעשיות ופתרונות מעשיים למצבים שנוצרו.
עם זאת, לא ניתן להסביר את נוכחותי בברלין רק כצורך פונקציונלי, משום שנוכחותי קשורה באופן הדוק עם
זכר החורבן של חיי התרבות היהודים בעיר הזאת. החלל שנותר היא המציאות היום-יומית שלנו, ואיתה עלינו
להתמודד. ובעוד אני עושה ארכיטקטורה בברלין, אני גם מודע לעובדה שאריך מנדלסון עזב את ברלין כדי
למצוא מקלט בפלשתינה, בעוד שאני, כסטודנט, למדתי את עבודתו.
כ.פ.
אדריכלים רבים שבונים בברלין מתלוננים על תקנות הבנייה הקשוחות בעיר. איך אתה הסתדרת איתן?
צ.ה.
תקנות הבנייה בברלין אינן ליברליות במיוחד, אבל הייתי משוכנע שהרעיון שלי חזק דיו כדי לשרוד את
השינויים ההכרחיים במבנה. כל הזמן שיניתי את התוכניות שלי כדי להתאים אותן לתקנות הבנייה, אבל גם כדי
לשפר ולשכלל את העיצוב. תהליך כזה של שינויים מתמידים היה בלתי אפשרי לולא הסיוע המקצועי והאוהב
של האדריכלית המפקחת על הבנייה, אינקן בלר, ושל מהנדס הבניין גרהרד פיקלר. אני סבור שהיה לי מזל לקבל
סיוע מכל-כך הרבה אנשים טובים בעיר הזאת, החל בסנטור וולפגנג נאגל; אולי שטנגה ממחלק הבנייה בעירייה;
הלקוח שלי, הקהילה היהודית עם היינץ גלינסקי, יז'י קנאל, יעל בוטש-פיטרלינג ונורמה דרימר; ראש עיריית
רובע שרלוטנבורג, מוניקה ויזל; וחבר מועצת הרובע, קלאוס דיקהוף - ובזאת הזכרתי רק אחדים. אני מאוד
מקווה שבית-הספר יעמוד בציפיות שלהם.
כ.פ.
מה הפרויקט הבא שלך?
צ.ה.
אני עדיין עסוק במידה רבה עם בית-הספר היהודי ועם "בית הפלמ"ח" (12) ההולך ונבנה בתל אביב. עם זאת,
אני מקדיש את רוב זמני לפרויקט "הרי ברלין" - שכונת מגורים במזרח ברלין שהזכרתי קודם לכן (14). הצללית
שלה מזכירה שרשרת הרים, זו אדריכלות שדומה לנוף. אני מאוד מאמין שזה רעיון אקטואלי וחלק מההבנה
הגוברת שלנו, שלא נותר עוד נוף להרוס ושהזמן הגיע ליצור נוף.

צ.ה.
בתכנון בניין עיריית בת ים ניתן לראות את הזרעים שנבטו בעבודותי המאוחרות יותר. נראה לי שתפיסתי
הבסיסית של אדריכלות השתנתה מאז מעט מאוד. אני מאוד מאמין שמודעות לעבר מצריכה להתחיל
מבראשית. כל דור מגלה את הדרך האופיינית לו לבטא אהבה, עצב, סבל ותקווה. כאשר אותן לבנים ואבנים
בנות אלף שנה ייפלו לידיהם של אמנים עכשוויים, הם יבטאו וישקפו את הניסיון של זמננו. במובן זה, מסמל
בניין עיריית בת ים בצורתו ובחלל הפנימי הפתוח שלו את הייעוד הציבורי והדמוקרטי שלו. זהו מבנה לבני
אדם ולא רק חלל משרדים לבירוקרטים. השתמשנו בחומרים מקומיים כמו לבני סיליקט ובטון כדי ליצור מבנה
שמסוגל לחולל שינויי אקלים בדומה למקדשים היווניים הקלאסיים (3).
כ.פ.
כשמתבוננים בעבודתך הקודמת (4), נראה שהרעיונות הבסיסיים שלך השתנו מעט מאוד במשך השנים. מה
שהשתנה, עם זאת, הן הצורות הארכיטקטוניות. לבניינים הראשונים שלך צורה מאוד אופיינית שדומה
לגבישים. האם זה נובע מהשפעה של ברונו טאוט?
צ.ה.
זו שאלה מעניינת מאוד. ככל הנראה הייתי מושפע מאדריכלות הגביש שלו בעבודותי הראשונות, אבל לדעת
וולפגנג פנט אפילו החמניה שלי מושפעת מברונו טאוט. פנט שלח לי ציור דינמי צהוב של ברונו טאוט והוסיף,
שזו היתה "הגלויה שהכי מזכירה חמניה" שיכל למצוא. (5)
כ.פ.
הבה נחזור לרגע לשאלת השפה הארכיטקטונית שלך. האם תסכים שעברת מצורות גאומטריות טהוריות לצורות
יותר אורגניות?
צ.ה.
בדרך כלשהי עבודתי תמיד שמרה על קשר הדוק למבנים שמופיעים בטבע, גישה שרסקין היה ככל הנראה
מחייב. עבודותי הראשונות הושפעו מצורות אי-אורגניות כמו גבישים ורבי-צלעות (פוליהידרה) שהשתלטו
לחלוטין על הדמיון שלי. בהדרגה התחלתי גם להתעניין במורכבות של צורות אורגניות כמו החמניה ובמבנה
המתמטי שלה, הספירלה. "החמניה של רמת השרון" הוא הפרויקט הראשון שלי שמשקף בבירור את הכיוון
החדש שלי (6) , וזמן קצר לאחר מכן היה זה "בית הספירלה" (10). עם זאת, מעולם לא נטשתי לחלוטין את
החיפוש המתמיד אחר העקרונות שביסוד הצורות, ההגיון שלהם והאפשרויות השונות לסדר צורות אלה.
כ.פ.
במילים אחרות, זהו חיפוש של שפה אינטליגנטית, רעיון אינטליגנטי?
צ.ה.
את צודקת. רעיונות ארכיטקטוניים, ממש כמו הילדים שלנו, נולדים שבריריים וצריך לטפח אותם בזהירות
ואחר כך לחנך אותם. רק אז אנחנו יכולים לצפות לדיאלוג אינטליגנטי עם הרעיונות שלנו. בהדרגה גם נתחיל
להבין את הפוטנציאל הייחודי שלהם ונימנע לכן מלכפות את שאיפותינו ואת הדעות הקדומות שלנו.
כ.פ.
מן הדרך שבה אתה מפתח את הרעיונות שלך - כל הזמן מטיל בספק האם הם תקפים, אפילו בשלב הבנייה -
מתקבל הרושם שהמונח "אורגני" מתייחס יותר לתהליך מאשר לצורה.
צ.ה.
אדריכלות איננה הופכת לאורגנית משום שהיא דומה לחיפושית, לשבלול או לנחש. לטעמי, המושג "אורגני"
מתקשר לרוח של העבודה יותר מאשר לצורה שלה. החמניה היא רק רעיון שמניע את האדריכלות - התמרדות
כנגד כוח הכובד וכנגד נקודת התייחסות קבועה. אני משוכנע שיש קשר בין תהליך העיצוב לבין התוצאה. תהליך
עיצוב מכאני ומשעמם יוביל בהכרח לאדריכלות סטראוטיפית ומשעממת.
כ.פ.
איזה תפקיד משחקים בבניינים שלך החומרים?
צ.ה.
החומרים משמשים כדי לזקק את הרעיון ולמעשה משתנים מבניין לבניין. ככלות הכל, אנחנו מתלבשים באופן
שונה בקיץ ובחורף ולאירועים שונים. החומרים שבהם אני משתמש בבניינים שלי מעידים על אופי המקום ועל
האופי וההקשר לסביבה. עבור "קלאב מדיטרנה" (7) באכזיב שבצפון ישראל בחרנו כחומרי בנייה בלוחות של
קני במבוק, עבור בניין המעבדה בטכניון (8) היה זה בטון גולמי, ובית הכנסת בנגב נצבע בצבעי יסוד שיוצרים
ניגוד עם המדבר המונוטוני, כך שהצבע הפך למעשה לחומר (9). "בניין הספירלה" הולבש באופן פשוט בטיח לבן
ולא-יקר, בלוחות אבן טבעית ובלוחות פח גלי מגולוון. בתור קישוט השתמשתי אך ורק בשברי מראות.
כ.פ.
האם תאמר לכן שהאדריכלות שלך ניסיונית?
צ.ה.
זה תלוי איך את מגדירה את המונח. אני לא עושה ניסויים בבני אדם. המוח שלי הוא המעבדה שבה מתחילים
ומסתיימים כל הניסויים, והאדריכלות שלי היא התוצאה של התהליך. חוברות הרישום שלי מאפשרות הצצה אל

בזכות הפרויקט האחרון שלו, בית-הספר היסודי היהודי (על-שם היינץ גלינסקי) בברלין, זכה סוף-סוף צבי הקר להכרה בין-לאומית. למרות שחלק מן הבניינים הקודמים שתיכנן עוררו עניין ומחלוקת, הוא היה ידוע בעיקר בארצו. רק קומץ אדריכלים מחוץ לישראל התעניינו בעבודתו. ג'ון היידוק, מי שהיה שנים רבות דיקן ה"קופר יוניון" בניו יורק, הוא אחד מהם. בתחילת 1993, בעקבות תערוכה של צבי הקר בגלריה "אאדס" בברלין הוא כתב: "קריסטין היקרה, תודה לך על הפירסום על צבי הקר - זהו ספר יפהפה. צבי הוא אחד האדריכלים המקוריים הבודדים שיוצרים כיום. תמיד הערצתי את עבודתו ואת רוחו העצמאית!!! נשמה חופשית!!! באהבה, ג'ון."

כ.פ.

האם אתה מרגיש כ"נשמה חופשית", כ"רוח עצמאית"?

צ.ה.

בוודאי, כשמחמאה כזאת באה מנשמה אצילית כמו ג'ון היידוק. אבל כמובן שאין זה מצב תמידי, אלא אשלייה זמנית.

כ.פ.

מתי לראשונה היה לך ברור שתהיה אדריכל?

צ.ה.

כמו שזה קורה הרבה בחיים, במבט לאחור נראה שלמעשה לא היתה שום אפשרות מלבד ללכת בעקבות שורה של התרחשויות. אבי רצה שאהיה צייר - כנראה רק כדי להרגיז את אמי שהיתה אשה מעשית, שלא היה לה שום ספק שאהיה אדריכל. אבל עם זאת היה זה כשרון הציור שלי שהוביל אותי לגלות בעצמי את האדריכלות. כשהייתי בערך בן 13, בעת מלחמת העולם השנייה, הוגלינו לסמארקנד שבאוזבקיסטן. בבית-הספר היסודי שם, המורה שלי לציור היה היה איגנס פאלטרר, שהיה אדריכל ואדם בלתי רגיל. לאחר יום הלימודים, כשהשמש היתה מתחילה לשקוע והצללים היו מתחילים להתארך, הייתי יושב בגאווה לצידו ורושם את השרידים של אדריכלות מוסלמית גדולה (1). מאוחר יותר היו לימודי האדריכלות רק המשך טבעי של נטיות הילדות שלי.

כ.פ.

מי עוד השפיע על ההתפתחות המקצועית שלך ועל האדריכלות שלך? אחרי הכל, עבודתך איננה רק מקורית, אלא יש לה גם שורשים עמוקים באדריכלות מסורתית.

צ.ה.

בהקשר זה אני חייב רבות לאלפרד נוימן, המורה שלי בבית-הספר לאדריכלות בטכניון בחיפה. נוימן, שבזמנו למד אצל פטר בהרנס ועבד עבור אדולף לוס ואוגוסט פרה בפריז, היה אדם מקורי במיוחד ומורה מעורר השראה רבה. מאוחר יותר פתחנו יחד משרד לאדריכלות בשיתוף עם אלדר שרון, והעבודות הראשונות נוצרו על-ידי הצוות הזה. אין שום ספק שנוימן היה ההשפעה החזקה ביותר לאדריכלות בחינוך שלי ובפיתוח המודעות שלי לעבר, למסורת. נוימן ראה את המסורת של אמנות ואדריכלות כמבנה המורכב משכבות שהן תרומתם של יוצרים מקוריים. ניתן לומר שרק מהפכנים יוצרים מסורת חדשה, בעוד שפרזיטים רק צורכים אותה.

כ.פ.

האם אתה רואה את עצמך כמהפכן?

צ.ה.

אישית, הייתי רוצה לראות את עצמי כאדריכל קלאסי במובן שהאדריכלות שלי פונה אל הצרכים והבעיות הבסיסיים של בני האדם, צרכים ובעיות שלא השתנו עם השנים. נכון שכבר הבניין הראשון שלי עורר תגובה רגשית והרבה מחלוקת, אבל זה רק חיזק את עקשנותי. בבניין הטכניון ניפצתי את כל החלונות שהותקנו נגד רצוני, ואחר-כך הסגרתי עצמי למשטרה. התקרית היתה, עם זאת, יותר עדות לנחישותי להגן על האינטגריטי שלי מאשר לרוחי המהפכנית.

כ.פ.

האם היה בניין הטכניון הפרויקט הראשון שלך?

צ.ה.

לא, זה היה בניין עיריית בת ים (2). זמן קצר לאחר שהשלמתי את לימודי האדריכלות בטכניון ולימודי האמנות במכון אבני בתל אביב, זכיתי ביחד עם אלדר שרון בתחרות לתכנון בניין עיריית בת ים, וגם הגשמת הפרויקט הוטלה עלינו.

כ.פ.

האם אתה סבור, במבט לאחור, שהפרויקט הראשון שלך גילה כמה מן היסודות שמאפיינים את עבודתך ככלל?

דברי ברכה של מנהל המוזיאון היהודי במוזיאן של ברלין, אמנן ברזל
אמנון ברזל

לבנות בתים לאנשים (ולאנשים אחרים), לבנות בית-ספר לילדים (ולזכור את הילדים האחרים שמעולם לא חזרו שוב לבית-ספרם) שהם התושבים היחידים השמים לב לפרטים. לתכנן בתי-כנסת למאמינים, הרואים את ירושלים וחולמים אותה. לחיילים על שפת מכתש במדבר, המודדים את הצמא במסע עיקש. לבנות קווים, כיוונים, צירים סבים על צירם, כוורת האוספת את הדבש ממפגש זוויות, מפעימות-לב הקוראות את הפתחים.

רק הרצון לפלס דרך לרישום בין ההריסות עושה את הנייר לשדה של מעברים נחשיים שילחשו לעוברים בהם, בין ברלין לתל אביב, רמזים ראשונים להרים הצומחים בין הבתים, כקוביות ללא נוף, כדי להיות נוף לילדים ולבאים אחריהם. ייתכן שחלל הבית נוצר על-ידי יחסי המידה בין גוף לדמיון. החלל שבין הקירות נפרש עד שמושג המיפתחה המדויק ביותר דרכו - מעבר לקיר הסוגר על השקט על הכיתה - יראה הנוף כמספק את העין. מידות החלון עשויות בדיוק המירבי המאפשר את חדירת בושם הפריחה.

דיון אודות אדריכלות אינו יכול להתחיל עם אדריכלות, אלא עם הצורך של היחיד, של קהילה, למקום, לחלל, למעברים בין אור וצללים, עם הצורך בקרירות משב-רוח, בשמיעת הקול החוזר כהד על-ידי נוכחותו של האחר. כל יסוד כימי, אורגני ואי-אורגני, מאופיין על-ידי תבנית צורנית משלו; הגיאומטריה של גביש היא תוצאה המוכתבת על-ידי "צופן גנטי" המתייחס להרכב הכימי של הגביש. צורת הגביש היא שלוחה מטאפורית המבטאת את עקרון 'עטיפת החלל' של החומר עצמו.

צבי הקר משליך את הסובייקטיביות האמנותית שלו על האובייקטיביות של התצפית המדעית כדי לתכנן חללים ומבנים עבור יחידה חברתית, עבור קהילה עירונית, עבור מגלופוליס.

פאול קליי כתב: "הגיאומטריה מלמדת אותנו לראות מבעד לפני השטח, ללמוד להכיר את הכוחות התומכים את הצורה, את הפרה-הסטוריה של הנראה". האדריכלים הקלאסיים ידעו לקרוא את הצרכים האנושיים הבסיסיים שאינם משתנים. איכות התשובה על צרכים אלה מותנית ברגישות הזיהוי של צרכים אנושיים אלה, שוב ושוב.

"המיסטיקה המתמטית" של הקר מנחה אותו בניסוח השאלות: לאן להוביל את הקולות, איך לסגור על השקט, איך תיווצר כיתה שבתוכה ירגיש היחיד חופש להיות עם עצמו, איך כל הסמטאות, החצרות, החללים יזרמו לעבר כיכר המהווה המרכזית גלעין אפשרי של ספירלה (תוך זכרון הסמטאות המוצלות בעיר הולדתו קרקוב).

ספירלה בברלין - העונה כהד לבניין הספירלה שלו ברמת גן, כרימון האוחז במדרון, בצל הגבעה, מבושם ממראה פרדסים בשרון. רחוק מברלין, עיר של עגורנים, שבערוגותיה שתל חמניה. חמניה שהיא נוף-של-חצרות שראו אותם המקובלים.

חמניה האוספת מרוצה של תלמידים הנעים בין כיתות - באמפיתיאטרון למסלולים דמויי נחשים, היודעים את הדרך בה נעה הרוח. והקירות לאורך פלחי הבניין זוכרים את אושרם של מקומות אחרים, זמנים אחרים. והילדים רצים סביב ומעל לכיכר הצנטריפוגלית אינם משערים, כאחרים, שיצר ריצתם הוא שרשם לפני ריצתם את מסלול ריצתם, שאת המסלול הזה רשם מתוך רוחב של חופש לרשום אדריכל, שמחלון הסטודיו שלו באורנינבורגר שטראסה בחורף 1994 נראים עדיין עקבות חיים יהודיים שהוכחדו.

דיון אודות אדריכלות אינו יכול להתחיל בדיון על סגנון. הצרכים הם שיוצרים סגנון, צורה. לבנות בית-ספר משמעו ליצור זירה לזכרונות נעורים. כשצבי הקר חרט בחמניה חלל כדי שהעצים יצמחו, הוא הניח שהעצים עשויים להופיע בין שורות השיר של הבוגר הזוכר את ילדותו בבית-הספר ככפר על שמו של היינץ גלינסקי; כפר שבו מיקצב הקולות בין השקט לבין המולת הכיכר, הוא כתזמור של כלי נגינה, כאקוסטיקה צורנית.

בית-ספר = כפר = חמניה (אנרגיית השמש, צמיחה). אנרגיית הספירלה הפורצת ממרכז החצר, הכיכר. החצר העשויה לזכור את המעיין שבפיאצה של ונציה, וייתכן שהיא המיצוי של הפיאצה בסיינה, שאריך מנדלסון עמד במרכזה, מעביר את מבטו מן המרצפות בפייטרה-סרנה אל עבר מגדל הפעמונים שברום הפאלאצו-וקיו, כפי שהוא העביר קו של עפרון על הגוף המלבני בסינמה-אונוברסום שלו, על שולחן השרטוט, לפני שהקו עבר לגדה הדרומית של הקורפורסטנדאם.

פרדריק קיסלר, באותה שעה שעה עצמה, ישב בבר האמריקאי של לוס בוינה ולא ידע שעוגת החול שלו מרמזת על המדבר שיכסה את העיר שאהב, עיר שאותה עזב מבלי שוב כדי להפליג באניה "לוויתן" אל העולם החדש.

כעת, באולם הכניסה של בית-הספר המרוצף באבני ירושלים, אפשר לגלות במפתיע "גיאוגרפיה פילולוגית" שהתמקמקמה באדריכלות של הקר: בתי הכוורת שלו ברמות, בית-הכנסת ברמון, הבית הספירלי שלו ברמת גן. בית-הספר הוא כמו נוף של רמות, גבעות ומורדות. מכאן התפתח אצל הקר הרצון ליצור בתים כהרים בברלין. הם מונחים עדיין על שולחן השרטוט שלו, הם צומחים כמודלים של נייר, של עץ - מצפים להיות בתים לאנשים, ליצור נוף בין בתים כקוביות ללא נוף.

מהי האיכות הפנימית של ההר הצומח בין הבתים. מה מכתיב לנו רצונו ליצור נוף? ללא ספק, אי-קיומו של נוף עבור הבתים העומדים במישור ורואים את קו-באופק כקו אופקי כדף הסופי של הקרדיוגרמה.

מודל המציג את כל קירות בית-הספר היהודי מגלה במפתיע מבנה של ספר רב-דפים. בברלין, הזיכרון גר בהווה והוא יירשם בכל עתיד על דפי הקירות של בית-הספר כחמניה שיצר צבי הקר בברלין.

כשמבנה בית-הספר היסודי החדש על-שם היינץ גלינסקי ייפתח את שעריו בסתיו 1995, יהיה זה ביותר ממובן אחד אירוע סמלי. כשבעלות הברית שיחררו את ברלין לפני חמישים שנה, בחודש מאי 1945, היהודים הבודדים ששרדו בברלין ובגרמניה ראו עצמם בתור מחסלי השרידים העלובים של חיים יהודיים. היה זה היינץ גלינסקי, מי שעמד שנים רבות בראש הקהילה שלנו, אשר בהתחשב במצוקתם האמיתית של היהודים החיים בגרמניה, יצא כנגד המושג "קהילת חיסול" והניח את היסוד לשיקום העתיד היהודי בגרמניה. עתיד יהודי - פירושו בראש וראשונה חינוך לילדים ובני נוער, שיכול לעזור להם לפתח זהות יהודית שלמה ויציבה.

אבל נדרשו עוד עשרות שנים של עבודה שיטתית ומסורה, עד שנראה היה הגיוני להקים בברלין את בית-הספר היסודי היהודי הראשון. מן הרגע הראשון להקמתו הוא עורר עניין כה רב, עד כי בתוך זמן קצר נדרשו עבודות הרחבה ושינוי במבנה שהעמידו לרשותנו הסנאט ורובע שרלוטנבורג ברחוב בלייבטרוי. בתוך זמן קצר היה צורך להעביר חלק מפעילות בית-הספר למבנה ברחוב גרוסה-המבורגר 27 שברובע מיטה. לאור הגידול המשמח הזה, הבינה הנהלת הקהילה, שיש צורך בפתרון נדיב וסופי לפרויקט בית-הספר היהודי. הסנאט של ברלין הקצה את התקציבים הנדרשים, רובע שרלוטנבורג סיפק אתר מתאים, ומחלקת הבנייה בסנאט נטלה על עצמה להגשים את הפרויקט שהגיע לסיומו עם חנוכת בית-הספר על-שם היינץ גלינסקי.

עם פתיחת שנת הלימודים 1995/96 יקבלו הצעירים היהודים בברלין בית, שתוכנן לצרכיהם כחלק מתחרות בין-לאומית לאדריכלות, בית שיוכל לספק מסגרת חינוכית לדורות של תלמידים יהודים. המשמעות המיוחדת של בית-הספר היא בעובדה, שהקהילה צריכה להתמודד עם האתגר של קליטת מהגרים מברית המועצות לשעבר. עלי להוסיף, שבית-הספר על-שם גלינסקי יהיה פתוח גם לתלמידים לא-יהודים, ושבמרכז פעילותו יעמוד החינוך לסובלנות ולהבנה הדדית.

אני אסיר תודה לכל האנשים והמוסדות שתרמו להגשמת הפרויקט. אני תקווה שבית-הספר על-שם גלינסקי ימלא בהצלחה את משימתו החשובה והאחראית.

יז׳י קנאל, יושב ראש הקהילה היהודית בברלין

מבנה בית-הספר היהודי הראשון בברלין מזה למעלה משישים שנה מעורר אצל ברלינאים רבים את השאלה: מדוע רק כעת? מדוע לא בשנים הראשונות לאחר המלחמה, שנים שבהן כל-כך הרבה שוקם ונבנה מחדש?

התשובה המצטמצמת לשתי מילים: "עבור מי?" מאלצת אותנו לשאול לאן נעלמו הילדים היהודים, ומעמתת אותנו עם הפרק האפל והמביש ביותר בעברנו.

כאן, בעיר שלנו, האמינו משפחות יהודיות בעתיד. כאן הם חשו בית. ברלין חייבת להם רבות על פעולתם. הם, נציגי אחת התרבויות העתיקות ביותר, שדתם היתה ערש הלידה של דתות רבות, הם נטלו חלק פעיל ביצירת ההיסטוריה של גרמניה ובמיוחד של ברלין.

כאן בברלין נראה היה שחלומם של דורות של משפחות יהודיות יתגשם: חיים בורגניים, שלווים, שבהם החברה הגרמנית לא רק תסבול את נוכחותם, אלא גם תרכוש להם כבוד. כאן היה היהודי אזרח, שכן, עמית. כאן הם האמינו בעתיד בטוח לילדיהם.

הם באו, נקלטו, השתלבו, זכו להערכה - עד אשר בינואר 1933 הנאצים עלו לשלטון. בן לילה? האם לא היו די סימנים נראים לעין, האם לא היו די קולות שהזהירו: "עצרו את התופעה בעודה באיבה!"? האם פשוט קיוו שהתופעה תחלוף לה מאליה? האם אפילו לאחר עליית הנאצים לשלטון קיוו עדיין, שהעתיד לא יהיה כל-כך גרוע?

כבר התקנות, הצווים והחוקים הראשונים שחוקקו הנאצים סללו את הדרך להשמדת העם - לכאורה באופן חוקי, כחלק מהיום-יום הבנאלי. מה שהחל עם סילוקם השיטתי של האזרחים היהודים ממקצועות מסויימים, הגיע לשיא פרוורטי בשנת 1935 עם חוקי הגזע של נירנברג. האזרחים, השכנים והעמיתים למקצוע היהודים משכבר הימים נודו בן לילה באופן נבזי מתוך הציבור הגרמני, הוחרמו באופן שיטתי וזכויות האזרח שלהם נשללו מהם ללא כל נקיפות-מצפון.

אבל איך הסבירו לילדים, מה שהרי לא ניתן להסביר? מהיכן נבעה השנאה הזאת ליהודים? מדוע הידידים והחברים משכבר הימים הפנו להם עורף? פחד קיומי וחשש מהטרדות האפילו מעתה על חיי היום-יום של הילדים היהודים בעירנו. צעד אחר צעד נהרסה ילדותם. תקנות מעיקות חדשות לבקרים הפכו את החיים בגרמניה לסבל אין-סופי גלוי. בנוסף לאיסור לעסוק במקצועות רבים, הוטלו על היהודים הגבלות מרושעות בכל תחומי החיים: איסור לצאת מן הבית, להחזיק מכשירי רדיו וטלפון, לקנות עיתון או ללכת להסתפר. ואפילו כאשר כל היהודים נאלצו לשאת את הטלאי הצהוב, התקינו הנאצים עוד תקנה מרושעת: מיום ה-15 במאי 1942 נאסר על היהודים להחזיק ברשותם חיות-בית כגון כלבים, חתולים וציפורים.

אז כבר נאסר על פתיחת בתי-הספר היהודיים, ומי שרק הצליח, עזב את הארץ הנוראה הזאת. אז כבר עמדו על הפרק הגירושים, וטרנספורטים של נשים, ילדים וגברים יהודים אל מחנות ההשמדה הפכו לחלק מן השגרה המחרידה.

אפילו אם גרמנים רבים לא תמכו בגירושם בכוח ובהשמדתם של האזרחים היהודים - העובדה המכרעת היא, שכמעט איש לא התמרד. זו אמת מרה ומכאיבה, שכל הצעדים הבלתי-אנושיים הללו לדחיקתם החברתית והפיזית של היהודים ולבסוף להשמדת העם היהודי, צעדים אלו נתאפשרו רק בזכות התמיכה בהם מצד חלקים רחבים בחברה הגרמנית.

אני תקווה, שמבנה בית-הספר הראשון עבור הקהילה היהודית, קהילה שלאחר זוועות משטר הדיכוי הנאצי והשואה היום שוב הולכת וגדלה, יחזק את ידינו וייתן לנו אומץ להתמודד, להתבייש, לזעום ומעל לכל, אומץ לומר "לא".

לא לחוסר סובלנות, לא לשנאה ולאלימות, לא לאלו, ששוב משליטים טרור, לא לכל צורה של שנאת זרים, לא לתופעה החדשה של דחיקת רגליהם של בני אדם, שלכאורה משתייכים לקבוצת שוליים.

מי ייתן ומבנה בית-הספר החדש דמוי החמניה - שעוצב על-ידי האדריכל הישראלי צבי הקר שזכה בעבורו בפרס הראשון - מי ייתן ומבנה זה יגשים חלומות ומשאלות רבים של ילדים. אני תקווה, שהאווירה העליזה והידידותית תקל עליהם בלימודיהם.

וולפגנג נאגל, ראש אגף הבנייה בעיריית ברלין

חמישים שנה לאחר תום מלחמת העולם השנייה וחמש שנים לאחר נפילת החומה, חוזרת בהדרגה הנורמליות אל החיים של ברלין. בשנת 1993 חתמו מדינת ברלין והקהילה היהודית בעיר על חוזה, שמבטיח לתושבי העיר היהודים חופש ועצמאות בעיצוב חיי הדת והתרבות שלהם. מוסדות יהודיים שבו לפעול: הגימנסיה היהודית ברחוב גרוסה-המבורגר או המוסד היהודי להכשרת מבוגרים ברחוב אורנייבורגר. שנתיים לאחר חתימת החוזה אנו חונכים את מרכז התרבות היהודי (צנטרום יודאיקום) ואת המוזיאון היהודי כחלק מן המוזיאון של ברלין. בית-הכנסת החדש ברחוב אורנייבורגר פתח את שעריו בחודש מאי 1995. ועם פתיחת שנת הלימודים 1995/96, למעלה מחמישים שנה לאחר סגירת כל בתי-הספר היהודיים בברלין, נחנך המבנה הראשון של בית-ספר יהודי בברלין.

זהותה של אומה מוגדרת באמצעות התרבות שלה, המסורת שלה והדתות שלה. התרבות והחיים היהודיים הם חלק אלמנטרי מן ההסטוריה והזהות של עירנו. להם משתייכים דניאל פרידלנדר ואיזק דניאל איציג. להם שייכים הסאלונים החברתיים של נשים יהודיות במאה ה-19, שהיו מרכזי החיים האינטלקטואליים והחברתיים. להם שייכים שמות כמו אלברט איינשטיין, אלפרד דבלין, אוטו קלמפרר, סמואל פישר, מקס ריינהרדט, קורט טוכולסקי, אריך מנדלסון ומקס ליברמן. ולהסטוריה של ברלין שייכות גם שנות המשטר הנאצי. ברלין הפסידה בתקופה זאת המון - כמעט את כל אזרחיה היהודים וממוצא יהודי וחלק ניכר מתרבותה.

ההזדהות עם אומה מצריכה התמודדות עם תקופות השיא והשפל בהסטוריה ובתרבות שלה. היא דורשת התמודדות מודעת עם כל עברה, כדי שניתן יהיה לעצב את העתיד מתוך הידע אודות העבר - ברוח החופש, הסובלנות והדמוקרטיה.

"ברלין", אמר היינץ גלינסקי בחודש מאי 1992, "ברלין שהיא דוגמא לסובלנות ולאי-סובלנות קיצוניים, יכולה להפוך כעת לדוגמא לפתיחות כלפי העולם." על הנוער שלנו להגשים את תקוותו של היינץ גלינסקי לגבי ברלין כדוגמא לסובלנות חדשה. אני מאחל לתלמידי בית-הספר על-שם גלינסקי, שיגדלו להיות ברלינאים בטוחים בעצמם, אשר יראו בתרבות היהודית חלק דבר מובן מאליו, ויחיו אותה ככזאת.

ראש עיריית ברלין, אברהרד דיפגן

צבי הקר ובית-הספר על שם היינץ גלינסקי